Campi del Sapere Feltrinelli

Giovanni De Luna
Linda Giuva

UN MONUMENTO DI CARTA

La Segreteria particolare del Duce, 1922-1943

Prima edizione in "Campi del Sapere" novembre 2024

Stampa Grafica Veneta S.p.A. di Trebaseleghe - PD

ISBN 978-88-07-10574-6

FSC
www.fsc.org
MISTO
Carta | A sostegno della gestione forestale responsabile
FSC® C021883

GRAFICA VENETA
CARBON NEUTRAL

Questo libro è stampato da Grafica Veneta S.p.A.
con un processo di stampa e rilegatura certificato 100% carbon neutral
in accordo con PAS 2060 BSI

Un monumento di carta

Introduzione

Quando, nel pomeriggio del 25 luglio 1943, Nicola De Cesare, ultimo segretario particolare di Mussolini, uscì da Palazzo Venezia per accompagnare il Duce a Villa Savoia, non sapeva che sarebbe stato arrestato insieme al suo capo e che non avrebbe fatto più ritorno nella sua stanza. Lasciò quindi sulla scrivania molti documenti riservati: informazioni sulle amicizie e le frequentazioni di personaggi politici di rilievo come il conte Giuseppe Volpi, che nei giorni precedenti era stato rimosso da presidente della Confindustria, e Paolo Thaon di Revel, ministro delle Finanze fino a febbraio dello stesso anno; richieste di raccomandazioni; relazioni sulla situazione annonaria e sul malcontento che serpeggiava in relazione alla disorganizzazione dei servizi pubblici e allo sciacallaggio degli "approfittatori"; molta corrispondenza dei parenti del Duce; inchieste nate a causa di notizie sui comportamenti scorretti di funzionari civili e militari. E altre carte vi dovevano essere, la cui riservatezza era tale da indurre chi entrò nella stanza, dopo aver saputo della votazione notturna del Gran Consiglio che aveva "defenestrato" il Duce, a stracciarle ma non a distruggere i pezzi minuscoli che giacciono ancora nell'archivio della Segreteria e che potrebbero essere ricomposti da qualche paziente archivista o storico, non tanto per conoscere chissà quali segreti, quanto per esplorare i criteri utilizzati da solerti e prudenti funzionari per occultare i documenti ritenuti particolarmente compromettenti.

Oggi quelle carte abbandonate sulla scrivania ci restituiscono, su piccola scala, le dimensioni straripanti delle attività, svariate e molteplici, che rientravano nelle funzioni della Segreteria particolare del Duce.

La storia di questo ufficio emerge infatti da una montagna di documenti la cui enorme quantità è però anche un indice qualitativamente rilevante della sua importanza. A Mussolini arrivava una valanga di posta; e, oggi, ognuna di quelle lettere ci racconta molto sia sugli italiani e le italiane che scrivevano al Duce, sia sul modo in cui il fascismo, nelle risposte pazientemente redatte per ognuna di esse, costruiva passo per passo il "mito" su cui si fondava il regime.

Sì, perché la Segreteria, con i fascicoli ordinati nel suo archivio, rappresenta un vero e proprio monumento cartaceo innalzato per la gloria di Mussolini. Il dittatore era presente in ogni fase del lavoro dei suoi impiegati: siglava le lettere meritevoli di attenzione, decideva cosa fare delle suppliche che gli venivano inviate, sceglieva a chi mandare le sue fotografie e quali conservare di quelle che gli erano spedite. La sua era una presenza occhiuta, minuziosa, assidua e c'è da chiedersi davvero come facesse a occuparsi di tutte le varie incombenze impostegli dalla molteplicità delle cariche che ricopriva, come riuscisse a conciliare l'attenzione ai risvolti della banale quotidianità di cui erano intrise le suppliche che riceveva con i numerosi impegni che gli richiedevano il partito, il governo, lo Stato.

Mussolini era pienamente consapevole di questo suo ruolo e della sua funzione. Lo dice espressamente egli stesso in un discorso che troverete citato nel testo: "Lavoro dalle 12 alle 14 ore al giorno. Il mio lavoro è assolutamente ordinato e metodico"; "L'opera di legislazione, di avviamento, di controllo e di creazione di nuovi istituti non è stata che una parte della mia fatica. Ve ne è un'altra non tanto nota," disse nel suo discorso in occasione dell'Assemblea quinquennale del regime. "Ho concesso 60 mila udienze; mi sono interessato di un milione 887.112 pratiche di cittadini, giunte direttamente alla mia Segreteria particolare." Per descrivere più efficacemente la sua attività, aveva poi aggiunto: "Per reggere a questo sforzo, ho messo il mio motore a regime, ho razionalizzato il mio quotidiano lavoro, ho ridotto al minimo ogni dispersione di tempo e di energia [...] il lavoro ordinario deve svolgersi con un automatismo quasi meccanico".

Era come se avesse confessato la consapevolezza di una sua progressiva trasformazione in una sorta di automa di Stato, lungo un percorso all'interno del quale la funzione della Segreteria finì per assumere una importanza tale da farne oggi una strepitosa occasione per gli storici di valorizzarne, in chiave storiografica, l'immane patrimonio documentario lasciatosi alle spalle.

È vero; in Italia con il fascismo le masse entrarono nella storia; lo avevano già fatto nelle trincee della Prima guerra mondiale, facendosi uccidere "in massa" in un conflitto spietato e crudele; continuarono a farlo con il fascismo, affollando le piazze del consenso al Duce, con i cuori infiammati dai suoi discorsi e dalle sue "pose", inquadrate nelle numerose organizzazioni le cui attività scandivano i momenti salienti della vita lavorativa e privata di uomini e donne. Anche da noi il Novecento fu il "secolo delle masse"; lo fu però amputandone della libertà e della democrazia la loro tumultuosa irruzione nello spazio pubblico, costringendole in una forma di partecipazione politica che assunse i tratti di un vero e proprio credo religioso, improntato al trinomio obbedienza, disciplina, gerarchia.

In questo senso – e lo studio delle carte della Segreteria lo conferma – più che di fascismo sarebbe meglio parlare di "mussolinismo". La persona del Duce fu strategicamente al centro della vasta operazione del regime tesa alla costruzione dell'impalcatura statale e politica in cui per vent'anni furono organizzate "le masse" italiane; accanto all'operato degli organi di polizia, della magistratura e di tutte le strutture repressive dello Stato, fu proprio nella capacità politica di Mussolini che il fascismo trovò la soluzione ai problemi posti dalla dimensione tutta novecentesca della massificazione della politica.

Le masse diventarono allora quelle che applaudivano i discorsi del Duce nelle piazze italiane, che lo aspettavano pazienti sostando per ore lungo i tragitti ferroviari durante i suoi viaggi su e giù per la penisola, che andarono a morire in Etiopia, in Spagna, in Grecia, in Albania, in Russia, in Africa nelle sventurate guerre che segnarono il tramonto del fascismo. Ma quelle masse erano composte da individui, da singoli uomini, da donne in carne e ossa, tutti e tutte con i loro affanni, le loro beghe, i loro angoscianti drammi familiari.

Ed è qui che risiede la chiave di lettura proposta da questo libro. La Segreteria particolare viene presentata come il tramite attraverso il quale Mussolini costruì i suoi contatti con le persone singole che confluivano nelle "masse oceaniche".

Nell'archivio della Segreteria particolare confluivano una molteplicità di documenti, frutto delle sue diverse funzioni: quelli che riguardavano temi e personalità rilevanti politicamente erano classificati come *Riservati* mentre quelli provenienti da sconosciuti o che trattavano problemi di normale quotidianità erano segnati come *Ordinari*.

È il *Carteggio ordinario* la fonte privilegiata della presente ricerca. Questa parte dell'archivio – oggi consistente in 3628 buste conservate presso l'Archivio centrale dello Stato – è stata utilizzata in misura di gran lunga minore rispetto al *Riservato*, che ha attratto subito la curiosità degli storici, se non altro per il fascino stesso esercitato dall'aggettivo a esso assegnato. La presenza di una molteplicità di stimoli anche nell'archivio "ordinario" non è sfuggita comunque ai ricercatori che a quelle carte hanno dedicato, soprattutto nel corso degli anni ottanta, alcuni studi sistematici, tutti però con un'impostazione metodologica ispirata al genere "lettere ai potenti" e spesso proponendo una sorta di antologia di quelle lettere come esito finale della loro ricerca.

Ritorna anche in questo libro il catalogo delle aspettative degli italiani e italiane che si addensavano intorno alla figura del Duce, dal quale emergono le diverse modalità di ricezione del suo "mito". Ma il nostro oggetto storiografico principale è legato alla funzione precipua svolta dalla Segreteria particolare sin dalla sua costituzione: costruire il mito di Mussolini attraverso la sua progressiva monumentalizzazione, intrecciando i tradizionali aspetti salvifici che caratterizzavano il carisma dei "potenti" con quelli dettati dalla modernità e che scaturivano dall'uso consapevole dei nuovi mezzi di comunicazione di massa proposti dal Novecento. Per questo ci si è soffermati sui meccanismi interni di funzionamento; sulla struttura; sull'attenzione quasi maniacale con la quale curava le risposte alle richieste di aiuto ma anche alle lettere adulatorie; sull'incessante lavoro per organizzare gli "incontri" del Duce con il popolo italiano; sulla consapevolezza presente nei suoi funzionari dell'importanza che poteva avere ai fini dell'affermazione del mussolinismo la pratica di rendere concreta la vicinanza del Duce attraverso sussidi, beneficenza o semplicemente una lettera o una foto, gesti costruiti per alimentare l'illusione di un contatto diretto che eludeva l'anonimato delle masse. Ampio spazio è stato dato a quelli che ne furono alla guida (nell'ordine Alessandro Chiavolini 1922-1934, Osvaldo Sebastiani 1934-1941, Nicola De Cesare 1941-1943) in un ambito cronologico che è quello tradizionale, dal 28 ottobre 1922 al 25 luglio 1943.

La differenziazione tra *Carteggio ordinario* e *Carteggio riservato* era molto labile e flessibile. L'attribuzione del documento all'una o all'altra sezione dipendeva da diverse variabili: dall'importanza e urgenza delle questioni al momento sul tappeto, dalla sensibilità del funzionario e del segretario particolare, dalla rilevanza sociale e politica dello scrivente. Anche quest'ultimo criterio non era applicato in maniera rigida. Esistono, infatti, nel *Carteggio ordinario* fascicoli intestati a influenti personaggi che ci saremmo aspettati di trovare nella parte riservata. Si pensi a Ettore Bastico, senatore del Regno, governatore delle isole italiane dell'Egeo e Maresciallo d'Italia; a Gaetano Cosentino, senatore del Regno e procuratore generale del re presso la Corte di appello di Roma; a Regina Terruzzi, socialista e poi fascista sansepolcrista, nota per le sue battaglie a favore delle donne e per il suo ruolo nella costituzione della Federazione Massaie rurali. Ebbene, in questi casi, ma non sono gli unici, la posizione del fascicolo era determinata non dall'importanza dello scrivente quanto dalla "ordinarietà" delle richieste avanzate: questioni familiari, tradimenti e vendette, raccomandazioni per l'avanzamento di carriera o per occupazioni migliori. Erano questi aspetti della vita delle persone a definire il criterio di archiviazione dei documenti. Pertanto era anche possibile che dello stesso individuo ci fossero fascicoli sia nell'una che nell'altra parte, a seconda delle questioni trattate. È il caso di Attilio Teruzzi, gerarca e ministro, o di Claretta Petacci, le cui prime lettere di "giovanile e fervida devozione" – come troviamo scritto nella risposta a lei indirizzata dalla Segreteria – furono conservate presso il *Carteggio ordinario*, accanto alle migliaia di altre lettere di donne sconosciute che esprimevano i loro sentimenti; e lì rimasero anche quando, con lo sviluppo della relazione con il Duce, meritò, insieme al resto della sua famiglia, un posto nel *Riservato*. Poteva succedere, inoltre, che l'assegnazione di un documento mutasse nel tempo e passasse da *Riservato* a *Ordinario* – e viceversa – con il relativo movimento delle carte. Vi sono poi molti fascicoli contrassegnati come "riservati" che sono finiti nel *Carteggio ordinario*, come quelli intestati ai segretari particolari Osvaldo Sebastiani e Nicola De Cesare, contenenti documenti relativi a situazioni patrimoniali, relazioni familiari, spese sostenute. Su questa circostanza pesò la situazione che si verificò all'indomani del 25 luglio 1943, sulla quale vale la pena soffermarsi perché incise fortemente nel determinare l'eredità documentaria con la cui storia è necessario fare i conti quando si intraprende una ricerca.

Il *Carteggio ordinario* fu tra i primi fondi del regime fascista a essere custodito presso l'Archivio del Regno, così denominato prima di diventare, nel 1953, Archivio centrale dello Stato. Nel 1945, tra l'ottobre e il dicembre, i documenti raccolti in 401 casse furono trasportati nei locali della Sapienza, ubicati in corso Rinascimento.

Diversamente dai molti altri archivi fascisti, questi non avevano subìto, all'indomani dell'8 settembre 1943, la "macroscopica migrazione" da Roma verso il Nord d'Italia di cui furono oggetto altri documenti come quelli del Tribunale speciale per la difesa dello Stato, del Partito nazionale fascista (PNF), ma anche i fascicoli relativi all'operato durante il Ventennio di alcuni organi dello Stato come la presidenza del Consiglio dei ministri, il ministero dell'Interno e molte altre istituzioni. Questa sorte toccò, invece, al *Carteggio riservato* della Segreteria particolare che, nell'ottobre del 1943, partì da Palazzo Venezia diretto a Gargnano sul Garda, alla Villa Feltrinelli. In realtà, al Nord arrivò solo quello che di esso era sopravvissuto alle prime sommarie distruzioni e alla sottrazione di documenti che si verificarono immancabilmente all'indomani del 25 luglio. Furono i militari del Comando supremo delle forze armate a presentarsi per primi a ritirate le carte dell'archivio militare segreto a cui seguirono i funzionari del ministero della Real Casa, solerti a sottrarre i fascicoli e il carteggio relativi ai membri della famiglia reale.

Il *Carteggio ordinario*, invece, passò abbastanza inosservato: sarà stata la quantità dei documenti e "l'ordinarietà" dei suoi contenuti a far sì che nessun fascicolo venisse spostato dal Viminale – la sede che ne aveva ospitato gli uffici sin dal 1922 – e lì venne trovato da Emilio Re, sovrintendente archivistico per Lazio, Umbria e Marche e grande regista del recupero della documentazione fascista, che si precipitò nelle stanze del ministero dell'Interno subito dopo il 25 luglio, nei giorni frenetici dell'esaltazione per la fine del fascismo, per cercare di organizzare la salvaguardia di quelle carte di cui, da raffinato archivista e storico quale era, aveva immediatamente compreso il valore culturale. Come scrisse al capo di Gabinetto del ministero dell'Interno, il 20 febbraio 1945, sebbene quei documenti non trattassero questioni politiche ma "pratiche di beneficenza e assistenza, fascicoli riguardanti province e comuni, concessioni di fotografie, omaggi, elargizioni, [essi sarebbero serviti] ai futuri storici per intendere come, nel Ventennio, funzionasse la dittatura, quali fossero le sue relazioni e le sue fonti di informazioni e fin dove arrivassero le sue ramificazioni veramente capillari".

Le due sezioni presero pertanto strade diverse che ne condizionarono il destino: il *Carteggio riservato*, impoverito di importanti serie, seguì il Duce nella Repubblica sociale di Salò subendo, dopo il 25 aprile 1945, ulteriori azioni di saccheggio, sottrazione, occultamento e distruzione, così come accadde a tutti i documenti trasferiti al Nord; il *Carteggio ordinario* rimase a Roma, occupata dai tedeschi, la cui presenza interruppe qualsiasi azione di salvaguardia della documentazione da parte di Emilio Re.

In realtà le cose non dovevano andare così. Nei progetti dei gerarchi fedeli al fascismo, tutto l'archivio – *Riservato* e *Ordinario* – doveva seguire Mussolini al Nord, e nel caso non fosse stato possibile organizzare il trasloco, anche a causa della mole della documentazione, gli ordini erano di distruggere i documenti, comprese le numerose schede che rendevano possibile la ricerca e la consultazione, e i registri di protocollo. Se ciò non avvenne fu grazie a Renato Nani, colonnello, una carriera dentro le stanze della Segreteria particolare fino a diventare vicesegretario di Osvaldo Sebastiani e poi di Nicola De Cesare. Rimasto a Roma per disposizioni superiori a garantire il raccordo con gli uffici del Nord, non eseguì gli ordini provenienti dalla Repubblica sociale. Anzi, di quelle carte diventò un attento custode fino al 4 giugno 1944 quando Emilio Re ritornò puntuale, accompagnato, questa volta, da Humphrey Brooke, direttore per gli archivi della Monuments, Fine Arts and Archives Division della Allied Control Commission, e mise sotto sequestro il *Carteggio ordinario* affidandone la responsabilità allo stesso Nani.

Anche il *Carteggio riservato* poteva avere un'altra sorte. Mentre per le strade di Roma, il 25 luglio 1943, si festeggiava la caduta di Mussolini e la folla si apprestava a divellere i fasci, abbattere le statue, distruggere i documenti, il colonnello Nani dalle stanze ormai vuote di Palazzo Venezia avvisò Emilio Re che l'unica possibilità per evitare distruzioni e dispersioni dell'archivio della Segreteria era il versamento all'Archivio del Regno. Ma questo non avvenne a causa della lentezza miope dei nuovi burocrati e al rapido mutamento della situazione politica. L'arrivo dei tedeschi impedì qualsiasi operazione di salvaguardia e lasciò ai fascisti il tempo e la possibilità di organizzare la spedizione delle carte riservate al Nord.

Si dovette aspettare quindi la liberazione di Roma per riprendere il processo di recupero del *Carteggio ordinario* rimasto al Viminale.

Di lì a pochi giorni, sotto la direzione di Emilio Re, fu effettuata la prima ricognizione del materiale accumulato nelle stanze del ministero dell'Interno: furono contati circa 100.000 fascicoli, 300.000 schede, numerosi registri e rubriche dal 1938 in poi, cifre non molto diverse da quelle fornite dagli stessi impiegati della Segreteria particolare dopo il massiccio scarto effettuato nel 1942. Segno che la caduta del fascismo non aveva inciso su questa documentazione in termini di distruzione e occultamento. A questo corpo documentario, rimasto quasi intatto nei difficili mesi dell'occupazione tedesca di Roma, si aggiunsero, dopo la liberazione della capitale, frammenti di archivi man mano ritrovati in vari luoghi: pezzi del *Carteggio riservato* di Palazzo Venezia, sfuggito o volontariamente lasciato dai fascisti in partenza verso il Nord; scatoloni contenenti l'archivio della Segreteria particolare di Edda Ciano Mussolini abbandonati nei magazzini; documenti del Servizio informativo militare (SIM).

Fu con la fine della guerra e l'arrivo di Ferruccio Parri alla presidenza del Consiglio, in concomitanza con la necessità di trovare spazio agli uffici del ministero dell'Interno, che iniziò il versamento del *Carteggio ordinario* nei locali dell'Archivio del Regno, terminato nel dicembre del 1945.

La trasformazione di quei documenti da pesante fardello cartaceo a fonte storica era completata.

Politicamente, la Segreteria particolare seguì quindi le sorti del regime. I suoi inizi, ad esempio, erano stati molto difficili; erano in gran parte "uomini nuovi" quelli che furono chiamati a lavorarci e, soprattutto, erano nuovi i compiti che era chiamata a svolgere. Non si trattava più semplicemente di gestire i collegi elettorali dei notabili dell'Italia liberale, ma occorreva confrontarsi con la dimensione di massa assunta dal nuovo regime. Cominciò allora un suo estenuante braccio di ferro con la vecchia burocrazia ministeriale, protrattosi per l'intero Ventennio. Uno scontro in alcune fasi aperto e palese, in altre sotterraneo e occulto che, alla fine, si concluse con un compromesso che, anche per questo, rivelava l'incapacità del fascismo di essere una vera "rivoluzione": più che della fascistizzazione dei burocrati dello Stato, il ruolo svolto dalla Segreteria documenta esaurientemente la progressiva burocratizzazione dello squadrismo e dei fermenti eversivi che avevano innervato il movimento mussoliniano delle origini.

Fino alla fine quando, nel 1941, proprio in concomitanza con la bufera scatenata dalla Seconda guerra mondiale, l'avvento a capo della Segreteria di Nicola De Cesare sancì il definitivo allineamento degli uomini del fascismo ai dettami e ai comportamenti della vecchia classe dirigente che aveva guidato le nostre istituzioni già nell'Italia liberale. Fu quasi come se il fascismo morente, incapace di ritrovare il dinamismo e la progettualità degli esordi, si aggrappasse ai solidi riferimenti offerti da quelle istituzioni il cui assetto era stato incapace di "rivoluzionare". Il "colpo di Stato" del 25 luglio 1943 fu la sanzione politica di questo processo: nel governo tecnico-militare presieduto dal maresciallo Pietro Badoglio figuravano sei generali, due prefetti, sei funzionari e due consiglieri di Stato; tutti avevano con solerzia interpretato il proprio ruolo di "servitori dello Stato" durante il regime e tutti si apprestavano a "mettersi a disposizione" dell'egemonia democristiana che avrebbe caratterizzato i primi decenni dell'Italia repubblicana.

Numerosi documenti sono stati consultati per condurre questa ricerca. Il lavoro avrebbe incontrato maggiori difficoltà senza il prezioso aiuto e la consueta disponibilità del personale della Sala studio dell'Archivio centrale dello Stato. Un sentito ringraziamento va a tutti loro, in particolare all'allora direttore di sala, dottor Roberto De Rose.

1.
Arrivano i fascisti

Nascita di una istituzione

Dopo il 28 ottobre 1922 i primi tempi non furono facili per Mussolini, stretto tra una difficile coabitazione politica con i partiti tradizionali che formavano la maggioranza della coalizione (oltre al capo del Governo, diventato anche ministro dell'Interno e degli Esteri, la compagine governativa comprendeva tre fascisti, due popolari, due democratici, un nazionalista, un demosociale, un liberale, un indipendente e due militari) e il malumore della base fascista, che giudicava inferiore alle aspettative il risultato politico della marcia su Roma e che non aveva smesso di esercitare le violenze squadriste contro gli oppositori. Bisognava anche cominciare a porre le basi per la costruzione di quella nuova idea di Stato che, insieme al mito della Nazione, aveva riempito la pubblicistica del movimento fascista nella fase della sua trasformazione in partito. Il condensarsi delle teorie di Nietzsche, Pareto, Sorel e Oriani, che avevano suggestionato le idee giovanili di Mussolini, insieme a un convinto antistatalismo, si traducevano allora in un atteggiamento di sottovalutazione della forza e dell'autonomia dello Stato; organismo che – lo ricordiamo – si differenzia dal potere esecutivo in quanto "organizzazione politica suprema e stabile che permane nel mutare dei governi e dei governanti".[1]

Su questi aspetti, il fascismo non aveva sviluppato grandi riflessioni. Né sul tema della burocrazia né su quello delle riforme necessarie per superare le lentezze e gli ostacoli frapposti all'azione della politica da parte della macchina amministrativa si era andati oltre la riproposizione degli accenti antiburocratici già presenti in una parte della cultura politica dell'Italia liberale. Così, come scriveva allora Percival Phillips, "burocrati del vecchio tipo, saldamente attaccati come patelle al loro posto, si sono trovati faccia a faccia con la nuova Italia, e non si sentono più al sicuro, perché Mussolini ha iniziato una campagna contro l'indolenza e l'inefficienza con la stessa spietatezza usata contro il bolscevismo [...] rendendo evidente che il primo Crociato delle camicie nere non avrebbe tollerato alcun comportamento inaccettabile" [1923].[2]

Per Mussolini il rimedio alle deficienze dell'apparato burocratico era semplice ed era riposto nella capacità del "capo" di intervenire: "Spingo una leva e il motore che si era arrestato oppure girava a folle, sotto l'impulso di quella leva si ingrana e il ritmo ripiglia regolare" [dicembre 1923].[3] L'intenzione di accentrare su di sé il potere fu resa subito evidente dalla sua assunzione di numerose cariche e con l'emanazione, già nel dicembre del 1922, del primo provvedimento di portata costituzionale che delegava al governo i pieni poteri per il riordinamento del sistema tributario e della pubblica amministrazione.[4] Pochi anni dopo, alla fine del 1925, il processo di concentrazione del potere nelle sue mani si rafforzò con una legge che ridisegnava le attribuzioni e le prerogative del presidente del Consiglio, riconosciuto non solo come capo del Governo ma anche come l'unico depositario della fiducia della Corona e l'organo principale attraverso il quale si esprimeva la sovranità dello Stato.[5] Per esercitare tale potere, Mussolini si affidò a due strutture: una, con alle spalle una tradizione consolidata, gli uffici della presidenza del Consiglio; l'altra, con nuove e inedite attribuzioni, la Segreteria particolare del presidente del Consiglio.[6]

Un ufficio particolare

Al momento del suo insediamento a Palazzo Chigi, la presenza di un segretario particolare dei presidenti del Consiglio era una prassi e non una norma.[7] Nella legge dell'8 aprile 1906, n. 109, che dettava le regole per la costituzione degli uffici alla diretta dipendenza dei ministri, dei sottosegretari e degli stessi presidenti del Consiglio, quell'incarico infatti non veniva menzionato. Eppure, nonostante il silenzio normativo, negli uffici della Presidenza lavoravano funzionari, espressamente indicati come "segretari particolari", che svolgevano compiti di fiducia su mandato proprio del presidente. In maniera non continuativa, figure di questo tipo si potevano trovare nei Gabinetti Salandra, Orlando e, negli anni immediatamente precedenti al 28 ottobre 1922, in quelli Bonomi e Facta, mentre non c'erano con Nitti nel 1919. Si trattava di personale che arrivava dagli apparati amministrativi; che conosceva le procedure, le norme e le prassi in vigore; che aveva uno stipendio a carico delle amministrazioni di provenienza e che non era supportato da apposite strutture, dal momento che i suoi compiti si limitavano, spesso, a tenere i rapporti con il collegio elettorale del presidente. A confonderne il ruolo era stata l'istituzione, nel 1887,[8] di una Segreteria della presidenza, a volte denominata Ufficio di segreteria (poi soppressa nel 1929 quando la carica fu assimilata a quella del capo di Gabinetto), con funzioni meramente tecniche di affiancamento e coordinamento affidate a un personale amministrativo statale che, in considerazione della vicinanza all'operato del presidente, di solito, al cambio di governo, rassegnava le dimissioni per lasciare "piena libertà nella scelta di chi avrebbe dovuto coprire detto ufficio" accanto al nuovo presidente del Consiglio.[9]

In questa incertezza normativa, si strutturò il nuovo ufficio alle dirette dipendenze di Mussolini che volle, da subito, definirne i tratti originali e di rottura con le precedenti esperienze. A cominciare dalla nomina del suo segretario, Alessandro Chiavolini, un giornalista che, dopo alcune collaborazioni con giornali lombardi, aveva cominciato a lavorare come cronista nella redazione de "Il Popolo d'Italia" fin dalla sua fondazione, nel novembre 1914, entrando subito in contatto con Mussolini e suo fratello Arnaldo.

Non erano la cronaca né la politica ad appassionare Chiavolini, bensì la letteratura, le traduzioni letterarie, i resoconti di viaggi e avventure. E questo genere di scrittura continuò a praticare anche dopo il 1919 quando, alla fine della guerra, con il grado di capitano di fanteria, fece rientro nella redazione del giornale di via Paolo da Cannobio 35.[10] Una volta eletto deputato, nel 1921, Mussolini lo scelse come suo segretario e lo portò a Roma per la prima volta. Una decisione imprevedibile, dal momento che, "tra tutti quei redattori a lui devoti e fedelissimi", Chiavolini era stato l'unico a non aver espresso solidarietà al direttore de "Il Popolo d'Italia" dopo il suo arresto, il 18 novembre 1919, e che non aveva partecipato all'adunata che portò alla fondazione dei Fasci di combattimento, in piazza San Sepolcro, qualche mese prima.[11]

Resta il fatto che dalla Camera dei deputati il nuovo segretario seguì Mussolini a Palazzo Chigi e c'è da chiedersi perché Mussolini abbia scelto un giornalista che non aveva dimostrato, nel periodo precedente, lo stesso ardore politico degli altri fascisti più coinvolti nella fase "squadristica" del movimento. È possibile che la situazione in cui versava il fascismo nel periodo immediatamente successivo alla marcia su Roma abbia quindi ragionevolmente spinto il Duce a cercare un collaboratore al di fuori delle beghe che in quei giorni, e per i mesi successivi, attraversarono il partito. Non si trattava solo delle violenze che continuarono nella certezza della impunità, al punto che fu necessario emanare, il 5 novembre 1922, una circolare in cui Mussolini ordinava ai prefetti di far cessare "lo stillicidio domenicale delle risse e dei conflitti con morti e feriti, stillicidio che insanguina e disonora la Nazione".[12] Tutto il PNF era allora "una vera bolgia infernale in cui non [era] possibile lavorare", secondo lo sfogo scritto da Attilio Teruzzi, uno dei vicesegretari del partito, il 14 novembre 1922,[13] caratterizzata da dissensi, scissioni, rivolte dei fasci locali alimentate non solo da idee diverse su come realizzare la rivoluzione fascista ma anche da ambizioni personali e pretese di autonomia nella gestione delle sezioni periferiche.

Inoltre, Chiavolini si era fatto apprezzare per le sue doti di riservatezza e discrezione al punto da essere scelto come depositario di vari documenti riservati, tra cui il "proclama del quadrumvirato", scritto da Mussolini nei primi giorni di ottobre del 1922, che il collaboratore custodì gelosamente fino a quando Mussolini stesso lo richiese qualche giorno dopo.[14]

Non fu facile, comunque, imporre il suo nome all'interno dell'apparato ministeriale perché, per la prima volta nella storia della Presidenza e degli uffici di diretta dipendenza dal potere politico, era stata nominata una persona completamente al di fuori delle amministrazioni dello Stato, infrangendo una prassi consolidata affermatasi nonostante la legge del 1906 che, lo ricordiamo, permetteva "eccezionalmente" la chiamata di persone "estranee alla pubblica amministrazione"[15] e che in realtà non era mai stata applicata fino al 1922. Di fatto il nome di Chiavolini compare già tra i primi atti compiuti dal nuovo governo. Con il decreto del 1° novembre 1922 relativo alla formazione degli uffici di diretta collaborazione del presidente, furono nominati infatti Alfredo Goffredo, prefetto, segretario capo della Presidenza, Alessandro Chiavolini, segretario particolare del presidente; Vincenzo Ottaviano, consigliere aggiunto di Prefettura, segretario.[16]

Come a volte succede leggendo i documenti archivistici cartacei, le note manoscritte a margine, le cancellature, l'uso di colori differenti della matita per sottolineare, cancellare o aggiungere, le diverse minute relative a uno stesso testo e la disposizione dei documenti all'interno dei fascicoli in cui sono conservati rappresentano una sorta di "paratesto", per usare un termine tratto dalla biblioteconomia, sollevano interrogativi al ricercatore, ne stimolano nuove ipotesi di lettura e comunque forniscono un surplus informativo che aggiunge, corregge, aiuta a interpretare il contenuto di quei fogli. Nel caso del decreto del 1° novembre la presenza di tre "minute" – la prima dove non compare il nome di Chiavolini, la seconda dove è riportato ma è cancellato, la terza, infine, dove è definitivamente inserito – rimanda direttamente alle difficoltà e alle incertezze che probabilmente avevano accompagnato il suo inserimento in un ruolo che, per quanto strettamente politico e fiduciario, era pur sempre parte di una struttura istituzionale. E c'era un altro elemento che forse non era passato inosservato agli occhi della burocrazia ministeriale: lo stipendio, indicato nel decreto, che avrebbe dovuto percepire il segretario particolare, era di gran lunga superiore a quello del prefetto che ricopriva la carica di segretario capo della Presidenza.[17]

Tra il novembre 1922 e il luglio 1924, Chiavolini fu quindi pagato dal ministero delle Finanze con decreti mensili per il lavoro che svolgeva a Roma e per le missioni nelle quali accompagnava Mussolini nei viaggi in giro per l'Italia. Questa procedura si interruppe nel luglio del 1924, quando venne emanato un decreto che metteva ordine nella formazione degli uffici di diretta dipendenza dal titolare politico della carica, vale a dire Gabinetti e Segreterie particolari dei ministri e dei sottosegretari, estendendo queste indicazioni anche alla presidenza del Consiglio. Per la prima volta venne allora istituzionalizzata la figura del segretario particolare, per la quale la legge lasciava intravedere pure la possibilità di costituire una propria struttura autonoma. Contestualmente, però, la stessa norma escludeva esplicitamente il ricorso a persone estranee alle amministrazioni e stabiliva l'obbligo di scegliere i propri collaboratori tra i funzionari statali, compreso il segretario particolare che, più di ogni altro, era legato da un rapporto di assoluta fiducia con il titolare della carica.[18]

Quindi, tra il luglio del 1924 e il gennaio del 1926, data in cui si risolverà il problema della sua nomina, Chiavolini si trovò privo di una legittimazione formale, cosa che se non gli impedì di continuare a esercitare i suoi compiti creava non pochi ostacoli nei rapporti con le burocrazie ministeriali, irritate per questa irruzione di uomini privi di cultura e tecnica amministrative e con metodi di lavoro molto lontani dalle loro routine burocratiche.

C'è da chiedersi come mai Mussolini abbia firmato una norma che, nel momento stesso in cui inseriva nella struttura amministrativa del governo un ufficio nuovo come la Segreteria particolare, impediva di lasciare in carica colui che egli stesso aveva nominato come suo uomo di fiducia, sfidando anche le critiche dei fascisti "diciannovisti" che avrebbero preferito vedere in quel ruolo, così prossimo e confidenziale al Duce, una persona più vicina agli ideali e allo stile che avevano caratterizzato i primi passi del movimento. È possibile che sia stata solo una "svista" riconducibile a quella carenza di conoscenze dei meccanismi formali che reggono la macchina statale? Se ci fermiamo ai numerosi tentativi effettuati per superare l'ostacolo introdotto dalla norma del luglio 1924, la risposta alla domanda potrebbe essere affermativa. In realtà sullo sfondo di questa vicenda si intravedevano da una parte le difficoltà incontrate da Mussolini nei primi anni della sua esperienza di governo nel gestire il rapporto con gli alti gradi della burocrazia e le ambiguità delle linee politiche allora adottate; dall'altra il clima di sfiducia che si era creato intorno al regime all'indomani dell'assassinio di Giacomo Matteotti.

Il rapporto con la burocrazia ministeriale

Che la struttura dello Stato, con le sue norme che a volte affondavano nei principi dello Statuto albertino e un personale abituato a rispettarne gerarchie e formalismi burocratici, non fosse un meccanismo semplice da trasformare e gestire fu chiaro ai fascisti che entrarono nei ministeri convinti invece di poter affermare in breve tempo un nuovo stile amministrativo. Nei primi giorni di governo, l'obiettivo di ridefinire i rapporti tra burocrazia e nuova classe politica e di affermare un "modello radicalmente alternativo a quello del vecchio mondo liberale"[19] fu perseguito in modo caotico e approssimativo. Così descriveva la situazione il prefetto

Oliviero Savini Nicci, in una lettera dell'8 novembre 1922 a Francesco Saverio Nitti:

> A Palazzo Viminale regna ancora il caos. I funzionari amici sono stati allontanati quasi tutti dai Gabinetti [...]. Tutti gli altri addetti ai Gabinetti sono camicie nere o simpatizzanti [...]. È impressione generale che molta acqua sarà messa nel vino fascista. È naturale. C'è da temere qualche sciabolata data all'impensata, per incompetenza, falsa cognizione, o fervore partigiano. È tutto un insieme di valori mediocri, di buon volere, ma ignari degli ingranaggi delle rispettive amministrazioni. [20]

E se questa era la situazione al Viminale, dove dal 1920 avevano sede gli uffici della presidenza del Consiglio e del ministero dell'Interno,[21] non molto diversa era quella di Palazzo Chigi dove, appena arrivato al potere, Mussolini aveva trasferito la sede del ministero degli Esteri.[22]

In qualità di presidente del Consiglio e di ministro dell'Interno,[23] il Duce avrebbe dovuto risiedere al Viminale, come avevano fatto i suoi predecessori. Scelse invece come sede privilegiata Palazzo Chigi, che fu così il centro della sua attività politica fino al trasferimento a Palazzo Venezia nel 1929, data che coincise anche con il passaggio del dicastero degli Esteri a Dino Grandi.[24] Il prestigio storico e artistico del palazzo ebbe una sua importanza in questa scelta e Mussolini non mancò di rilevarlo nel discorso di auguri, del 2 gennaio 1923, rivolto ai ministri e ai sottosegretari del suo governo, dicendosi "lieto di accoglier[vi] in questi saloni grandiosi che rappresentano un segno di forza e della bellezza della nostra razza e anche una testimonianza della vittoria perché, se non mi inganno, questi erano i saloni di una ambasciata nemica". Sempre negli stessi saloni ricevette dal ministro della Guerra, Armando Diaz, le insegne e i diplomi della Croce al merito di guerra mentre sulla piazza le squadre fasciste inneggiavano al suo nome.[25] Palazzo Chigi aveva anche un balcone (che sporge all'angolo tra piazza Colonna e via del Corso) dal quale Mussolini, insediato nella secentesca galleria del Dati, teneva i suoi discorsi alla folla e che ben presto fu definito dalla pubblicistica dell'epoca "l'alta prua di Italia".

L'accentramento di più cariche nella sua persona e la dislocazione dei relativi ministeri in diversi luoghi non facilitavano l'esecuzione delle decisioni politiche e quel processo di semplificazione dei procedimenti che era richiesto dal fascismo "movimentista" per rendere più efficace la macchina burocratica. Anzi, in alcuni casi, quella situazione comportò duplicazioni di uffici, sovrapposizioni di compiti, copiose corrispondenze e tortuosi itinerari documentari. Ad aumentare la confusione, si aggiungevano poi la scarsa conoscenza della macchina statale da parte dei fascisti ("ignari degli ingranaggi delle rispettive amministrazioni" secondo il resoconto confidenziale di Savini Nicci precedentemente citato), e la loro diffidenza verso la burocrazia, considerata inaffidabile perché ancora poco "fedele" ai dettami del regime. Senza contare il desiderio diffuso di forzare il più possibile l'ingresso delle leve fasciste nelle stanze dei ministeri, le ambizioni e l'opportunismo di elementi "disordinati e disorientati" che aspiravano a diventare collaboratori del presidente, "ben decisi a non uscire troppo presto dalla bufera della loro crisi di assestamento".[26]

Era necessario dare comunque una risposta al tema del funzionamento dello Stato e allo spirito di rinnovamento che aveva agitato il movimento fascista. Senza precise idee di riforma, il capo del Governo si muoveva stretto tra diverse posizioni: da una parte, la pressione dell'ala intransigente che spingeva per una "epurazione" e per la fascistizzazione del ceto burocratico cresciuto all'ombra di Giolitti e Nitti, attraverso l'immissione di nuove leve di giovani fascisti; dall'altra la consapevolezza dell'impreparazione della nuova classe dirigente, del tutto priva di esperienza di governo e di conoscenza delle regole degli apparati amministrativi, il cui inserimento avrebbe reso quanto meno problematico affrontare il cambiamento e la gestione del caos che si stava verificando nelle diverse strutture ministeriali. E certamente non poteva scontentare le forze politiche presenti nella maggioranza che sostenevano il suo governo e che fino ad allora avevano rappresentato il punto di riferimento politico dell'alta burocrazia ministeriale.

Mussolini scelse la strada della moderazione. Le riforme che riguardavano il pubblico impiego, emanate nel corso del 1923, furono ispirate principalmente dal ministro delle Finanze Alberto De Stefani il cui principale scopo fu il risparmio economico in vista del pareggio di bilancio, e non si scostarono molto da quanto emerso nel dibattito che si era sviluppato negli anni precedenti su quel tema. E se alcuni obiettivi furono conseguiti – come le fusioni di certi ministeri, la soppressione di uffici legati alle vicende belliche, la costruzione di un modello amministrativo "rigido e fortemente gerarchizzato con sfumature di carattere quasi militaresco"[27] –, altri, come la semplificazione e l'alleggerimento degli organici ministeriali, lo furono solo in misura sporadica e modesta. In alcuni settori (come le ferrovie e le poste) i propositi di De Stefani si tradussero in un feroce ridimensionamento del personale, anche per il carattere maggiormente sindacalizzato dei dipendenti; propositi condivisi da Mussolini che sottolineò quasi con arroganza il carattere classista dei provvedimenti presi dal suo ministro: "un governo che fa una politica dura, una politica crudele, se volete," aveva affermato in Senato l'8 giugno 1923, "deve licenziare a migliaia i suoi funzionari: sono magistrati, sono ufficiali, sono ferrovieri, sono arsenalotti; e ogni licenziamento è un motivo di turbamento, di dolore, di disagio di migliaia di famiglie".[28] Altrove i risultati furono molto ridotti anche a causa delle resistenze opposte dai direttori generali che temevano l'impatto della riduzione degli organici sul funzionamento dei loro uffici. Se a questo aggiungiamo il blocco delle assunzioni nel pubblico impiego – che si protrasse dal 1926 fino alla metà degli anni trenta – che cristallizzò gli organici già presenti, impedendo l'ingresso dei giovani che erano maturati proprio negli anni della guerra e del dopoguerra e quindi più sensibili agli ideali fascisti, vediamo come il progetto di "mettere la burocrazia in camicia nera"[29] ebbe una vita molto accidentata, almeno nelle strutture centrali e periferiche dello Stato.

Le linee adottate dal regime, seppure in maniera frammentaria e disordinata, furono dunque caratterizzate dallo "scarso sostegno offerto ai settori del PNF più inclini a operazioni drastiche di fascistizzazione" e da un sostanziale appoggio alla burocrazia tradizionale, codificando, all'interno di un modello centralizzato e gerarchico, "il principio di uniformità e universalità della norma legale [...] e dello Stato-amministrazione quale contraente e garante di quella norma".[30] Ovviamente il fascismo non rinunciò a fidelizzare la burocrazia statale e pubblica. La misura dell'allontanamento degli impiegati che, "per manifestazioni compiute in ufficio o fuori d'ufficio", non "dessero piena garanzia di un fedele adempimento dei doveri"[31]; la riforma della formula del giuramento prestato dall'impiegato al momento dell'assunzione; l'obbligatorietà della tessera di iscrizione al PNF imposta in varie tappe dal 1932 al 1938; le numerose iniziative sociali prese a favore del ceto medio impiegatizio furono le tappe di un percorso che mostrò come, nonostante alcune fasi – tra il 1926 e il 1928 – in cui si assistette da parte fascista all'arrembaggio alle carriere direttive dell'amministrazione statale,[32] "nel complesso [...] la fascistizzazione della burocrazia statale avvenne non tanto in virtù dell'immissione nei suoi ranghi di elementi schiettamente fascisti provenienti dalle sfere dirigenti del partito e dello squadrismo, quanto mediante la graduale e talvolta tutt'altro che entusiastica adesione al regime di quanti già vi appartenevano".[33]

Si delineò così "un patto non scritto [...] tra i vincitori – privi peraltro delle competenze necessarie al funzionamento della macchina pubblica – e gli antichi servitori dello Stato, come i direttori generali cresciuti sotto Giolitti, che, per la loro capacità professionale e la confidenza con le procedure, avevano mantenuto il dominio assoluto della routine quotidiana".[34] Patto di collaborazione plasticamente rappresentato nella riunione tradizionale di fine anno, nel dicembre del 1923, quando sfilarono davanti a Mussolini la maggior parte dei *grands commis* che avevano fatto carriera nel periodo liberale: il segretario generale del ministero degli Esteri, Salvatore Contarini, il direttore generale dell'Amministrazione civile, Alberto Pironti, il ragioniere generale dello Stato, Vito De Bellis, in pratica la spina dorsale dell'amministrazione italiana.[35] E che fu ribadito in maniera netta dal Duce nel suo discorso a Milano: "Se non ci fosse stata [la burocrazia] noi ci saremmo trovati in pieno caos".[36] Era il 4 agosto 1924, al culmine della crisi politica seguita dal delitto Matteotti quando i dubbi sulla responsabilità di Mussolini circolavano anche nelle stanze dei ministeri, rendendo ancora più precario il rapporto tra gli uomini nuovi in camicia nera e la vecchia guardia amministrativa.

La "crisi Matteotti"

Ricordiamo brevemente gli estremi della crisi. Il deputato socialista fu rapito il 10 giugno 1924; il suo cadavere fu ritrovato nei pressi di Roma soltanto il 16 agosto. Ad assassinarlo era stata una squadra fascista guidata da Amerigo Dumini, l'"uomo di mano" di Mussolini, agli ordini diretti del Viminale e capo della Ceka, una branca segreta del Partito nazionale fascista, finanziata direttamente dall'Ufficio stampa della presidenza del Consiglio.[37] A quel punto, a causa dell'ondata di collera e di indignazione che scosse il paese, parve vacillare l'intero edificio del potere mussoliniano che si ritrovò pericolosamente isolato, privo degli appoggi di quei potentati economici che pure aveva in ogni modo assecondato. "Finché il fascismo rappresenterà l'elemento d'ordine, di quiete, di possibilità di lavoro sereno e proficuo, l'industria sarà con il governo. Ma se il fascismo dovesse rappresentare un elemento – sia pure indiretto – di disordine e dar luogo a sconvolgimenti, a manifestazioni tumultuose e a scioperi inconsulti, allora non potrebbe più trovarci consenzienti" era scritto sulla rivista della Confindustria, "Industrie italiane illustrate", nel settembre del 1924.[38]

Le prime dichiarazioni di Mussolini furono perciò imbarazzate e difensive: "Solo un mio nemico, che da lunghe notti avesse pensato a qualcosa di diabolico, poteva effettuare questo delitto che oggi ci percuote d'orrore".[39] Il 18 giugno tutti i partiti e i gruppi di opposizione si impegnarono in un'azione comune. Il 27 giugno i deputati antifascisti si riunirono nell'aula B di Montecitorio, dando vita alla secessione parlamentare dell'"Aventino" come testimonianza di un'irriducibile "opposizione morale" al regime. La crisi era al culmine. La dirigenza fascista era apparsa immediatamente coinvolta nella sanguinosa vicenda. E Mussolini, dopo aver sacrificato i suoi collaboratori più compromessi (i fidatissimi Cesare Rossi, Aldo Finzi e lo stesso capo della polizia Emilio De Bono), si ritrovò solo: restarono al suo fianco unicamente gli "irriducibili" come Roberto Farinacci. Il suo smarrimento fu per tutti costoro un incentivo a rilanciare la "seconda ondata", quella che avrebbe dovuto completare la "rivoluzione fascista". "Un giorno dell'agosto 1924, centocinquantasei squadristi bolognesi in camicia nera arrivarono a Roma, trasportati da una trentina di automobili," scrisse Paolo Monelli, "parcarono le macchine a Villa Borghese; e di qui, a piedi, per la Piazza del popolo e il Corso arrivarono a Palazzo Chigi. Era uno stuolo variopinto, chi col fez, chi col casco, chi col cappello a lobbia, alcuni con pantaloni grigioverdi, altri con i calzoni borghesi; ma tutti con la camicia nera e il distintivo del partito (che in quei giorni a Roma non si vedeva più). Marciavano con passo pesante e grinte minacciose, dietro a un gagliardetto portato da Arconovaldo Bonaccorsi [...]. Entrarono a Palazzo Chigi. Chiavolini li portò su nel salone d'angolo dove Mussolini aveva allora lo studio di ministro degli Esteri. Mussolini era in piedi dietro la tavola, pallido, con la barba lunga. Abbracciò Bonaccorsi e poi, rivolto allo stuolo, con voce affabile, quasi patetica, chiese 'Che cosa siete venuti a fare?'."[40]

Erano andati a "rimontarlo", a indicargli nella "seconda ondata" la soluzione della crisi.

Ma fu piuttosto la mancanza di iniziativa politica dell'Aventino – invischiato nell'attesa paralizzante del consenso del re all'allontanamento di Mussolini – a ridargli coraggio, a fargli ritrovare la consueta arroganza: "[...] le opposizioni, tutte insieme," tuonò in un discorso sul Monte Amiata, il 31 agosto, "vi assicuro che sono perfettamente impotenti. Il giorno in cui uscissero dalla vociferazione molesta, per andare alle cose concrete, quel giorno noi di costoro faremo lo strame per gli accampamenti delle camicie nere".[41] E questo suo atteggiamento fu decisivo per ricucire le contraddizioni che la crisi aveva aperto all'interno del fascismo e del blocco di potere che ne aveva decretato la vittoria.

Nel dibattito storiografico è stato sottolineato come, tra gli elementi della vittoria riportata allora da Mussolini, accanto all'appoggio del fascismo intransigente e all'incapacità politica dell'opposizione aventiniana ci fosse anche il timore della Chiesa e dei conservatori del ripetersi di minacciosi disordini a opera dei partiti di sinistra. Sta di fatto che Vittorio Emanuele III non mosse un dito per difendere lo Statuto. E la prima mossa toccò ancora una volta al Duce.

La pressione degli squadristi per la "seconda ondata" si era fatta sentire. Il 31 dicembre 1924 i consoli della Milizia, guidati da Aldo Tarabella ed Enzo Galbiati, avevano ottenuto un'udienza privata. Era stato appena pubblicato dai giornali antifascisti un memoriale di Cesare Rossi che comprometteva nell'assassinio di Matteotti tutte le alte gerarchie fasciste; le opposizioni sembravano averne ricevuto nuovi stimoli. Come risposta si erano immediatamente mobilitate migliaia di squadristi, soprattutto in Toscana, preparandosi a una seconda marcia su Roma. Per il 3 gennaio era prevista la riapertura del Parlamento. Per Mussolini fu quella l'occasione per rompere gli indugi: mentre il ministro dell'Interno – il nazionalista Luigi Federzoni – dava disposizioni ai prefetti per il sequestro dei fogli dell'opposizione, scelse il suo discorso alla Camera per assumersi la paternità del delitto: "[...] dichiaro qui, al cospetto di questa assemblea e al cospetto di tutto il popolo italiano, che io assumo, io solo, la responsabilità politica, morale, storica di quanto è avvenuto [...]. Se il fascismo è un'associazione a delinquere, io sono il capo di questa associazione a delinquere!". Dopo avere sfidato i rivali a incriminarlo dinanzi all'Alta corte di giustizia sulla base dell'articolo 47 dello Statuto, concluse: "Quando due elementi sono in lotta e sono irriducibili la soluzione è la forza [...]. Vi siete fatte delle illusioni! Voi avete creduto che il fascismo fosse finito perché io lo comprimevo, che fosse morto perché io lo castigavo e poi avevo anche la crudeltà di dirlo. Ma se io mettessi la centesima parte dell'energia che ho messo a comprimerlo, a scatenarlo, voi vedreste allora. Non ci sarà bisogno di questo, perché il Governo è abbastanza forte per stroncare in pieno definitivamente la sedizione dell'Aventino [...]. Voi state certi che nelle quarantotto ore successive a questo mio discorso la situazione sarà chiarita su tutta l'area".[42]

Tre giorni dopo, il ministro dell'Interno riferiva che erano stati chiusi 95 circoli politici, sciolte 25 organizzazioni sovversive, chiusi 150 esercizi pubblici: c'erano state 655 perquisizioni con 111 arrestati. Per i partiti politici dell'opposizione era finita: sarebbero scomparsi, anche formalmente, entro due anni.

Un regime che si assesta

Le fasi attraversate dal regime durante la "crisi Matteotti" – dallo sbigottimento alla risolutezza – influirono probabilmente anche sul varo della norma che definiva le composizioni dei Gabinetti e delle Segreterie particolari. Il provvedimento è infatti del 10 luglio 1924. In quel momento sul fascismo, sulla stessa persona di Mussolini e sugli uomini del suo più stretto *entourage* si addensavano i sospetti di un loro diretto coinvolgimento nel feroce assassinio, alimentando, per la prima volta dopo la marcia su Roma, un sentimento avverso al fascismo da parte dell'opinione pubblica nazionale e internazionale. Le fibrillazioni politiche coinvolsero anche il rapporto tra governo e burocrazia che, nonostante le attestazioni reiterate di Mussolini – "la rivoluzione fascista non demolisce tutta intera e tutta in una volta quella complessa e delicata macchina che è l'amministrazione di un grande Stato"[43] –, mostrava in quei mesi "un atteggiamento meno smaccatamente filofascista [...] un po' per autonoma evoluzione, un po' per l'azione della massoneria di Palazzo Giustiniani [...], un po' per il timore di venirsi a trovare troppo compromessa se il governo fosse caduto".[44]

Di questo "raffreddamento" vi sono tracce nei numerosi documenti che, dalla periferia, arrivavano sulla scrivania del Duce, rafforzando l'opinione del capo del Governo sulla "psicologia sensibile [della burocrazia] a tutte le variazioni atmosferiche". Disse Mussolini in occasione del Consiglio nazionale del partito, dominato dall'incertezza del dopo Matteotti, nell'agosto del 1924: "Quando il governo è forte e dà anche l'impressione di essere forte, allora la burocrazia funziona, esegue, non discute. Il giorno in cui la burocrazia ha l'impressione contraria o presuppone, o spera un cambiamento, vi accorgerete che la macchina ha dei rallentamenti misteriosi: qualche cosa non cammina più. Questo è avvenuto nel giugno".[45]

È probabile, quindi, che fosse stato anche il timore di una rottura con l'alta burocrazia, ancora molto legata al mondo liberale nei comportamenti e nei valori, nelle cui mani vi erano le leve amministrative dell'apparato statale, a spingerlo a firmare un provvedimento che, sacrificando il suo fedele segretario, garantiva ai funzionari statali l'esclusività nella funzione di presiedere uffici molto delicati sia dal punto di vista amministrativo e di coordinamento sia da quello politico. Del resto, negli stessi giorni, per mostrare con un comportamento inflessibile la propria estraneità al delitto, Mussolini non ebbe alcuna remora a liberarsi di Cesare Rossi[46] e Arturo Fasciolo,[47] entrambi assidui frequentatori dell'ufficio di Chiavolini. Ricordiamo che Cesare Rossi, proprio insieme al segretario particolare, aveva viaggiato con Mussolini nel famoso vagone letto che da Milano lo portò nella capitale per ricevere l'incarico di presidente del Consiglio dalle mani del re subito dopo la marcia su Roma e che, quella notte, i due fedelissimi collaboratori del Duce lo aiutarono nel delicato compito di allestire una lista di ministri in grado di soddisfare i complicati appetiti dei vari partiti della coalizione di governo.[48] E anche dopo l'assassinio di Matteotti, fu lo stesso

Chiavolini ad adoperarsi per "sistemare" Aldo Putato, un testimone che al processo aveva ritrattato le sue dichiarazioni, che del delitto incolpavano i fascisti, procurandogli lucrosi incarichi presso l'Agip[49] e poi in Eritrea, dove sposò la figlia del generale Tessitore. Quanto ad Albino Volpi, il probabile esecutore materiale dell'omicidio di Giacomo Matteotti, sono stati recentemente portati alla luce i suoi buoni rapporti con Chiavolini e Mussolini che, nel 1931, gli fruttarono la ricca concessione di alcuni servizi del mercato milanese di Porta Vittoria, con proventi medi annui di almeno 30.000 lire, più altre regalie delle quali beneficiò fino alla morte (1939).[50]

La "crisi Matteotti" arrivò quindi a scoperchiare il vaso di Pandora del profondo inquinamento fascista della Segreteria particolare, organo del quale si era impossessato l'*entourage* dei fedelissimi del Duce vedendovi una possibile alternativa alla continuità istituzionale con l'Italia liberale che gravava invece su tutti gli altri apparati dello Stato ereditati dal passato.

Si spiega anche così quanto fosse considerato inequivocabile il dettato della legge del 1924 agli occhi dell'apparato burocratico che avrebbe dovuto applicarlo; a documentarlo è una nota a margine del fascicolo sulla "questione Chiavolini" che non lasciava dubbi: "Con l'applicazione del decreto legge 1100 del 10 luglio 1924, il segretario particolare [Chiavolini], non facendo parte dell'amministrazione di Stato, non può ricoprire detta carica".[51] Si trattava a quel punto di trovare una via di uscita sia per regolarizzarne la posizione, sia per garantirgli il compenso economico dal momento che, subito dopo l'emanazione della norma del 1924, la Ragioneria generale dello Stato aveva bloccato tutti i pagamenti mensili a lui destinati, lasciando puntualmente inevasi i decreti emanati dalla Presidenza.

Per superare l'*impasse* fu avanzata la proposta di una soluzione transitoria e *una tantum* secondo la quale, "in omaggio al principio generale di diritto comune relativo alla irretroattività della legge", le disposizioni del 1924 non erano applicabili a scelte compiute precedentemente sulla base della normativa vigente: Chiavolini era stato nominato nel 1922, quindi sarebbe stato salvo. Tuttavia, lo schema predisposto dal sottosegretario Giacomo Suardo, che proponeva la non applicabilità della normativa del 1924 al personale già in servizio, era eccessivamente legato alla "questione Chiavolini", come espressamente si leggeva nella sua presentazione al Consiglio dei ministri: "La presidenza del Consiglio ha [...] segnalato la necessità di una disposizione modificativa [al regio decreto legge del 1924], d'ordine meramente transitorio che consenta la permanenza in servizio del Segretario particolare di S.E. il presidente, estraneo all'Amministrazione dello Stato". La norma *ad personam* non venne quindi approvata,[52] pare per l'intervento dello stesso Mussolini il quale, in attesa di un espediente più stabile, e probabilmente per prendere tempo, avrebbe provveduto "a soddisfare il comm. Chiavolini con i fondi per le spese segrete".[53]

Nel frattempo il clima era cambiato, il dittatore aveva preso in mano la situazione politica e si presentava come il *dominus* del paese. Il "problema" Chiavolini fu risolto definitivamente con un provvedimento del novembre del 1925 che, abrogando la normativa precedente, affermava la possibilità di assumere negli uffici della presidenza del Consiglio persone estranee all'amministrazione. La sua approvazione, nel gennaio del 1926, stabilì una cesura con la precedente tradizione liberale e aprì così le porte a persone che erano chiamate solo in base al grado di fiducia di cui godevano presso il titolare politico della carica.[54] Da quel momento, Chiavolini rientrò nel pieno possesso delle sue funzioni, con una retribuzione giornaliera di lire 60 regolarmente erogata dalla presidenza del Consiglio.[55]

Il rispetto della forma che garantiva la legittimità della posizione di Chiavolini, però, non cancellò le difficoltà e gli ostacoli che la Segreteria particolare continuò a incontrare nelle relazioni con gli altri organi dello Stato e con le strutture dello stesso PNF.

Chiavolini al lavoro

Nonostante le traversie relative al riconoscimento del suo incarico, Chiavolini aveva continuato ininterrottamente a svolgere la sua attività di segretario particolare, pagato direttamente con i fondi personali assegnati a Mussolini e coadiuvato da un piccolo ufficio che, nel 1923, era composto da sei impiegati, tutti provenienti da organici statali, civili e militari ma di sicura fede fascista: tra questi Osvaldo Sebastiani acquisterà subito un ruolo di primo piano diventando il vice di Chiavolini ed Elettro Marino sarà un punto di riferimento costante per tutto il Ventennio, occupando, sin dall'inizio, un posto delicato come responsabile della documentazione riservata. Intorno al nucleo iniziale, i cui effettivi aumentarono rapidamente, si aggiravano figure direttamente legate al partito destinate a diversi ruoli.

Era il caso di uno dei principali accusati per il rapimento e l'uccisione di Giacomo Matteotti, Cesare Rossi, anch'egli proveniente dalla redazione de "Il Popolo d'Italia", come Chiavolini, ma anche, diversamente dal segretario, tra i fondatori dei Fasci di combattimento nel 1919. Subito dopo la marcia su Roma, Mussolini lo aveva nominato capo del suo ufficio stampa, incarico che lo poneva a stretto contatto con il presidente al punto da essere considerato uno dei suoi più ascoltati consiglieri. Oltre a Rossi, le stanze della Segreteria a Palazzo Chigi erano frequentate anche da Amerigo Dumini, Arturo Fasciolo, Albino Volpi, tutte "persone pessime che sono sciaguratamente tra noi", come confidò al suo collaboratore Ardengo Soffici, con rammarico, il capo Gabinetto di Mussolini al ministero degli Esteri, Giacomo Paulucci di Calboli Barone.[56] Al diplomatico, che occupava la stanza davanti allo studio di Mussolini di Palazzo Chigi così da poter controllare tutti coloro che erano ricevuti dal capo di Governo e ministro, non era sfuggito l'andirivieni di figuri poco raccomandabili che ruotavano intorno alla Segreteria, della cui discutibile presenza attribuiva la maggiore responsabilità a Chiavolini piuttosto che a Mussolini. Dalla descrizione di Paulucci emergeva quindi una immagine della Segreteria come luogo di incontro e di passaggio di fascisti che aspiravano a essere vicini al Duce, per attingere potere e ottenere favori.

Per Chiavolini, le cui uniche esperienze lavorative precedenti erano state quelle del cronista in una piccola redazione e di segretario di un ancora poco conosciuto deputato, non doveva essere facile impiantare una struttura che avrebbe dovuto supportare e seguire le attività del Duce nelle sue vesti istituzionali e di capo del fascismo. Si trattava di interagire con le burocrazie dei diversi ministeri di cui Mussolini era a capo sia come titolare che *ad interim*; mediare con le gerarchie del PNF e i ras locali; organizzare l'influenza sull'opinione pubblica creando e controllando le relazioni con le classi dirigenti italiane; costruire un'immagine di Mussolini presso l'opinione popolare attraverso la preparazione di viaggi e la gestione della corrispondenza e delle richieste che gli italiani e le italiane indirizzavano al Duce, secondo modalità che risentivano delle trasformazioni in atto nel tradizionale rapporto tra il "capo" e le "masse".

Dagli scarsi documenti disponibili relativi ai primi anni venti è possibile individuare le caratteristiche organizzative e le attività che si svilupparono nella Segreteria fin dai suoi primi passi e che saranno presenti per tutto il Ventennio. Proviamo a riassumerne i tratti principali. Oltre agli impiegati incaricati di gestire la normale amministrazione – nel 1925 se ne contavano già 11, saliti a 15 all'inizio del 1926 – vi operavano i responsabili (chiamati semplicemente segretari) dei settori ministeriali di cui era titolare Mussolini con il compito di seguire le questioni politiche e amministrative dei rispettivi dicasteri. Presso questi ultimi troviamo i "fiduciari" della Segreteria particolare con il compito di seguire le richieste pervenute direttamente a Mussolini che potevano essere soddisfatte mediante l'intervento di altre amministrazioni. Sin dagli esordi si costituì una netta divisione tra gli "affari riservati" e quelli "ordinari", ai quali corrispondevano due distinti archivi.

E agli archivi si guardava con particolare attenzione.[57] Considerati strumenti essenziali per assicurare la rapidità delle risposte, la verifica dell'esistenza di eventuali richieste precedenti, ma anche il controllo politico su chi scriveva attraverso le informazioni ottenute dagli organi deputati alla vigilanza dell'ordine pubblico, avevano sede presso il Viminale e ben presto assunsero una consistenza quantitativa tale da rendere sempre più problematica la loro gestione e conservazione.

Ancora dopo la svolta totalitaria del regime, avvenuta nel dicembre del 1925, la Segreteria appariva come una struttura leggera, sostanzialmente incardinata su Chiavolini,[58] i cui compiti però aumentavano in relazione all'accentramento del potere nelle mani di Mussolini e alla crescita dell'invasività del regime nelle pieghe della società e delle vite individuali. Eppure, nonostante il ruolo centrale svolto dall'ufficio come strumento diretto della volontà del Duce, Chiavolini registrava ancora ostacoli sulla via del riconoscimento e della conseguente accettazione del suo potere da parte degli organismi statali che continuavano a mostrarsi restii ad assecondare i suoi interventi, temendone l'interferenza sulle normali procedure e la messa in discussione della gerarchia amministrativa.

È probabile, inoltre, che la presenza di diversi uffici alle dirette dipendenze del presidente – il Gabinetto,[59] l'Ufficio di segreteria della presidenza (soppresso, come detto, nel 1929) e la Segreteria particolare – abbia prodotto una confusione che certo non facilitava la chiarezza delle linee di comando. Ma erano anche gli organi del partito che ponevano una certa resistenza a seguire le indicazioni e ad accogliere le richieste che provenivano dalla Segreteria. Lo stesso Mussolini ne era consapevole e irritato. Così scriveva l'11 febbraio 1925 al Direttorio del PNF, lamentando la scarsa attenzione nei confronti di tutto ciò che veniva chiesto dalla Segreteria: "Avviene frequentemente che nella corrispondenza a me diretta vi siano cose di notevole importanza, delle quali non posso o voglio occuparmi per la mia qualità di capo del Governo, e che, comunque, sono meritevoli di interessamento. La mia Segreteria particolare, quando si tratti di questioni che si riferiscono al partito, ha occasione di segnalarle – per mio ordine – a codesto Direttorio, chiedendo una risposta che sistematicamente non viene mai data. Non voglio credere che dagli Uffici di codesta Direzione non si tenga conto di tali segnalazioni: ma è certo che il non corrispondere mai alla suddetta richiesta di notizie, genera il dubbio che le segnalazioni medesime possano, almeno in parte, non avere quel seguito che esse richiedono, e, comunque, mi lascia all'oscuro, su cose, delle quali mi interessa essere informato".[60]

Su queste difficoltà, che comunque si ripresenteranno per tutto il Ventennio, avranno avuto un peso anche la personalità di Chiavolini, il suo carattere accentratore, le sue spavalde manifestazioni di arroganza, i suoi eccessi di "nevrastenia", come ebbe a notare Arnaldo Mussolini in una lettera al fratello.[61]

Contrasti al vertice

Sulla personalità di Alessandro Chiavolini una testimonianza chiarificatrice è quella lasciata da Giacomo Paulucci di Calboli Barone, nominato da Mussolini, nel novembre 1922, capo Gabinetto al ministero degli Esteri.

A quella data il giovane diplomatico si chiamava Giacomo Barone Russo. Cambiò il cognome nel 1924, in seguito al matrimonio con la figlia dell'ambasciatore, marchese Raniero Paulucci di Calboli, per assicurare una discendenza alla famiglia aristocratica del suocero.[62] La nomina di Barone Russo, nonché quella del segretario generale Salvatore Contarini, che occupava tale carica sin dal 31 dicembre 1919,[63] fu la conferma di alcune scelte compiute da Mussolini in quei primi anni di governo: da una parte il riconoscimento di una sua inesperienza nella gestione della macchina ministeriale, non ancora scalfita dalla fiducia che egli aveva in sé stesso, e la conseguente necessità di affidarsi a personale dalle solide conoscenze anche se non di estrazione fascista; dall'altra la volontà di adeguarsi a linee di politica estera che non fossero eccessivamente in contrasto con le tradizionali posizioni dell'Italia liberale.

Dopo la marcia su Roma, tra tutto il personale diplomatico di alto livello, soltanto l'ambasciatore a Parigi, Carlo Sforza, si era infatti dimesso "per motivi politici", mentre il giolittiano Alfredo Frassati, ambasciatore a Berlino, aveva lasciato l'incarico per "correttezza formale". Fino al 1926 questa continuità fu garantita, soprattutto, da Salvatore Contarini che, nella sua carica di segretario generale del ministero degli Esteri e attraverso il suo capo Gabinetto, Barone Russo, esercitò una certa influenza sulle posizioni mussoliniane, con significative conseguenze, tra le quali l'avvicinamento dell'Italia alle due potenze occidentali, Francia e Inghilterra, e la ripresa delle velleità africane e balcaniche care alla diplomazia nazionalista prefascista; contemporaneamente fu molto attenuato lo spirito revisionista nei confronti del trattato di Versailles, condiviso dai nazionalisti e da una parte del fascismo intransigente, sposando invece la linea più prudente che aveva caratterizzato le precedenti posizioni governative. Il giovane diplomatico seppe anche personalmente conquistarsi la fiducia del Duce che lo chiamò a occuparsi di questioni familiari e "romagnole", come la costruzione della "nuova Predappio", e spesso ne accettò i suggerimenti relativi all'abbigliamento e alle buone maniere da adottare in occasione degli incontri internazionali. Il rapporto che si era creato fra i due fu reso evidente dalla partecipazione di Giacomo Paulucci come testimone, insieme ad Arnaldo Mussolini, del matrimonio che il Duce contrasse con Rachele Guidi, a Milano, il 29 dicembre 1925.[64]

Tra Paulucci e Chiavolini i rapporti non dovevano essere facili. Entrambi si ritrovavano a stretto contatto negli uffici di Palazzo Chigi, dove Mussolini svolgeva gran parte del suo lavoro. Assidua e continua fu quindi la frequentazione tra due uomini che non potevano essere più diversi come personalità e cultura. E non si può escludere che la stretta vicinanza di Paulucci al Duce, che lo portava a occuparsi di questioni che avrebbero potuto essere di competenza del segretario particolare, abbia suscitato in quest'ultimo un sentimento di esclusione e di allontanamento vissuto anche come un appannamento del suo potere. E se il diplomatico nutriva scarsa considerazione per il segretario particolare anche a causa delle persone di cui si circondava, lo stesso Chiavolini ricambiava con un atteggiamento sospettoso al punto di non farsi scrupoli ad accusarlo, insieme a Contarini, di disaffezione e di allontanamento dal fascismo, interpretando malevolmente le assenze dei due alti funzionari alla Conferenza di Locarno per la stipulazione del "patto renano" dell'ottobre del 1925.[65] Tra i due la situazione si fece più tesa quando nei corridoi di Palazzo Chigi cominciò a circolare la voce di finanziamenti incontrollati e di una gestione non corretta dei fondi della Segreteria particolare da parte di Chiavolini.

Fu nell'agosto del 1926 che scoppiò il contrasto più duro e irreversibile. Ma anche rivelatore. Lo scontro si svolse a Palazzo Chigi e venne innescato dal rifiuto della Legazione di Vienna di prendere in consegna e spedire un pacco a Chiavolini, suscitando le ire di quest'ultimo che accusò i segretari del capo Gabinetto presenti nella stanza[66] di esercitare da tempo forme di ostruzionismo nei confronti della sua persona. La scena venne ricostruita nei minimi particolari da uno dei presenti, segretario e stretto collaboratore di Paulucci, su richiesta dello stesso:

> – Non si tratta di cosa fatta specialmente per te. È una disposizione generale impartita a tutti gli uffici all'estero. A chiunque fosse diretto il pacco, anche a uno di noi, a lui, o a lui sarebbe stato lo stesso. Ci vuole un'autorizzazione esplicita, perché i corrieri possono portare soltanto corrispondenza di ufficio.
> Al che il comm. Chiavolini molto eccitato:
> – Per Mameli, per Biondelli, per Rossi Longhi va bene. Ma io sono Chiavolini. Io sono al di fuori e superiore a tutti, io do ordini, e per me non vi sono disposizioni che tengano. Io non sono un funzionario [detto con particolare disprezzo] e sono superiore a tutti i ministri, sottosegretari, ambasciatori. Io sono al di sopra di tutti, capisci?
> Queste presso a poco le parole, dette con grande veemenza, e specie le ultime gridando, come persona che poco più connette. Il marchese Paulucci che ha fin qui sopportato la sfuriata fatta in tal modo

dal comm. Chiavolini nel suo ufficio, a questo punto seccamente lo interrompe:
– O al di sotto.
– Al di sotto mai. Sono superiore a tutti, anche a te, capisci, anche a te, e posso dare ordini anche a te.
– A chi? Tu non dai ordini a nessuno in questo ufficio, e a me meno che agli altri. Tu sei segretario particolare, fai il segretario particolare. Il capo di Gabinetto agli Esteri sono io, non abbiamo nulla da dividere; ordini ne ricevo solo dal mio ministro. Da te mai, mettitelo bene in testa.
– Con Mussolini bisogna esserci dal 1914, quando si facevano le revolverate non...
– Dove le hai fatte tu le revolverate?
Il comm. Chiavolini rimase interdetto. Balbettò qualche cosa che non si capisce, quindi con tono molto più dimesso:
– Di questo, in ogni caso, devo rendere conto a lui (accennando all'ufficio del capo del Governo) e non a te. Ma io sono l'uomo di fiducia, superiore a tutti. Vi possono essere tra lui e me cose che nessuno deve sapere. Tutti gli altri, te compreso, devono obbedire...[67]

L'episodio descritto da Francesco Giorgio Mameli è rivelatore del reciproco disprezzo che esisteva tra la burocrazia tradizionale e il personale fascista immesso nella Segreteria che, godendo della fiducia di Mussolini, con disinvolta prepotenza pensava di sconvolgere le regole su cui si basavano i consueti comportamenti amministrativi. Lo scontro, insieme ai sospetti di cattiva gestione delle risorse della Segreteria, arrivò sulla scrivania del Duce, il quale nell'agosto del 1926 sospese Chiavolini dalla carica. Nella decisione presa dal capo del Governo, un peso avranno avuto sia la gravità delle accuse avanzate sia il prestigio di Paulucci. Ma emergevano anche alcune caratteristiche della psicologia del Duce, tendenzialmente diffidente e sospettoso perfino nei confronti delle persone a lui più vicine, con un carattere che lo spingerà progressivamente verso l'isolamento e un controllo quasi maniacale su tutto ciò che lo circondava.

Si trattò quindi di un intervento che sarebbe diventato tipico: risolvere una intricata situazione politica "scaricando" con disinvoltura i propri fedeli collaboratori. Quando si accendeva un conflitto tra i suoi fedelissimi e anche tra i gerarchi più in vista, sbarazzarsi rapidamente dei contendenti divenne la soluzione per lui più efficace. Ricordiamo che in questi litigi erano racchiuse le uniche forme in cui sopravviveva una lotta politica degradata a faida intestina. Si trattava di quelli che il fascismo definiva i "cambi della guardia" e che si ripetevano secondo uno schema consolidato: la decisione di Mussolini finiva sempre per decretare la sconfitta di uno dei due rivali; prima, però, aspettava che entrambi avessero dato fondo al proprio bagaglio polemico così che, alla fine, gli stracci che erano volati screditassero sia l'uno che l'altro. I suoi interventi sancivano quindi altrettanti fatti compiuti ed erano seguiti dalla tempestiva giubilazione anche dell'"apparente" vincitore, al quale non veniva mai dato il tempo di consolidare il suo momentaneo successo.

Sempre in quegli anni, ad esempio, il dissidio tra Roberto Farinacci e Luigi Federzoni, ben più importante di quello tra Chiavolini e Paulucci Barone che riguardava i rapporti tra lo Stato e il partito, si era concluso con il successo di Federzoni, allora ministro dell'Interno, e le dimissioni di Farinacci dalla Segreteria del PNF; pochi mesi dopo, però, anche Federzoni era stato costretto a lasciare la sua carica. Un altro esempio, sempre riferito al periodo tra il 1927 e il 1928, chiama in ballo lo scontro che divise i generali Pietro Badoglio e Ugo Cavallero sulle linee di politica militare da adottare: all'inizio Badoglio fu sconfitto, relegato nella carica puramente onorifica di Capo di stato maggiore generale. Nel novembre del 1928, tuttavia, pure Cavallero fu costretto a dimettersi da sottosegretario alla Guerra.

Mussolini vedeva di buon occhio questi litigi che, se nuocevano all'efficienza delle strutture coinvolte, servivano comunque a rafforzare il suo prestigio, sottolineando la "necessità" del suo ruolo di arbitro imparziale. Si vantava così dei bruschi congedi con cui concludeva quelle risse ("Sono decisioni che io maturo da solo e delle quali, come è giusto, nessuno può essere a preventiva conoscenza: nemmeno gli interessati che possono essere gradevolmente sorpresi anche quando lasciano il posto")[68] esaltando, allo stesso tempo, la sua abilità di mediatore e il modo indolore con cui ricomponeva quelle fratture.

Nel caso del dissidio insorto tra Chiavolini e Paulucci, il prevalere della posizione della burocrazia ministeriale comunque fu di breve durata. L'allontanamento di Chiavolini dalla Segreteria particolare si protrasse dall'agosto a fine ottobre 1926, periodo durante il quale l'ufficio fu retto da Osvaldo Sebastiani, che già svolgeva le funzioni di segretario. Determinante per il suo rientro fu Arnaldo Mussolini, il fidato fratello del Duce che a Milano dirigeva "Il Popolo d'Italia". A lui si rivolse Chiavolini in ragione dell'antica conoscenza risalente al suo lavoro di giornalista presso la redazione del quotidiano – posizione che, almeno formalmente, non aveva mai lasciato – per gridare le sue ragioni nello scontro con Paulucci, per difendersi dall'accusa mossagli e per perorare la causa del suo ritorno al Viminale. Così scrisse Arnaldo a Benito il 9 settembre 1926:

> Come già ti accennai fugacemente per telefono venne da me il comm. Chiavolini che volle informarmi delle sue vicende. [...]. Egli insistette perché vedessi tutta la contabilità che va dal 1922 al 31 dicembre 1925 [...] anche per sgravio di responsabilità [...]. Devo dire nella mia coscienza di gentiluomo e di galantuomo che la contabilità era perfetta. Tutto è giustificato, fino alle cose più minute [...]. Riguardo poi al suo ritorno o meno al posto di tuo segretario particolare, che egli spera di rioccupare, non ho potuto aggiungere parola né fare considerazioni. Certamente egli è un devoto. È un uomo serio. Ha solamente qualche accesso [sic] di nevrastenia che lo rende qualche volta inquieto e non sereno nei suoi giudizi. Quel che posso dire è che egli ti è devotamente vicino, e non è uomo da fare considerazioni o pettegolezzi che possano anche semplicemente irritare. Egli mi ha detto che andrà in Tripolitania e che qualora non dovesse riprendere il suo posto a Roma, si fermerà colà a fare l'agricoltore.[69]

Il ritorno di Chiavolini come segretario del Duce coincise – né poteva essere diversamente – con l'indebolimento della posizione di Paulucci come capo Gabinetto e consigliere di Mussolini, ruolo che aveva già subìto un ridimensionamento dopo le dimissioni del segretario generale, Salvatore Contarini, che lasciò prematuramente la carriera nell'aprile 1926, in seguito a contrasti sulle linee di politica estera con Dino Grandi, diventato sottosegretario nel maggio del 1925.

Paulucci seppe della sua rimozione il 27 gennaio 1927, due giorni dopo la decisione presa dal Duce.

Cittadinanze onorarie

Nonostante una struttura organizzativa esile, a dispetto degli equilibri istituzionali ancora in via di definizione e degli attriti tra governo e partito, la Segreteria si caricò subito di compiti che ne avrebbero caratterizzato l'operato anche in futuro. Primo fra tutti quello della costruzione del mito del Duce, una funzione che introdusse una vistosa nota di discontinuità rispetto alle consuetudini ereditate dall'Italia liberale e che ebbe uno dei suoi primi banchi di prova quando si trattò di fronteggiare le numerose richieste di "cittadinanza ad honorem" conferite al nuovo presidente del Consiglio tra il 1923 e il 1925, proprio nel momento delicato in cui il regime avviava il nuovo corso della politica italiana e a cavallo della crisi seguita all'assassinio di Giacomo Matteotti.

Una di queste onorificenze era datata 19 giugno 1923, quando, di ritorno da Milano, per celebrarne il conferimento il Duce fu accolto alla stazione di Firenze, sulle note di *Giovinezza*, da una folla festante e da un comizio del sindaco, Antonio Garbasso; in ottobre, in occasione del primo anniversario della marcia su Roma, seguirono altre città, tra le quali Bologna, Perugia e Ravenna.[70]

Una vera e propria valanga di richieste si registrò quindi in un arco cronologico che va dalla conquista del potere, nell'ottobre 1922, al pieno avvento della dittatura, nel gennaio 1925.[71] L'istituto della cittadinanza onoraria si riferiva a un riconoscimento concesso dal Consiglio comunale a "personaggi legati alla realtà territoriale e distintisi per il carattere eccezionale della propria opera".[72] Con Mussolini acquisì invece una valenza del tutto nuova proponendosi – grazie anche all'opera assidua della Segreteria particolare – al centro di un'iniziativa politica che intendeva trasformare il dittatore nel simbolo più efficace della "nuova

Italia", radicandone il carisma anche in provincia e impadronendosi politicamente dello spazio locale. Lo studio di Michelangelo Borri – a cui si deve una approfondita analisi del fenomeno – distingue nel periodo sopra indicato tre fasi che ci aiutano a capire meglio il significato di quelle onorificenze: la prima, ricompresa tra la primavera e il tardo autunno del 1923, coincise con una nuova ondata di violenza squadristica (furono 368 i Consigli comunali rovesciati con la forza, stessa sorte toccata ad altri 278 nel 1924) e si sprigionò prevalentemente "dal basso", quasi a voler certificare politicamente il radicamento su scala locale del fascismo ai suoi esordi; la seconda, quella con le elezioni e del delitto Matteotti, collocabile nel marzo-giugno 1924, in cui si accentuò il ruolo "propositivo" degli alti vertici delle gerarchie del regime e di mediazione della Segreteria particolare; la terza, infine, protrattasi per tutto il Ventennio, totalmente disciplinata dall'alto, con un controllo asfissiante su tutte le iniziative che coinvolgevano il nome del Duce, comprese quelle attinenti alla toponomastica. In questo percorso, che si può leggere oggi come una traiettoria che dalla spontaneità approda all'organizzazione, a certificarne la seconda fase sono il tono e il contenuto di una circolare inviata ai prefetti dal sottosegretario alla presidenza del Consiglio, Giacomo Acerbo, il 7 maggio 1924, resa pubblica allora dal "Mondo", per sollecitare i sindaci e le amministrazioni comunali a conferire la cittadinanza onoraria a Mussolini.[73] In parallelo, Chiavolini si adoperava nello sforzo di governare un processo le cui dimensioni quantitative risultarono fin da subito straripanti: una nota interna della presidenza del Consiglio stimava, infatti, in 6694 i comuni che avevano votato il provvedimento agli inizi del luglio 1924.[74] Spesso si trattava di adesioni plurime, che, su sollecitazioni proprio dei prefetti, coinvolgevano tutte le amministrazioni comunali di una provincia (fu così ad esempio per Padova, per i 288 comuni della provincia di Alessandria, per i 393 di Novara e per i 70 di Mantova)[75]; poi, a ridosso delle elezioni politiche del 1924, quei provvedimenti assunsero una netta impronta politica, anticipando molti aspetti della ritualità fascista e delle pratiche con cui il dittatore sarebbe stato in seguito celebrato, oltre a confermare anche una precoce capacità del fascismo di imporsi a livello locale.[76] A quel punto, come scriveva Chiavolini al deputato marchigiano Franco Ciarlantini, "quasi tutti i comuni d'Italia hanno (avevano) conferito a S.E. il Presidente la cittadinanza onoraria e tutti hanno voluto consacrare il ricordo in artistiche pergamene, chiedendo spesso di poterle consegnare per mano dei rispettivi sindaci e commissari".[77]

A giudicare dai carteggi conservati presso la Segreteria particolare erano pochi i Comuni che avevano votato il provvedimento sulla base di rivendicazioni "materiali" come Exilles, in Val di Susa, l'11 maggio 1924, che aveva sottolineato l'"interessamento per i nostri bisogni" di Mussolini, o Viggiano, in Basilicata, il 25 agosto 1924. Altri (Arquata del Tronto, il 4 luglio 1924) ne approfittavano invece per chiedere un'udienza o per magnificare il proprio panorama (Cingoli, "superbo balcone delle Marche", il 25 luglio 1925; Furore, "lembo azzurro inerpicato sui monti verdi della costiera amalfitana", il 24 maggio 1924).

Tra le motivazioni per il conferimento della cittadinanza onoraria non mancavano invece le iperboli ("il più grande cittadino di tutti i secoli", così definiva il Duce il Comune di Pereto il 3 maggio 1925; Caltagirone, il 10 maggio 1924, gli attribuiva il "vanto di aver salvato la Patria dallo sfacelo e dall'ignominia"; per Correggio, il 20 maggio 1924, diventava "l'uomo che con il suo genio ha redento l'Italia"), ma per la maggior parte esse si riferivano ai drammatici conflitti politici dell'Italia postbellica, esplicitamente richiamati, ad esempio, nella votazione del Comune di Cingoli, il 25 luglio 1925 ("mentre la turba dei commercianti della politica spodestata va, come can rabbioso, cianciando e balbettando, dalle luride tane del suo Aventino, il solito ritornello della diffamazione e della ipocrisia..."), o in quella di Secondigliano, che lo celebrava per "l'annessione dell'ambita Fiume al nostro bel paese", proclamandolo "il Duce invitto dei diritti del popolo che aveva annientato i partiti sovversivi"; Trieste omaggiò, significativamente, "colui che restituiva alla Patria l'ordine e la disciplina, il lavoro e il riassetto economico...".[78]

Ovviamente molto presente era anche l'eco della "Grande guerra", con Mussolini celebrato come il "magnifico Bersagliere del Carso e il portentoso Duce del fascismo" (ancora Cingoli, 25 luglio 1925), "l'artefice mirabile dell'opera di ricostruzione nazionale e di valorizzazione della vittoria" (Vellano, 15 giugno 1924), "il colosso restauratore dell'edificio italiano rovinante" (Carrara, 14 maggio 1928).[79]

Come ha scritto Patrizia Dogliani, era opinione diffusa che "la guerra fosse stata vinta non per l'abilità dei generali ma grazie al sacrificio e all'unità dei combattenti e dei loro ufficiali di complemento [...] in questo contesto di vuoto ideologico e referenziale Mussolini appariva come un messia della politica, colui al quale il comando non era stato conferito per diritto dinastico, bensì per carisma e per attitudini evidenziatisi in momenti eccezionali. Al fronte, l'affidabilità del camerata e del proprio diretto superiore era essenziale per sopravvivere. Mussolini riproponeva questo modello di affidabilità nella vita civile".[80] Altre motivazioni, in quella fase in un numero relativamente esiguo rispetto a quelle che si confrontavano con l'immediatezza dei "fatti" della guerra e del dopoguerra, si riferivano alla "romanità", al Duce, erede dello "spirito degli antichi",[81] e altre ancora (Fermo) ne esaltavano la figura di "uomo della gente", del Capo "venuto dalla piccola officina del fabbro".[82]

Di fronte a questo tributo plebiscitario la Segreteria particolare si mosse cercando di arginarne almeno le forme più parossistiche e quelle che avrebbero comportato un certo dispendio di energie fisiche da parte del Duce: "Mandate solo la pergamena senza chiedere udienza," scriveva Chiavolini l'8 luglio 1924.[83]

La toponomastica

La penetrazione del fascismo e di Mussolini nello spazio pubblico locale non si esaurì nel fenomeno delle "cittadinanze onorarie" ma si allargò pure alla toponomastica. Anche qui, subito dopo la marcia su Roma, ci fu una vera e propria corsa all'intitolazione di strade, piazze, edifici, associazioni alla persona di Mussolini. Già nel febbraio 1923 Chiavolini intervenne in questo senso ricordando che "il Presidente non gradisce che le manifestazioni di adesione al suo governo assumano un significato così personale nei suoi riguardi".[84] Era quella una fase in cui Mussolini, e la sua Segreteria particolare che ne incarnava la volontà, scelsero di porre dei limiti all'uso pubblico delle sue generalità, spesso rifiutando di inviare una sua foto al battesimo dei piccoli "Benito" che nascevano in ogni parte d'Italia.[85] E, come scriveva ancora Chiavolini, la scelta di mettere come nome proprio il cognome Mussolini "non incontra la simpatia di S.E., sia perché troppo strettamente legata alla sua persona, sia ancora perché poco opportunamente di fatto estesa alle persone della sua famiglia".[86]

Analoghi divieti si riferivano alla decisione di intitolare "vie, piazze, istituti, associazioni ecc. al nome di S.E. il capo del Governo e dei suoi congiunti".[87] Di fronte alla marea montante di una popolarità sempre più diffusa, l'ufficio di Chiavolini fu dunque costretto più volte a ribadire l'orientamento del Duce che, come si scriveva in una nota del 20 maggio 1926, "non intende tornare più sull'argomento [...] non ama certe manifestazioni e non vuole che qualcuno se ne prenda l'arbitrio senza la sua personale autorizzazione".[88] Opponendosi decisamente all'iniziativa di porre una lapide in ricordo di un suo soggiorno nella città di Udine diciotto anni prima, Mussolini affermava: "Non bisogna memorizzarmi anzitempo. Ne riparleremo nel 1950"[89]; per allora non sarebbe stato più tra i vivi, ma questo davvero non poteva saperlo!

Negli anni immediatamente a ridosso della presa del potere, Mussolini sembrava quindi stare in guardia contro i rischi di questa "memorizzazione" precoce: "[...] non intendo di essere collocato anzitempo negli spazi siderei dei miti inaccessibili, ai quali molto spesso si bruciano grani di incenso convenzionali e distratti quando non sono menzogneri e codardi".[90] È certo, come ha scritto ancora Borri, che Chiavolini fosse completamente allineato con il suo capo, pensando anche a tutelarne il prestigio concedendo la possibilità di utilizzarne il nome solo in casi eccezionali e di particolare rilievo simbolico. Sta di fatto che i suoi richiami si susseguirono senza soste, come nel novembre del 1923 e nell'estate del 1924, quando sulla sua scrivania cominciò ad arrivare una quantità enorme di richieste per avere Mussolini "come socio o presidente onorario di enti, istituti e organizzazioni insieme con inviti ed eventi di ogni tipo, dai matrimoni ai battesimi fino ai funerali".[91] Ancora nel novembre 1925, Chiavolini lamentava con i prefetti l'inosservanza delle norme che vietavano di utilizzare il nome del Duce, invitando a sostituirlo con uno "che ricordi la guerra e la Vittoria o avvenimenti relativi alla rivoluzione del 28 ottobre", chiarendo che "ciò avviene unicamente per ubbidire a espressa volontà di S.E. il Presidente". Dello stesso tono – "i busti si fanno solo ai morti" – fu la risposta di Mussolini a un'artista inglese interessata a scolpirne il profilo.[92]

In chiave storiografica, quello che occorre sottolineare è il ruolo dei prefetti che di questa opera di precoce monumentalizzazione del Duce furono gli assoluti protagonisti, interlocutori diretti di Acerbo e di Chiavolini, pronti spesso a scavalcare le strutture del PNF e godendo agli occhi dello stesso Mussolini di una maggiore autorevolezza che li faceva considerare immuni dal "beghismo" in cui sembravano sprofondare i vari gerarchi locali. Il contributo del partito si esaurì quindi in una mobilitazione tesa a creare "un clima di violenza e paura, tale da liberare il campo da qualsiasi forma di dissenso e opposizione verso le intitolazioni".[93]

Nella stessa direzione bisogna leggere anche l'apparente ritrosia del Duce circa l'eccessiva enfasi che circolava sul suo nome. Alla luce di un battage propagandistico sempre più massiccio (del quale fu al centro con il corpo, le parole, le immagini), fortemente voluto da lui stesso e favorito dall'apparato del regime, sembra quasi che questo atteggiamento iniziale segnali – secondo l'interpretazione di Mack Smith – un suo fastidio da "rivoluzionario" per tutti gli inutili orpelli del potere; un fastidio destinato a essere travolto quando il Duce acconsentì senza esitazione a proporsi (e lo vedremo in seguito) come un'icona celebrativa da adorare in un culto quasi religioso.[94]

Si trattò in realtà di un astuto calcolo politico in linea con altre efficaci intuizioni che lo caratterizzarono in quella fase. Tra il 1923 e il 1924, Mussolini si fregiò infatti delle tre massime onorificenze concesse dalla monarchia: l'ordine equestre della Corona d'Italia; l'ordine dei Santi Maurizio e Lazzaro; l'ordine supremo della Santissima Annunziata, la più importante di tutte. Queste attribuzioni, molto gradite, erano perfettamente in linea con il suo progetto di assumere le vesti dell'uomo d'ordine e di smettere quelle del rivoluzionario, alla ricerca della rispettabilità che poteva derivargli dall'appoggio di Vittorio Emanuele III e dell'apparto statale ereditato dall'Italia liberale.

Fu dunque solo un espediente tattico quello di sottrarsi alle esaltanti celebrazioni della sua persona; in seguito l'ipertrofia del suo ego lo consegnò inevitabilmente a un culto della personalità il cui squallore era sottolineato dai contenuti profondamente repressivi e polizieschi del regime che egli incarnava. "Quattro anni fa vi dissi: Guarite di me! Non è stato possibile, perché evidentemente ogni grande movimento deve avere un uomo rappresentativo, che di questo movimento soffra tutta la passione, e porti tutta la fiamma,"[95] aveva gridato al Congresso romano del 1925. Dei due termini del binomio Mussolini-fascismo egli preferiva nettamente il primo. Del movimento aveva una visione strumentale, contingente, legata soltanto all'autoperpetuazione del proprio potere. Ripeteva spesso che il fascismo doveva "durare", avanzando anche azzardate previsioni: "Quando, in piazza Belgioioso, io dissi che il regime fascista aveva dinanzi a sé 60 anni, erano i primi tempi. Oggi con piena tranquillità di coscienza, dico a voi che il secolo XX sarà il secolo del fascismo"[96]; ma la durata era esclusivamente riferita a sé stesso. Non si pose mai il problema di una eventuale successione, sabotando anzi preventivamente tutte le possibili alternative interne al fascismo, quasi avvertisse il suo regime come frutto di contingenze irripetibili e operasse un'inconsapevole scelta per la monarchia che, il 25 luglio 1943, si rivelerà infatti come il potere vincente della famosa "diarchia". "Io debbo assumermi il compito di governare la nazione italiana ancora da 10 a 15 anni. È necessario. Non è ancora nato il mio successore,"[97] aveva affermato nel famoso discorso dell'Ascensione il 26 maggio 1927.

Un'eccezione che lasciava presagire questi sviluppi fu fatta, all'inizio, per Fiume, città in cui il Consiglio comunale, il 18 novembre 1925, aveva votato una mozione per "apporre una sua effigie nella sala del Consiglio". In un primo tempo l'iniziativa fu respinta ("sgraditissima") dalla Segreteria, ricordando "l'apposito divieto di intitolare piazze, vie, istituti col nome di S.E."; poi però, in seguito alle insistenze del prefetto ("per il particolare significato non ritengo pertanto che la intitolazione sia da revocarsi poiché è dovuta alle particolari circostanze storiche di Fiume e ai sentimenti della popolazione", aveva scritto), Mussolini diede il suo consenso all'iniziativa.[98]

Quello che importa comunque qui sottolineare è che l'opera indefessa a cui Mussolini chiamò la Segreteria particolare sarebbe diventata, con il tempo, quasi ossessiva e, con tutti i limiti del progetto totalitario, progressivamente anche grazie alla sua attività, la sua popolarità finì per toccare il culmine del "consenso" nel biennio 1935-1936, in connessione con l'avvio della fase imperiale, coloniale e razzista del regime.

Gli interventi politici

Che il ruolo della Segreteria particolare non fosse assimilabile a quello ricoperto con i presidenti del Consiglio che avevano preceduto Mussolini fu subito chiaro anche nel modo in cui l'ufficio agì, per esempio, in relazione ad alcuni episodi di violenza politica verificatisi pure dopo la marcia su Roma. Proprio tra il 1924 e il 1925 si registrò infatti una nuova ondata di aggressioni, devastazioni e spedizioni punitive (ma anche di arresti arbitrari) legate agli ultimi rigurgiti dello squadrismo.[99] Nella documentazione conservata presso l'archivio ordinario della Segreteria particolare si trovano così tracce di scontri con gli antifascisti a Valmontone (dove il 4 novembre 1924 fu ammazzato il "comunista" Umberto Pilozzi),[100] a Firenze (ottobre 1925),[101] a Roma (dove la sera del 4 gennaio 1926 fu ucciso a revolverate il diciassettenne avanguardista Radice, colpito a morte da "un pregiudicato anarchico di 27 anni", Arnaldo Giavarini).[102] Si trattava di scaramucce, seppure ingigantite ad arte dai fascisti ("eccellenza, i sovversivi stanno rialzando la testa, giorno per giorno la piaga si ingrandisce", scrivevano da Valmontone).[103] L'antifascismo era in crisi profonda e quei gesti di ribellione, sporadici e individuali, rinviavano ormai a un contesto di sconfitta e di disperazione e anzi erano l'occasione per i fascisti di ostentare la tronfia sicumera dei vincitori. "Non ti nascondo che in regime fascista il fascismo pavese non potrebbe tollerare che si debba ritenere impossibile difendere e sorreggere un suo capo impedendo sanzioni di qualsiasi genere attraverso le gerarchie della magistratura che a Pavia, salvo rarissime eccezioni, rimane sordamente ostile al fascismo": era il minaccioso monito del fascio pavese nell'eventualità che i magistrati volessero perseguire il camerata Paolo Ferrari, "volontario di guerra, fascista della prima ora e segretario della sezione del PNF di Pavia oltre che cancelliere della pretura", coinvolto, nel febbraio 1925, in una rissa con "esponenti de 'l'Italia libera' e dell'opposizione locale della 'Combattenti'".[104]

Sempre a questa dimensione direttamente politica dell'attività della Segreteria particolare vanno ascritti i numerosi interventi per appianare le beghe interne ai vari fasci locali, molto fitti proprio in questi primi anni, quando il fascismo si trovava a fare i conti con una folla di neofiti che salivano sul carro dei vincitori mossi, spesso, più da ambizioni personali che da quella vocazione alla politica militante che era stata tipica degli squadristi "antemarcia"[105] i quali, anzi, come nel caso del pugile Bruno Frattini – "squadrista de 'La Volante', campione d'Europa e d'Italia dei pesi medi"–, se la passavano così male da implorare un sussidio di 5000 lire per poter vivere.[106]

In moltissime lettere che arrivavano alla Segreteria particolare le strutture periferiche del partito e dello Stato venivano indicate come corrotte e incapaci di risolvere i problemi della quotidianità, indifferenti e lontane dalle necessità degli umili cittadini, invischiate in giochi di potere, quasi fossero percepite come una realtà "impersonale, sovrastante e addirittura intangibile", e come invece, già allora, proprio attraverso le lettere, il riferimento "personale, intimo, quasi fisico alla persona del Duce" desse spessore e concretezza a una tendenza, già piuttosto marcata, alla personalizzazione del potere.[107] Le proteste che arrivavano a Roma riguardavano rivalità personali e di gruppo, senza mai presentare i tratti di un dissenso ideologico o programmatico.[108] Da Scafati, in provincia di Salerno, si denunciava così "il fatto che un falso ardito fiumano – scelto dal Viitello (segretario del fascio locale, *N.d.A.*) a propria difesa armata – avesse trasformato la Casa del fascio in esercizio e sala da gioco"; da Sant'Ilario d'Enza si protestava contro i soprusi dei dirigenti locali "inchiodati allo scanno dell'arbitrio"; da Roma arrivava il biasimo delle "iene in forma umana" che facevano "incetta di oro puro"[109]; da Caserta la denuncia di una ragazzina di 17 anni (una fervente fascista della marcia su Roma nonostante la giovanissima età) contro le manipolazioni dei dirigenti locali, rimasti ancora fedeli "a Cagoia"[110]; da Pisa, il riferimento a un movimento fascista dissidente ("raccoglie la quasi totalità dei fascisti in città e una quindicina di fasci della provincia") capeggiato "dal capitano Santini", dicendosi però fiduciosi che il tutto potesse rientrare agevolmente ("I dissidenti non dissentono dalle direttive del partito e si staccarono dal partito stesso per questioni di carattere personale")[111]; dall'Associazione nazionale tubercolotici di guerra, con la richiesta di dirimere il conflitto interno che aveva portato alla sconfessione del presidente in carica; da Carrara, con l'appassionata autodifesa del gerarca Adolfo Angeli che chiedeva di "essere riconosciuto non per uno speculatore, un ambizioso, uno sfruttatore, ma per un fascista non volgare".[112] La strada spesso seguita per uscire da queste dispute localistiche era quella di rafforzare la propaganda per le "opere del regime", come la "ricostruzione della strada di valle di Sclave, in provincia di Brescia", in cui gli squadristi locali si erano impegnati anche in una solerte opera di soccorso dopo la tragica alluvione dovuta allo straripamento del fiume Dezzo in Val Camonica (1° dicembre 1923), episodio che si meritò le lodi dal Duce.[113]

Emergeva una conflittualità strisciante che, in mancanza di libertà e sotto la cappa dell'oppressione totalitaria, poteva trovare sfogo solo in quello che allora fu definito il "beghismo", una miriade di imboscate, raggiri, spiate che costituirono l'essenza di una politica ben presto degradata a complotto. Tra i tanti aneddoti riferiti proprio al "beghismo" ce n'è uno in particolare che emerge dagli archivi della Segreteria particolare e si riferisce all'aquila che volò sulla testa di Mussolini durante una sua visita a Udine nel settembre 1925; tutti avevano interpretato l'insolito volo del rapace come una sorta di sigillo divino alla sua popolarità, e invece, come denunciava Raffaella T., "quel rapace non venne affatto dai massicci alpini per volteggiarvi maestosamente sulla vostra testa. Ben diversamente era tenuta in gabbia ormai da più di un anno, nel giardino del dottor F.B. di Palmanova"![114]

Ovviamente Mussolini utilizzava la Segreteria particolare per operare anche su altre, rilevanti questioni in merito, ad esempio, ai rapporti da intrattenere con le altre forze politiche, quando un regime agli esordi conservava ancora qualche residuo di pluralismo. Tracce di questi interventi – ampiamente documentati nella parte riservata dell'archivio – si ritrovano anche nel carteggio ordinario. In periferia l'alleanza con i liberali veniva così sottolineata con una certa enfasi ("l'esperienza saggia della virilità si incontra col fervore entusiastico della giovinezza"),[115] mentre venivano molto apprezzati gli sforzi di padre Tacchi Venturi per convincere i sacerdoti che insegnavano nelle scuole primarie a iscriversi al fascio.[116] Gli interventi e le sollecitazioni dal basso si moltiplicarono in particolare proprio nei mesi "caldi" seguiti all'assassinio di Matteotti.[117] L'Associazione nazionale combattenti che, nella sua sede di Torino, aveva manifestato un atteggiamento "ostile al governo", permanendo in queste posizioni "sovversive" (espresse dal foglio "Il Primato") almeno fino al 1926,[118] fu in pratica commissariata dal prefetto che provvide alla sostituzione del presidente, l'ingegnere Romano Guatteri, con il più disciplinato Aldo Bertelè. Solidarietà piena giunse invece a Mussolini dall'Associazione reduci dalla Libia, il cui direttorio della sede torinese, il 5 agosto 1924, votò un o.d.g. con "l'adesione più completa e devota al combattente Benito Mussolini e al Governo nazionale, perché riconosce in essi i veri e unici valorizzatori e rivendicatori della Libia come di Vittorio Veneto".[119] Così come la sezione dei Combattenti di Guagnano approvò all'unanimità l'autoscioglimento e la confluenza nel locale PNF, plaudendo all'opera di Mussolini che aveva ridato all'Italia "una coscienza politica, valorizzando i risultati della guerra di Redenzione".[120]

Tipico in questo senso fu, ad esempio, anche l'operato della Segreteria particolare quando a essere preso di mira fu il cosiddetto "partito farinacciano". All'inizio degli anni trenta, in Chiavolini e nei suoi collaboratori era possibile infatti individuare i tratti di una vera e propria centrale di spionaggio che agiva proprio per "incastrare" Farinacci, servendosi della corruzione e appoggiando iniziative di individui quanto meno ambigui.[121] Ma anche nei confronti di un rivale storico di Farinacci come Augusto Turati non mancarono gli interventi diretti dello stesso ufficio: quando, ad esempio, Turati cominciò a girare per l'Italia per commemorare il defunto Arnaldo Mussolini, Chiavolini lo ammonì sull'inopportunità di tenere conferenze "spicciole" ("si fa così presto a essere scambiati per esibizionisti!"),[122] compilando ai suoi danni l'ennesimo dossier di accuse scandalistiche.

2.
Lo Stato totalitario

Il mussolinismo politico

E il Duce vide esaltare questa sua funzione proprio a partire dalla conclusione vittoriosa della crisi innescata dall'assassinio di Giacomo Matteotti. "La situazione all'interno è nettamente dominata dal partito fascista, tutto il resto non conta se non come materiale di archeologia"[1]: questa sua affermazione, il 18 novembre 1925, appariva pienamente fondata. Nei giudizi sull'Aventino e sui comportamenti delle opposizioni, scomparsa la paura, dilagava un arrogante trionfalismo. Si era trattato solo di un innocuo "consumo di inchiostro; quintali, tonnellate di carta stampata, chilometri di articoli ponderosi che nessuno leggeva"[2]; la violenza repressiva era stata sostenuta da un unanime consenso popolare: "Le masse profonde del popolo italiano hanno gioito di questo ritorno alla maniera forte perché il popolo italiano, come tutti i popoli ricchi di fermenti estetici, ama le figure nette e definite; ama una continuità nello stile: un Mussolini che si contaminasse nel trasformismo non sarebbe più nella simpatia del popolo italiano".[3] "Questo regime non può essere rovesciato che dalla forza," aveva detto a Milano, nell'anniversario della marcia su Roma, il 28 ottobre 1925. "Coloro che credono di poterci sbancare con le piccole congiure di corridoio, o con dei fiumi d'inchiostro più o meno sudicio, costoro si disingannino."[4] I rapporti di forza si erano tutti spostati a suo favore.

Si rafforzò quindi anche la sua dittatura personale.

Nel giro di tre anni, a cominciare dalla legge del 3 dicembre 1922, il processo legislativo era stato già tutto teso a consolidare il suo ruolo a scapito delle prerogative degli altri organi dello Stato, a partire dal Parlamento. Il 24 dicembre 1925 il Senato approvò definitivamente una legge con la quale il presidente del Consiglio, da *primus inter pares*, diventava capo del Governo, rendendo il primo ministro l'"organo precipuo attraverso il quale si estrinseca la sovranità dello Stato".[5] Con la facoltà concessa al potere esecutivo di emanare norme giuridiche in base alla legge del 31 gennaio 1926, l'attività del governo veniva sottratta a ogni possibile controllo parlamentare e legata soltanto da vincoli di dipendenza formale alla Corona, rompendo anche con le norme dello Statuto; "[...] ma lo Statuto, o signori, non può essere un gancio al quale si devono appiccare tutte le generazioni italiane [...] Abbiamo domato il parlamentarismo," Mussolini aveva affermato il 21 giugno 1925 aggiungendo: "Il potere esecutivo è il potere onnipresente e operante nella vita della nazione, è il potere che esercita il potere a ogni minuto".[6]

Questo passaggio normativo segnò "l'avvio della affermazione costituzionale del regime fascista" ma non fu che un momento, seppure significativo, di un processo legislativo più lungo.[7]

A questo accentramento autoritario seguì infatti la smobilitazione delle autonomie locali. Furono aboliti i Consigli comunali e ai sindaci elettivi subentrarono i podestà di nomina regia mentre si rafforzava l'autorità dei prefetti nelle province. Era stata intanto approvata una legge severamente repressiva sulla stampa e i giornalisti erano stati inquadrati in un Ordine professionale di categoria, rigidamente gerarchizzato. Il 6 novembre 1926 fu varato un nuovo Testo unico per la pubblica sicurezza; il 9 novembre furono dichiarati decaduti i 123 deputati dell'opposizione; il 25 novembre una "legge per la difesa dello Stato" aveva introdotto la pena di morte per gli attentati al capo del Governo, istituendo un Tribunale speciale, con giudici militari

("[...] debbo aggiungere che il Tribunale speciale, così viene chiamato nella legge, sarà composto da persone scelte da me e assolutamente per ogni verso insospettabili"),[8] creato ad hoc per i reati di antifascismo. Nel 1927 Arturo Bocchini diventò capo della polizia, che contava ormai su 100.000 uomini, assumendo quel ruolo di "eminenza grigia" che lo avrebbe caratterizzato in tutti gli anni del regime, e si posero le basi per la costituzione dell'OVRA, la famigerata polizia segreta da lui fermamente voluta.

L'iniziativa squadrista, pur manifestandosi con violenza ancora per tutto il 1925, aveva ormai esaurito i suoi compiti. A sopire furori bellicisti e spiriti di vendetta subentrò poi l'amnistia del 1° agosto 1925, concessa per tutti i delitti politici in occasione del venticinquesimo anniversario dell'ascesa al trono di Vittorio Emanuele III. Tra i reati, fu escluso dal beneficio solo l'omicidio volontario, ma anche per questo vennero ridotte le pene. A quel punto la "normalizzazione" rientrava nell'attività esclusiva della polizia. "Lo squadrismo è stato uno strumento dell'azione fascista," scriveva Mussolini nell'ottobre del 1925, "una formazione materiale del partito; un aspetto del fascismo in un determinato momento storico e niente di più."[9]

Il ripristino del monopolio statuale della violenza fu quindi la priorità assunta dal regime: "Lo Stato che cosa è? È il carabiniere," aveva affermato Mussolini il 15 luglio 1923, "tutti i vostri codici, tutte le vostre dottrine e leggi sono nulle, se a un dato momento il carabiniere, con la sua forza fisica, non fa sentire il peso indistruttibile delle leggi".[10] Lo Stato inteso come "apparato della forza" era il concetto chiave intorno a cui ruotavano tutte queste sue scelte: "Io dichiaro che voglio governare, se possibile, col consenso del maggior numero di cittadini; ma nell'attesa che questo consenso si formi, si alimenti e si fortifichi, io accantono il massimo della forza disponibile".[11]

Era ancora Mussolini a parlare e alle sue parole seguirono i fatti; al PNF fu affidato il compito di organizzare il consenso in una posizione subordinata, ribadendo così la riaffermazione della "superiorità" del vecchio personale politico amministrativo liberale sui quadri della "rivoluzione" fascista. Fu una decisione maturata, come abbiamo visto, anche in seguito alle prime, disastrose esperienze degli ex squadristi: la loro irruzione nei consigli d'amministrazione, negli enti pubblici, negli ambienti del "sottogoverno" aveva infatti provocato una serie di scandali che costituivano una vera minaccia per la credibilità del nuovo regime. E Mussolini era perfettamente consapevole "che il partito fascista non poteva conservare il potere con gli stessi quadri con i quali lo aveva conquistato",[12] in un contesto che lo vide correre ai ripari con la formazione prima del Gran Consiglio (1922) poi della Milizia volontaria per la sicurezza nazionale, MVSN, (1923).

Il primo, "organo di coordinazione, fra le forze responsabili del fascismo", immaginato come una sorta di camera di compensazione tra le diverse "correnti", una volta accantonato definitivamente il regime parlamentare sarebbe poi diventato un organo costituzionale dello Stato (1928); la seconda (139.000 uomini, con propri gradi e una propria organizzazione), "il partito armato" nella definizione di Mussolini, ripropose lo stesso percorso: nata per "normalizzare" le tendenze eversive dello squadrismo radicale,[13] riportandole sotto il controllo del Duce, finì per essere assorbita nelle forze armate dello Stato e così costituzionalizzata. L'intero apparato militare del partito passò infatti sotto il diretto controllo dell'esercito e la casta dei generali monarchici acconsentì agevolmente alla creazione di questa nuova forza armata, che non veniva a intaccare il suo tradizionale monopolio del potere militare.

Fu allora che ci fu il definitivo superamento del rischio di un eventuale dualismo tra partito e governo, tra partito e Stato, consacrando l'affermazione della supremazia della burocrazia statale su quella del PNF,[14] nell'ambito di un regime poliziesco, burocratico, elefantiaco, privo di ogni tipo di dialettica interna in grado di trasmettere vivacità e consapevolezza alle sue strutture periferiche.

Qualche resistenza emerse negli ambienti più estremisti del fascismo, soprattutto nell'estate del 1923. Ma furono i classici "fuochi di paglia" e quando, come nei giorni difficili della "crisi Matteotti", agli squadristi furono richiesti i tradizionali compiti di sostegno armato al traballante edificio del regime, non ci fu nessuno di loro che si sottrasse ai propri impegni.

Il PNF

Il 12 febbraio 1925 divenne segretario del PNF il più estremista tra i fedelissimi di Mussolini, Roberto Farinacci, ricompensato così per il suo decisivo intervento nei momenti difficili della crisi aventiniana. In realtà quella nomina si rivelò un abile espediente tattico per paralizzarne la turbolenta attività di mestatore, schiacciandolo sotto il peso di responsabilità istituzionali e garantendo al ministro dell'Interno, Luigi Federzoni, il monopolio dell'azione repressiva contro le opposizioni. Anzi, il ras di Cremona svolse un ruolo risolutivo nella trasformazione del governo Mussolini in un regime a partito unico, del resto da lui auspicato fin dalla marcia su Roma. E diventando il partito unico, il PNF rinunciò definitivamente ai progetti "eversivi" di scalzare dalle sue posizioni il personale amministrativo dello Stato liberale.

Il Duce aveva personalmente auspicato questa retrocessione del partito a strumento ausiliare del regime: "Più che esercitare un'autorità, esso esercita un apostolato," aveva affermato nel suo elogio per il PNF così come era stato organizzato dal fedelissimo Augusto Turati, il successore di Farinacci, ricordando anche che "[era] il partito, con la massa dei suoi gregari, che [dava] all'autorità dello Stato il consenso volontario o l'apporto incalcolabile di una fede".[15] Augusto Turati, Giovanni Giuriati, Achille Starace, i vari segretari che si avvicendarono alla guida del PNF, erano infatti tutti personaggi con un profilo sbiadito, funzionari disciplinati ma privi di ogni autorevolezza. E Mussolini non perdeva occasione – "tutte le mattine il camerata Turati viene da me a prendere ordini"[16] – per sottolinearne la docile fedeltà di gregari subalterni. Fu probabilmente soltanto la facilità con cui le organizzazioni fasciste saranno poi spazzate via dal colpo di Stato monarchico del 25 luglio 1943 a svelargli la fragilità di quelle scelte.

Il PNF mostrava anche limiti strutturali che si riferivano al modo stesso di concepire la politica e il rapporto con le masse. Nel tempo, la sua linea politica si ridusse ai compiti burocratico-amministrativi ("Non politica, ma scuole, circoli, conferenze, sport, specialmente rivolti alla donna lavoratrice, per creare nel mondo operaio un ambiente favorevole al fascismo") auspicati da Gioacchino Volpe[17] e rigorosamente amputati di tutti gli aspetti più militanti.

L'incalzante ascesa egemonica del segretario amministrativo Giovanni Marinelli nell'organigramma del PNF fu, in questo senso, assolutamente esemplare.[18] Il finanziamento e l'amministrazione divennero progressivamente le principali attività delle gerarchie, lo strumento di una leadership sancita dalla dipendenza (anche sul piano finanziario) delle federazioni periferiche dal centro, trasformando progressivamente il partito al fine di dotarlo di un apparato organizzativo molto articolato, in grado di inserirsi in tutti gli aspetti della vita quotidiana degli italiani con un programma "benefico, propagandistico, assistenziale e anche culturale", garantendo così ai suoi vertici la possibilità di padroneggiare perfettamente il controllo del consenso. Tutta la storia del PNF può essere letta come quella di un graduale svuotamento delle sue istanze politiche a favore di compiti puramente amministrativi, fino a trasformare la tessera in un "elemento tendenzialmente eguale all'atto di nascita o al certificato di iscrizione nelle liste elettorali in un sistema a suffragio universale".[19]

Già nel nuovo Statuto del partito, varato dal Gran Consiglio nell'ottobre 1926, erano scomparse tutte le cariche elettive: il sistema delle investiture dall'alto lo normalizzava, decretandone però la paralisi politica. Con le dimissioni di Farinacci, il 30 marzo 1927, la liquidazione degli elementi provenienti dallo squadrismo delle origini e la rinuncia a ogni velleità estremistica divennero evidenti. Spoliticizzare il partito per spoliticizzare la società: era questo il programma che Mussolini aveva sottolineato già al Congresso di Roma del PNF, il 21 giugno 1925. Il Congresso avrebbe infatti potuto finire "prima di cominciare [...] 1) perché il partito si è trovato dinanzi a fatti compiuti, a opere ultimate; 2) il PNF è oggi granitico e unanime come non fu mai; 3) perché tutte le volte che io ho sentito qualcuno di voi rinunciare alla parola, e tutte le volte che io dovevo sospingere qualcuno di voi alla tribuna, vi avrei abbracciato".[20]

Era nato il "partito di massa" vagheggiato e realizzato poi da Achille Starace (segretario dal 1931 al 1939), che già il 5 novembre 1932 avrebbe solennemente annunciato che gli iscritti erano ben 2.411.133, una cifra enorme destinata a ingrossarsi ulteriormente fino ad arrivare ai 2.633.514 del 1939: "un esercito di credenti" senza nerbo, acconciatosi all'ordine e alla legalità senza uno sprazzo di autonomia o di vivacità.

Proprio con Starace questo processo subì infatti una netta accelerazione. "Starace," osservò a suo tempo Alberto Aquarone, "fu non tanto la causa quanto l'espressione emblematica di quel processo di spoliticizzazione, di riduzione a un ruolo prevalentemente coreografico del partito, che si andò sempre più accentuando nel corso del secondo decennio del regime e che contribuì in larga misura a far sì che quest'ultimo fosse incapace di creare una propria classe dirigente, preparata e dinamica, in grado costantemente di ricambiarsi."[21] Durante la sua segreteria, infatti, il PNF diventò un partito gigantesco e onnicomprensivo, con la sua folla di iscritti disciplinati e obbedienti. La scissione tra il momento burocratico e quello delle decisioni politiche fu letale per la sua capacità di iniziativa e, dimenticato l'attivismo degli esordi, gerarchi e semplici gregari si adagiarono progressivamente nella ripetitività di una stanca routine priva di tensione interiore e di slanci creativi.

Nel fascismo delle origini molti dei suoi uomini avevano partecipato alla Grande guerra; poi era stato lo squadrismo l'ambito della loro legittimazione politica; con la centralizzazione burocratica tutto questo fu accantonato per essere sostituito da una loro incolore permanenza nelle file del PNF, segnando l'avvento di un ceto politico di mestiere, "in genere personale più giovane, istruito, che gestiva diverse federazioni, in perenne spostamento per le province della penisola, e che dava così alla carica di federale una connotazione simile a quella del prefetto".[22]

In questo senso, quello del rapporto tra il prefetto e il federale è ancora oggi un ottimo osservatorio per guardare da vicino le vicende dell'intreccio tra politica e amministrazione all'interno del regime, così come già abbiamo evidenziato nel processo d'impianto della Segreteria particolare del Duce.

Nei primi sei mesi del governo di Mussolini, 48 prefetture su 71 avevano infatti cambiato il titolare; il ritmo vorticoso di questi avvicendamenti segnalò fin da subito il progetto del nuovo regime di puntare su una catena di comando amministrativo già rodata e resa compiutamente affidabile, mirando a una rinnovata "prefettizzazione": "Unico solo rappresentante dell'autorità di Governo nelle Province è il Prefetto," affermava una circolare di Mussolini il 13 giugno 1923, "e non altro infuori di lui. Ciò ho dichiarato parecchie volte, nonché ultimamente in Senato. Fiduciari provinciali fascisti nonché diverse autorità del partito sono subordinate al Prefetto".[23] Tra le due carriere i confini diventarono progressivamente sempre più permeabili, i percorsi degli uni convergevano con quelli degli altri e, addirittura, in alcune situazioni, come nel Mezzogiorno, dove il fascismo faceva fatica a trovare un ceto politico locale affidabile, i prefetti assunsero compiti di mediazione tra il vertice e la base del PNF che sarebbero spettati piuttosto ai segretari federali.[24]

Una fascistizzazione zoppa

Il controllo totalitario del potere politico e la fascistizzazione della società italiana erano gli elementi cardine del progetto di dominio di Mussolini. Su entrambi i versanti, però, le ambizioni del regime furono frustrate da profondi limiti strategici. In particolare, anche se fu in grado di ricomporre le lacerazioni aperte dal conflitto sociale nel tessuto logoro del vecchio Stato liberale, il fascismo non riuscì a liberarsi dalla stretta di forze egemoniche che gli preesistevano e che avrebbero continuato a esistere anche dopo la sua caduta: l'esercito, la monarchia, il potere economico, il Vaticano. Ma anche verso il basso il disegno di sussumere al proprio interno l'intero corpo sociale del paese, quasi azzerando ogni soluzione di continuità tra il livello sociale e quello istituzionale della vita pubblica, si scontrò con la duratura persistenza di un reticolo familiare, parentale e comunitario così solido da renderne perennemente problematico l'assorbimento. Gli interessi locali riuscirono spesso a rintuzzare le pretese egemoniche del regime e i suoi tentativi in questo senso, portati avanti attraverso l'intervento pubblico, la sfera della politica e le organizzazioni legate al PNF, si infransero sulla capacità delle élite periferiche di mantenere intatte le loro sfere di influenza: si lasciarono infatti assorbire dalle strutture fasciste senza perdere i ruoli di potere e le funzioni che affondavano le loro radici nella continuità delle tradizioni comunitarie.[25] Alla fine, nei vent'anni di regime si arrivò a una statalizzazione diffusa più che a una vera e propria "nazionalizzazione" del paese.

Il fatto è che il progetto totalitario del fascismo tendeva a unificare sul terreno istituzionale tutto quello che si voleva tenere diviso sul terreno sociale. E questo fu il suo limite strutturale. "Ciascuno al suo posto" era il principio adottato per garantire un generale immobilismo e permettere la perpetuazione di un sistema politico compatto, consolidato, rigidamente gerarchizzato. La gerarchia era anzi considerata come l'antitesi nettamente fascista all'egualitarismo comunista: "L'esperimento comunista è fallito in pieno," sentenziava Mussolini il 20 maggio 1925, "perché il comunismo, essendo per sua tendenza eguagliatore, è contrario alla vita e alla storia, oltre che alla natura che è profondamente disuguale e che vive di questa disuguaglianza".[26]

Il risultato era che, come scrisse Lucio Lombardo Radice, "lo studente non frequentava che studenti, professionisti, uomini di cultura: non un operaio, un contadino, un artigiano era per lui uomo, amico, pari"[27]; questo moltiplicarsi di "riserve indiane", con la conseguente stratificazione della società in compartimenti stagni, era funzionale alla conservazione dello status quo, non certo ad accelerare un processo di mobilitazione collettiva. All'interno del partito si assorbivano "gruppi sociologicamente identificati, professionalmente omogenei, reciprocamente distinti",[28] racchiusi in una rigida gabbia corporativa che eliminava la libera circolazione delle idee, il confronto tra diverse posizioni culturali e politiche, stroncando sotto il peso di strutture elefantiache e burocratiche ogni tentativo di creare l'"uomo nuovo" sbandierato dalla propaganda del regime.

In questo senso il mussolinismo poteva considerarsi un esito obbligato del fascismo fin dall'inizio. "In un movimento così fluido da sfuggire per due anni a ogni tipo di analisi," aveva scritto, già nel 1921, il giornalista americano Carleton Beals, "questo leader energico, alquanto dogmatico eppure fantasioso, è diventato sempre più, col passare del tempo, un punto di raccolta attorno al quale può turbinare la corrente emotiva popolare."[29] Come già accennato, il nuovo regime "non possedeva un programma ben definito e organico di riforma politica e amministrativa dello Stato"[30]; di qui un certo gradualismo nell'avviare una modifica delle istituzioni in senso decisamente autoritario, ma anche una scelta netta, che non sarebbe stata scalfita durante il Ventennio: concentrarsi su tutto quello che avrebbe reso possibile l'esercizio personale di un potere assoluto da parte di Mussolini giocando quella come l'unica vera carta "rivoluzionaria" del nuovo regime. Come scrisse allora il giornalista radicale inglese William Bolitho, "Mussolini ha depredato il paese della libertà e di tutto ciò che rende la vita in comune degna di essere vissuta. Nel terzo anno del suo dominio, l'Italia è un mondo silenzioso e ombroso, dove gli uomini hanno paura di essere visti per le strade in compagnia della verità".[31]

Un'opacità diffusa che riguardava anche gli stessi fascisti; alla data del 7 luglio 1929, Ugo Ojetti annotava nel suo taccuino: "Balbo si vanta di non parlare più di politica: 'La politica non mi interessa più. Facciano quello che vogliono. Io mi occupo di aeronautica'".[32] Era la testimonianza di uno stato d'animo di stanca disillusione che andava sempre più diffondendosi tra gerarchi e semplici gregari: la mortificazione della politica come libero dibattito si risolveva inesorabilmente nell'impossibilità per lo stesso gruppo dirigente che monopolizzava il potere di fare vera politica. C'era all'interno del regime una radicale avversione per lo scontro ideologico, per la dialettica tra maggioranza e opposizione; le "adunate oceaniche", i comizi di Mussolini nelle piazze gremite, i viaggi del Duce erano momenti che alimentavano una tensione artificiosa senza riuscire a promuovere un'autentica partecipazione collettiva.

Il mussolinismo fu quindi l'unico fondamento effettivo della legittimazione simbolico-giuridica del sistema di potere fascista, secondo quanto disse allora lo stesso Bottai: "Non c'è più il fascismo al potere, ma il mussolinismo. Un potere che par forte, ed è legato soltanto alla fralezza d'un uomo".[33] Modellata su una immagine leggendaria, salvifica ed eroicizzante del Duce e sulla sua "deificazione" (aspetti che diventarono sempre più rilevanti e sui quali torneremo), la figura di Mussolini servì al fascismo proprio per trovare una sua compattezza politica, un terreno solido su cui unificare l'eterogeneità delle sue correnti, riuscendo a operare una sintesi – altrimenti impossibile – tra le sue diverse anime.[34]

Ma, soprattutto, il mussolinismo fu una scelta obbligata per una linea privata dell'ampio respiro strategico di un rapporto fecondo con gli iscritti e i militanti e limitato invece agli aspetti puramente burocratici e amministrativi della politica. Con conseguenze nefaste per il regime. Proprio negli anni trenta, quelli del "consenso", l'accentuazione del mussolinismo precluse infatti la strada a ogni possibile ricambio interno. "Effettivamente," gli aveva scritto allarmato, il 22 gennaio 1933, Roberto Farinacci, "Presidente, cos'è lo Stato oggi? La fiducia in Mussolini. Noi non siamo ancora arrivati allo Stato che dà forza agli uomini. C'è l'uomo che dà forza allo Stato. Che avverrà quando ci verrà meno quest'uomo?"[35] La risposta era semplice: la fine di Mussolini sarebbe stata la fine del fascismo.

"Dall'umile omaggio al piano di mobilitazione"

In questo processo di consolidamento del ruolo del Duce all'interno delle istituzioni e nel partito, la Segreteria particolare era uno strumento essenziale.

Seppure risolto a favore di Chiavolini, lo scontro avvenuto a Palazzo Chigi era rivelatore delle difficoltà che incontrava il suo ufficio per affermarsi come interlocutore influente delle istituzioni pubbliche. E se la durezza del conflitto tra Chiavolini e il capo di Gabinetto si può spiegare, nello specifico, con la determinazione di Paulucci che rappresentava lo spirito di un corpo diplomatico particolarmente geloso e orgoglioso del proprio status e prestigio, e con la fiducia della quale godeva da parte di Mussolini, non molto diversa era la situazione nei rapporti con le altre amministrazioni.

L'esperienza di quei mesi, segnati dalla umiliazione della sua temporanea emarginazione e dalla consapevolezza della forza che ancora esercitavano i vecchi centri di potere burocratici, convinse Chiavolini che era giunto il momento di intervenire affinché alla Segreteria fossero definitivamente riconosciute specificità e autorevolezza. Pertanto, appena riprese il suo posto si sforzò di delinearne, tra la fine del 1926 e l'inizio del 1927, con maggiore chiarezza i caratteri peculiari perché non fosse confusa né con gli uffici della presidenza del Consiglio dei ministri, che svolgevano una mera azione di coordinamento amministrativo, né con le segreterie particolari dei ministri e dei sottosegretari – "chi è che non ha una segreteria particolare?" – che "curavano esclusivamente gli interessi di quelli che erano stati i collegi delle varie eccellenze o quantomeno svolgevano un'attività di nessun conto per il governo della nazione. Esse erano quindi un residuato delle vecchie mentalità demo-liberali". La Segreteria di Mussolini, scriveva Chiavolini, doveva ergersi al di sopra di tutte queste perché era "la sola diretta esecutrice della volontà del Duce e la gelosa custode delle varie sue manifestazioni" e si occupava di "tutto ciò che interessa o può interessare S.E. nello svolgimento della sua attività politica presente e futura, cioè costituisce una cosa realmente ed esclusivamente sua".[36]

Le competenze erano vaste e di difficile classificazione dal momento che spaziavano "dall'umile omaggio al piano di mobilitazione". Pure, nonostante l'ampiezza delle questioni affrontate e l'incremento della corrispondenza in seguito all'accentramento del potere nelle mani di Mussolini, la struttura continuava a essere governata da poche regole insufficienti per precisare meglio la ripartizione dei suoi vari compiti. Sugli impiegati, che aumentavano di giorno in giorno nonostante il *turn over* a cui erano sottoposti molti di loro, gravava l'onere di aprire, smistare e avviare la corrispondenza agli uffici ministeriali competenti; di verificare le informazioni ivi contenute; copiare le risposte e inviare le lettere ai destinatari; ricevere le persone che intendevano conferire con Mussolini; gestire gli archivi. Al centro di questo lavoro c'era il segretario che, sotto la supervisione del Duce, controllava, decideva cosa e a chi rispondere, intratteneva le relazioni con i vertici del regime e aveva l'esclusivo compito di trattare le questioni politiche, i rapporti con la famiglia Mussolini, preparare i viaggi del capo del Governo.

Tra le attività che maggiormente la impegnavano vi era l'amministrazione delle risorse economiche che erano alimentate attraverso varie fonti: donazioni effettuate dai privati, singoli o imprese ed enti direttamente a Mussolini, proventi derivanti da "La Provvida"[37] o pagamenti dei titoli nobiliari, somme che alcuni ministeri, in particolare quello delle Corporazioni e dell'Interno,[38] mettevano a bilancio per finanziare le iniziative del Duce. Non fu semplice organizzare la gestione finanziaria della Segreteria il cui responsabile, che per tutto il Ventennio fu Gino Ricci, si doveva occupare anche del coordinamento con le altre iniziative benefiche, svolte sempre "in nome del Duce" da altre istituzioni, principalmente la presidenza del Consiglio dei ministri.[39] I milioni di lire che affluivano nelle casse della Segreteria, in parte sollecitati in parte spontaneamente donati, erano distribuiti in diversi conti correnti e servivano a sostenere le molteplici erogazioni di diverse dimensioni e importanza: dalle modeste somme date come sussidi a singoli e famiglie (era questa la parte meno cospicua dei fondi finanziari) alle cifre consistenti destinate ai lavori pubblici finanziati direttamente da Mussolini affinché si legasse permanentemente il suo nome alle realizzazioni, fino alle elargizioni più corpose destinate a enti, comunità, associazioni, parrocchie o anche singoli che stavano particolarmente a cuore a Mussolini.

Vi era poi l'organizzazione delle udienze che rappresentava un momento molto importante della giornata che Mussolini dedicava agli incontri con le alte cariche dello Stato e del partito e per ricevere eminenti visitatori, italiani e stranieri, ma anche gente comune, associazioni, gruppi di sostenitori. Proprio sul valore che attribuiva alle udienze, si è da ultimo soffermato Wolfgang Schieder, sottolineandone con grande efficacia l'appartenenza al suo "quotidiano politico", "allo stesso modo delle riunioni di governo, degli incontri di partito o delle adunate pubbliche di massa: mentre in queste cercava di assicurarsi il plauso collettivo, le udienze riservate avevano l'obiettivo di legare a sé personalità di rilievo del regime o di guadagnarsi simpatizzanti all'estero" così che "l'udienza privata concessa a visitatori selezionati doveva palesare il privilegio di un'evidente elezione".[40] Tutte le istanze per ottenere il grande onore di incontrarsi personalmente con Mussolini dovevano confluire negli uffici del segretario particolare, che poteva così controllare quasi completamente l'accesso al detentore del potere, occupandosi contemporaneamente di tutti i dettagli di un cerimoniale minuziosamente organizzato, sia negli spazi (l'anticamera sontuosamente arredata, la sala del Mappamondo, a Palazzo Venezia, enorme, con i suoi stucchi e gli affreschi rinascimentali, un gigantesco lampadario di cristallo, una monumentale scrivania per il Duce e due seggiole per i visitatori intimiditi da quella vastità) che nei tempi (un quarto d'ora per le udienze del mattino, di solito riservate ai quadri direttivi del PNF, mezz'ora per quelle del pomeriggio).

Il pieno coinvolgimento della Segreteria nella gestione di attività rivolte a un pubblico eterogeneo come estrazione sociale e motivazioni metteva in evidenza il ruolo strategico che essa rivestiva nella “fabbrica del Duce”. È da notare, inoltre, che all'ufficio era assegnato il compito di raccogliere e conservare tutti gli autografi di Mussolini che risultavano presenti presso i vari Gabinetti ministeriali, quali disposizioni, appunti e note manoscritte. La concentrazione presso il Viminale, e successivamente a Palazzo Venezia, delle scritture del capo del Governo andava nella direzione di contribuire a costruire un monumento di carte a futura memoria, e disvela come tale obiettivo fosse perseguito in maniera esplicita e consapevole dalla Segreteria sin dai suoi esordi.[41]

Non era il suo funzionamento a preoccupare Chiavolini, che era convinto della bontà dell'organizzazione dal momento che “in oltre quattro anni, tutto ha funzionato regolarmente, senza il minimo incidente malgrado l'inevitabile succedersi di impiegati minori e l'importanza del materiale trattato”.[42] Del resto, secondo il segretario, la particolarità delle funzioni svolte e l'eccezionalità del suo ruolo non permettevano l'applicazione di schemi e regole rigide di sistematica classificazione, tanto da indurlo a scrivere: “È tutto un complesso di attribuzioni alte e svariate che nella Segreteria particolare si assommano a quelle che sono le funzioni tradizionali di una ‘segreteria’. Così come la sua struttura organica è un tutto inscindibile e pressoché insuscettibile di riduzione a schemi, le sue funzioni non sono numerabili né classificabili se non con una contingente e mutevole approssimazione: esse vanno dalla risposta all'umile lettera di omaggio dell'ultimo cittadino del Regno alla riservatissima preparazione od esecuzione degli ordini impartiti dal Duce in relazione agli alti problemi di governo e di partito di cui egli si riserva personalmente la trattazione”.[43]

Ciò che gli stava a cuore era invece l'autonomia e il primato dell'ufficio, e di chi lo dirigeva, figure che a suo dire non erano state ancora accettate dall'ambiente burocratico e da quello del partito.

In effetti, anche negli anni dell'ormai indiscussa affermazione del mussolinismo, Chiavolini denunciava gli ostacoli che venivano frapposti all'esecuzione delle richieste e all'applicazione dei dettami che provenivano dal suo ufficio. Dopo sei anni dalla marcia su Roma, lamentava quindi che non era stato ancora "adeguatamente inteso [...] il carattere vero e intrinseco delle funzioni della Segreteria particolare" e che la presenza di "attriti [...] ed eccezioni di competenza" rivelavano come "la figura del segretario particolare non [fosse] stata [...] sufficientemente compresa dovunque". In effetti, la diffidenza sulla preparazione tecnica del personale e sulla carenza di fondamenti normativi portava, soprattutto le amministrazioni statali, a non attribuire alla Segreteria il segno di una autorità che, a dire di Chiavolini, era "concreta e decisiva [e i cui atti erano] rivestiti del carattere di ufficialità". Come esempio di tale sfiducia veniva citata dallo stesso segretario la posizione assunta del ministero delle Finanze che, nel novembre del 1928, per rispondere a un quesito, attendeva il pronunciamento della presidenza del Consiglio dei ministri nonostante le istruzioni impartite precedentemente dalla Segreteria particolare, confinando di fatto il suo ufficio nel ruolo di una semplice "autorità morale", senza nessun autonomo potere. "Sia per impedire che per l'avvenire – con l'eventuale cambiamento di uomini – possa effettuarsi un tentativo di invadenza su quelle che sono le prerogative di S.E. Mussolini, sia per assicurare l'indipendenza dell'ufficio stesso dal controllo di chicchessia, sia per differenziare cotale ufficio dalle segreterie particolari delle varie eccellenze", per tutte queste considerazioni Chiavolini propose quindi di cambiarne la denominazione in "Segreteria generale degli affari riservati del Duce", un titolo che avrebbe trasmesso con chiarezza il primato della Segreteria ai due principali interlocutori della stessa: agli apparati dei ministeri, richiamando il ruolo di coordinamento che svolgevano le segreterie generali; al PNF, esplicitando che la Segreteria non era solo un ufficio del capo del Governo ma anche l'espressione del Duce del fascismo. E che avrebbe garantito a Chiavolini, nell'ordinamento gerarchico, il grado più alto della scala, pari a quello dei segretari generali degli altri ministeri e, sul fronte politico, non "il modesto compito che l'interpretazione tradizionale dei termini usati per sua intitolazione imporrebbe", bensì il suo ruolo di "annunziatore ed esecutore diretto" che curava "l'inquadramento, la precisazione, l'esecuzione" delle direttive del Duce, rispondendo in proprio e direttamente al "capo supremo" del quale "era il solo e devoto collaboratore".[44]

La riforma proposta da Chiavolini era di natura formale e, a suo dire, un "rimedio non arduo": "Basterebbe forse," scriveva, "che la finalità e l'importanza estrinseca della Segreteria particolare e del suo capo venissero messe, anche esteriormente, ben in chiaro: quel che servirebbe ad agevolare la vista ai miopi non meriterebbe e non avrebbe a temere la definizione di inutile lustra".[45] Questo suo progetto, tuttavia, non fu mai realizzato, neanche quando, con il trasferimento a Palazzo Venezia nel 1929, ci si avviò al completamento della "personalizzazione" del potere nel segno di Mussolini.

Palazzo Venezia

"Ieri mattina il capo del Governo si è trasferito a Palazzo Venezia nella sala del Mappamondo, ove è stata tenuta sabato la grande assemblea del Fascismo. Ivi egli ha ricevuto per il consueto rapporto il segretario del partito, alcuni ministri, il sottosegretario all'Interno e il capo dell'Ufficio stampa. Nessun ufficio è stato trasferito a Palazzo Venezia. All'ingresso del palazzo prestavano servizio d'onore i moschettieri."[46] Così i giornali del 17 settembre 1929 annunciarono che Mussolini lasciava le stanze di Palazzo Chigi per prendere possesso di quello che sarebbe diventato il luogo più emblematico del suo potere. Nel breve trafiletto veniva sottolineato come il trasferimento riguardasse solo la persona del Duce e non gli uffici che egli occupava in relazione ai suoi numerosi incarichi istituzionali (ricordiamo che Mussolini arrivò a ricoprire cariche che coinvolgevano ben otto dicasteri) e che avevano le sedi dislocate in vari punti di Roma.

In precedenza non c'era infatti un luogo tipicamente "mussoliniano": in particolare Palazzo Chigi era la sua residenza come presidente del Consiglio e ministro degli Esteri mentre al Viminale erano ubicati il ministero dell'Interno e gli uffici della Segreteria particolare. Nel 1929, per la prima volta, l'edificio e la piazza adiacente furono scelti per ospitare unicamente la sua persona come capo del Governo e Duce del fascismo, ratificando così la rappresentazione di un solido potere personale isolato, separato e lontano dai meccanismi della macchina statale e di partito e che si fondava principalmente sul suo rapporto diretto con le masse, chiamate ora a riempire quella piazza dalle grandi dimensioni e dalla rigorosa simmetria.[47]

Mussolini aveva visitato il palazzo una prima volta, nel dicembre del 1922, per inaugurare una mostra con le opere d'arte restituite all'Italia dall'Austria-Ungheria. Il luogo era abbastanza fatiscente e dal 1916 erano in corso numerosi lavori di restauro, diretti dal soprintendente Federico Hermanin, grazie ai quali poterono trovare sistemazione la Biblioteca di archeologia e storia dell'arte, l'Istituto di archeologia e storia dell'arte e un museo delle "arti minori", mentre per le sale del piano nobile fu prevista la destinazione a sedi di rappresentanza dello Stato.

Non doveva essere sfuggita al capo del Governo, già in quei primi anni, la dimensione "commemorativa" di quell'edificio, ispirata ai valori che avevano alimentato l'ascesa e l'affermazione del fascismo, primo fra tutti il ricordo della Grande guerra. Era stato infatti il "mito della vittoria" che Mussolini aveva voluto sottolineare quando aveva assunto l'incarico di formare il governo dopo la marcia su Roma: "Porto a Vostra Maestà l'Italia di Vittorio Veneto, riconsacrata dalla Vittoria" era stato il suo saluto al re, al momento di ricevere l'incarico di presidente del Consiglio. E proprio a Palazzo Venezia si era simbolicamente consumata la fine della presenza asburgica in Italia quando, nel 1916, aveva cessato di essere sede dell'ambasciata austriaca presso la Santa Sede diventando proprietà dello Stato italiano.

Insieme alla "vittoria", era anche sul "culto dei morti" che il Duce fondava la legittimità del suo regime proclamandolo come scaturito direttamente dai lutti e dalle sofferenze delle trincee della Grande guerra. Su un lato della piazza sorgeva infatti l'ingombrante presenza del "Vittoriano" che, nato come monumento nazionale dedicato al re Vittorio Emanuele II, nel 1921 era diventato noto come "Altare della patria" in seguito al trasferimento e alla collocazione della salma di un "milite ignoto", omaggio solenne ai caduti e ai dispersi della guerra.[48] Da quell'anno il monumento aveva cambiato significato e uso. Grazie a una campagna propagandistica organizzata a livello nazionale, sfruttando anche le riprese cinematografiche per documentare il trasporto funebre della salma da Aquileia a Roma e la sua solenne inumazione avvenuta il 4 novembre, il "Vittoriano" era diventato infatti il simbolo del dolore e del sacrificio dei soldati, della loro obbedienza e della loro fede nella patria, della sconfitta della morte attraverso la memoria celebrativa. "Del resto, se non fosse stato per la presenza del Milite ignoto, sacra al regime perché ricordava il valore nazionale delle origini 'rivoluzionarie' del movimento e il tributo di sangue versato in guerra, quale residuo significato avrebbe potuto avere il 'Vittoriano'? Forse soltanto quello che affiora nella definizione che Leo Longanesi ne dette su 'il Selvaggio', del 15 maggio 1931, quando lo chiamò 'Il baraccone bianco del mai defunto Sacconi'."[49] Era questo lascito culturale a essere ampiamente utilizzato dal fascismo soprattutto nei suoi primi anni, e fu la presenza di Mussolini a Palazzo Venezia a rendere la sagoma di pietra dell'"Altare della patria" riconoscibile come un edificio simbolo, al pari del Colosseo e della cupola di San Pietro. Ripreso in 249 cinegiornali tra il 1928 e il 1943, il monumento diventò "palcoscenico patriottico e quinta di regime"[50] per le innumerevoli manifestazioni che si svolsero nella piazza: da un lato una statua sempre più muta, dall'altro un balcone sempre più risonante da dove Mussolini pronunciò ben 64 discorsi.[51]

Nella scelta di trasferirsi a Palazzo Venezia contò sicuramente anche la presenza di un grande spazio dove replicare le adunate di massa già sperimentate nelle diverse città visitate da Mussolini, quei bagni di folla che rappresentavano un momento politico importante a coronamento dei suoi viaggi. Nel 1929, quando il suo potere era ormai solido e incontrastato, l'angolo tra via del Corso e piazza Colonna era a quel punto diventato insufficiente, né si poteva utilizzare lo spazio davanti al Viminale ancora in costruzione. Senza contare che l'ubicazione del palazzo, per la sua posizione accanto al grande monumento voluto per celebrare il ruolo della monarchia, richiamava la diarchia re-Mussolini, riproducendo un rapporto che sempre di più si spostava a favore del Duce.

La sua intenzione di trasferirsi a Palazzo Venezia cominciò a manifestarsi quindi concretamente già nel corso del 1924, quando si intensificarono i finanziamenti per i restauri e si velocizzarono i lavori per la loro esecuzione, in particolare dal 1926 in poi. Ma fu nel 1929 che i tempi e le condizioni maturarono affinché prendesse definitivamente corpo l'immagine del Duce come capo supremo e assoluto del regime, in una sequenza incalzante di eventi pubblici e privati: il Concordato con la Santa Sede, il plebiscito, il varo del nuovo governo e, infine, il trasloco della famiglia che lasciò Milano per trasferirsi a Roma, a Villa Torlonia. A questa sua immagine doveva corrispondere anche un luogo unico e inconfondibilmente a lui legato. Palazzo Venezia, con la sua facciata semplice, caratterizzata da un piccolo balcone che poteva ospitare pochi eletti esaltando così l'unicità del dittatore, e con la piazza omonima in grado di accogliere migliaia di persone, dominabili con lo sguardo e con il suono della voce, diventò un elemento decisivo nel perseguimento della costruzione del suo mito.

Nel decennio successivo, la centralità politica del luogo verrà esaltata anche da scelte urbanistiche che, con la costruzione della via dell'Impero e della via del Mare, in nome della Roma *caput mundi*, fecero della piazza il crocevia di simboli e temi cari al fascismo. Palazzo Venezia e la piazza omonima diventarono, dagli anni trenta fino alla caduta del fascismo, i luoghi dove il mussolinismo si tradusse in una permanente fisicità, in una costante presenza (la luce sempre accesa nella sala del Mappamondo per comunicare ai passanti il suo lavoro ininterrotto al servizio della nazione), proponendosi anche come lo scenario dove si svolgeva l'opera pedagogica del regime e si praticavano alcuni riti della sua liturgia politica.[52]

Nessun ufficio si trasferì, quindi, a Palazzo Venezia salvo quello di Alessandro Chiavolini, che ebbe una stanza anche nella nuova sede per seguire da vicino le sempre più numerose e diversificate pratiche che arrivavano alla diretta attenzione di Mussolini. La riforma da lui proposta, che prevedeva la costituzione di una Segreteria generale degli affari riservati del Duce, come detto prima non fu mai realizzata. Probabilmente per l'eccessiva ambiziosità del progetto ma anche per la non celata aspirazione di Chiavolini a salvaguardare e affermare il proprio ruolo soprattutto nei confronti degli alti funzionari dello Stato (i vari segretari generali, capi di Gabinetto e direttori generali), dalla cui disponibilità dipendeva, a volte, la esatta e rapida esecuzione degli ordini di Mussolini e che spesso offrivano una qualche resistenza a seguire i dettati di una persona completamente estranea alla cultura burocratica e ai meccanismi ministeriali.

In effetti, le modalità di approccio che il segretario particolare aveva alle questioni sia amministrative che organizzative erano lontanissime dalle rigide formalità dei procedimenti tradizionali. Le difficoltà di comunicazione tra i vari uffici della Segreteria e di normalizzazione dei processi di lavoro all'interno della stessa venivano infatti affrontate dal "giornalista" Chiavolini adottando espedienti letterari piuttosto che strumenti organizzativi, come dimostra il seguente ordine di servizio (emanato l'11 maggio 1929) con il quale egli sperava di regolamentare il flusso documentale e i suoi tempi di lavorazione introducendo un linguaggio ispirato più da stili narrativi che da formule burocratiche: "Resta chiarito che il segno θ indica semplicemente il desiderio da parte del comm. Chiavolini di avere personale notizia, nel termine più breve, di quel che è possibile fare relativamente alle carte che egli contraddistingue con tale segno. Perciò: rapidissimo ma normale corso della pratica. Solo nel caso in cui il comm. Chiavolini al segno medesimo aggiunga le parole 'occuparsene' ovvero 'occuparsene vivamente' e altra frase di raccomandazione, occorre spiegare conforme azione di particolare interessamento".[53] Indifferente alla sordità burocratica degli altri uffici, Chiavolini continuò ad adottare questa sua personale classificazione dei documenti anche negli anni successivi. È dell'8 giugno 1932 un appunto manoscritto in cui vengono riepilogate le sigle da adottare sulla corrispondenza tra cui: "[quando si annota] 'vedere'= non ci metto nulla di mio ma m'interessa".[54]

Una struttura da perfezionare

Il trasferimento del Duce a Palazzo Venezia non comportò variazioni di rilievo per l'organizzazione degli uffici e degli archivi che rimasero al Viminale e, in misura minore, a Palazzo Chigi, che continuava a essere la sede ufficiale della presidenza del Consiglio. Unica eccezione, come abbiamo appena visto, quella di Chiavolini, che aveva una stanza anche nella nuova sede.[55]

Nessuna innovazione, quindi, ma un aumento della farraginosità delle operazioni in seguito all'incremento costante della corrispondenza, all'intensificazione dei rapporti con le amministrazioni pubbliche e con le strutture del partito, centrali e periferiche, che si sommavano alle difficoltà di comunicazione, alle sovrapposizioni di compiti, allo smarrimento di documenti[56]; tutti inconvenienti resi ancora più frequenti dalla ridefinizione del baricentro del potere mussoliniano che complicava la dinamica della trasmissione delle decisioni, il movimento e la gestione delle carte. Dalla fine del 1929, infatti, le attività della Segreteria, con la conseguente produzione, ricezione, trasmissione e conservazione dei documenti, si svolgevano in una fitta triangolazione tra Palazzo Venezia, Palazzo Chigi e il Viminale, oltre che verso le sedi degli altri dicasteri di cui Mussolini era titolare. E si complicavano per il carattere stesso della Segreteria che funzionava come una organizzazione "leggera" ma fortemente gerarchizzata – tutto doveva passare al vaglio del segretario particolare o del suo vice –, con un numero di impiegati che cresceva di giorno in giorno, sottoposti a numerosi avvicendamenti, provenienti da diverse amministrazioni, soprattutto da quella militare.

Come poi rileverà Nicola De Cesare, quando, nel 1941, assunse la carica di segretario particolare, si trattava di un personale non sempre adatto allo svolgimento di delicati compiti che, mettendolo in contatto con numerosi altri uffici, lo vedeva impegnato nel disbrigo di pratiche varie e complesse, che coinvolgevano alti burocrati, politici e gerarchi. Non poche erano le mancanze o gli errori che venivano commessi, come dimostrano le molteplici disposizioni rivolte a specificare o correggere le modalità di scrittura delle risposte o di invio della corrispondenza: "le lettere vanno indirizzate ai capi Gabinetto e non ai ministri"[57]; "il ministero delle Corporazioni lamenta che arriva corrispondenza che andrebbe indirizzata altrove: al ministero Agricoltura e foreste per quanto riguarda il credito agrario o Casse di risparmio, alle Finanze quella relativa al credito edilizio, fondiario e finanziamenti relativi"[58]; "ennesima raccomandazione ai signori minutanti. Tutte le volte che si restituiscono carte, o meglio ancora, documenti, bisogna provvedere con raccomandata".[59] "Occorre che i funzionari siano sempre al corrente sulle competenze. Questi errori non debbono più avvenire," scriveva Osvaldo Sebastiani il 12 novembre 1935,[60] segno che la confusione era continuata anche dopo la fine della gestione Chiavolini, conclusasi nel marzo 1934.

Numerosi furono inoltre i richiami e le disposizioni per cercare di velocizzare e formalizzare i processi di lavoro tra uffici interni alla Segreteria e tra questa e le altre amministrazioni: "Quando Sebastiani dispone di chiedere informazioni urgenti per gente che sta a Roma bisogna sempre rivolgersi telefonicamente [all'interlocutore] e non rivolgersi al Prefetto che gira la richiesta alla Questura la quale a sua volta incarica il Commissariato di Pubblica sicurezza competente"[61]; "allo scopo di eliminare lunghi e inutili giri di carte [si] suggerisce di mandare al competente Ispettorato difesa risparmio ed esercizio credito (presso Banca di Italia) gli esposti diretti al Duce concernenti vertenze tra privati e istituti di credito. Tali esposti, che noi mandiamo alle Finanze, vanno poi a finire all'Ispettorato predetto dopo almeno una decina di giorni".[62]

Per tutti gli anni della gestione di Chiavolini prima e di Sebastiani poi, il tentativo di regolare il lavoro tra i vari uffici venne affidato essenzialmente agli ordini di servizio, vale a dire a disposizioni interne impartite dal segretario particolare, o di sua iniziativa o in seguito a espresse volontà di Mussolini, dirette a tutto il personale e che spaziavano su molteplici aspetti: gli orari e i turni degli impiegati, le divise da indossare, lo stile da adottare nelle risposte scritte, le forme di saluto, l'organizzazione delle attività. Dal punto di vista organizzativo non vi fu soluzione di continuità e tra i due segretari è possibile notare diverse analogie: entrambi non riuscirono a risolvere il problema dell'assetto degli uffici della Segreteria; entrambi esercitarono un controllo serrato sull'operato degli impiegati; entrambi ridussero gli aspetti procedurali a una serie di minute e continue disposizioni.

3.
La fabbrica del Duce

La crisi economica del 1929 e il "cambio della guardia"

Il trasferimento della Segreteria particolare a Palazzo Venezia avvenne in coincidenza con il biennio 1929-1930, che fu anche quello in cui in Italia si fecero sentire le prime conseguenze della crisi seguita al crollo borsistico di Wall Street, nel "giovedì nero" del 24 ottobre 1929. Da parte del regime, le reazioni, come si evince dalle dichiarazioni di Mussolini, furono improntate ai temi propagandistici considerati i più efficaci per reggere l'urto del malcontento derivante dalle difficoltà economiche della popolazione. "Fortunatamente il popolo italiano non è ancora abituato a mangiare molte volte al giorno, e avendo un livello di vita modesto, sente di meno le deficienze e le sofferenze. Solo le classi superiori sono tremendamente egoiste, e quando, invece di tre automobili, ne hanno soltanto due, gridano che il mondo sta per cadere," aveva affermato, con una certa impudenza, il 18 dicembre 1930.[1] Si moltiplicarono così i suoi appelli a epurare il PNF dai "rottami della cosiddetta borghesia liberale e professionistica" ("Camerata Giuriati, voi avete la consegna di snidarli! È zavorra che ci appesantisce la marcia"),[2] mentre si infittirono le "adunate oceaniche", i suoi comizi nelle piazze gremite nel tentativo di coinvolgere alcuni settori sociali – gli operai in particolare – che rimanevano sostanzialmente estranei a quel tipo di sollecitazioni. "Non bisogna però farsi illusioni eccessive per quello che concerne il cosiddetto proletariato urbano," aveva riconosciuto egli stesso nel discorso dell'Ascensione, il 26 maggio 1927, "che è in gran parte ancora lontano, e, se non più contrario come una volta, assente. È evidente che noi dovremo essere aiutati anche dalle leggi fatali della vita. La generazione degli irriducibili, di quelli che non hanno capito la guerra e non hanno capito il fascismo, a un certo momento si eliminerà per legge naturale."[3]

Anche ai ceti medi, il soggetto sociale che Renzo De Felice aveva a suo tempo indicato come il protagonista "degli anni del consenso",[4] il regime suggerì di abbandonarsi con fiducia al "culto del Duce", ribadendo la necessità "di un'assoluta fede fascista", alimentata e controllata con una profusione di mezzi: l'OVRA, il ministero dell'Interno, la polizia politica, le strutture repressive dello Stato, la Milizia, i professori universitari, il PNF, i giornalisti: "Ciò che è nocivo si evita e ciò che è utile al regime si fa," aveva spiegato Mussolini ai direttori dei quotidiani italiani. "La stampa serve il regime illustrandone l'opera quotidiana, creando e mantenendo un ambiente di consenso intorno a quest'opera." "Il giornalismo italiano è libero perché serve soltanto una causa e un regime"[5] era la sfrontata conclusione di quel suo discorso. Quanto alla scuola, essa doveva rappresentare "l'antitesi di tutte quelle che sono le tare del carattere italiano: cioè il semplicismo, la faciloneria, il credere che tutto andrà bene": "Voi non siete soltanto coloro che spezzano il pane della piccola scienza e della grande scienza," aveva esclamato rivolto agli insegnanti, "ma siete anche degli apostoli, siete anche dei sacerdoti, siete degli uomini che hanno delle responsabilità tremende e ineffabili: di lavorare sul cervello, sulla coscienza, sugli animi".[6]

Gli effetti della crisi ovviamente rimbalzarono anche nelle lettere che arrivavano sulle scrivanie della Segretaria particolare. Lo stato della documentazione pervenuta non permette di stabilire con esattezza la loro quantità. Inoltre, l'organizzazione degli uffici preposti a rispondere alle richieste degli italiani, ancora per tutti gli anni trenta, non produceva statistiche e rilevazioni di dati tali da permettere di ricavare informazioni coerenti e confrontabili. Dai numeri che abbiamo a disposizione, comunque, si legge un aumento consistente e significativo della corrispondenza trattata negli anni immediatamente successivi alla crisi del 1929 che passa da 186.000 lettere nel 1930 a 195.380 nel 1931, a 220.982 nel 1932, a 309.442 nel 1933, per toccare la punta di 405.512 nel 1934.[7]

Le tipologie delle lettere inviate erano ovviamente molteplici. Una classificazione delle stesse, valida ancora oggi, ci è stata proposta dall'antologia di qualche anno fa curata da Teresa Maria Mazzatosta e Claudio Volpi che avevano diviso la corrispondenza nelle seguenti categorie: quelle "dell'esaltazione e della identificazione nel potere", "della fame e del bisogno" e del "consenso partecipe", provenienti, queste ultime, in larga parte dal ceto medio.[8]

In questa valanga di carta, sempre più ricorrenti erano le lettere di chi chiedeva al Duce di intervenire per risolvere i problemi della sopravvivenza con i quali molti italiani dovevano fare i conti: la miseria si faceva sentire, e lo spettro della povertà incombeva soprattutto sulle famiglie numerose tanto care alla propaganda di regime. Affioravano così nitidamente i contorni di un'Italia povera alle prese con le impellenze dei bisogni materiali ma anche pronta a riporre nel Duce tutte le speranze per migliorare la propria condizione, ad abbandonarsi a una sorta di trasporto emotivo verso colui che era stato indicato dal papa come "l'uomo della Provvidenza", in una dedizione assoluta nei confronti di un'entità salvifica e benefica, con la quale confidarsi in un'atmosfera miracolistica soffusa di speranze.

E fu proprio mentre le lettere diventavano sempre più numerose che si concretizzò l'avvicendamento al vertice dell'ufficio tra Chiavolini e Sebastiani.

"Il dott. Alessandro Chiavolini, per ragioni di indole personale, ha chiesto di lasciare il posto di capo della Segreteria particolare del capo del Governo. Il capo del Governo ha accettato con vivo rammarico le dimissioni e gli ha mandato una lettera autografa nella quale lo ringrazia per la collaborazione fedele e intelligente di 12 anni. A sostituirlo è stato chiamato il dott. Osvaldo Sebastiani."[9] Con questo dispaccio dell'Agenzia Stefani (l'Ansa di allora), dallo stile asciutto e neutro, vennero pubblicamente comunicate, il 18 marzo 1934, le dimissioni del primo segretario del Duce. Sebbene quella delle "ragioni di indole personale" fosse una formula generalmente utilizzata per giustificare gli allontanamenti dalle cariche pubbliche coprendone le autentiche motivazioni, è possibile che nel caso di Chiavolini ci fosse qualcosa di vero, relativo proprio alla sua condotta: per esempio in relazione alla sua scelta di rimanere celibe fino al 1939 – anno in cui sposò Virginia Consonni, dalla quale ebbe due figlie, nel 1940 e nel 1941 –, nonostante la pressante campagna di Mussolini contro gli scapoli iniziata nel 1927 e che proprio nell'aprile del 1934 aveva registrato un'accelerazione con l'aumento della tassa sul celibato. Inoltre, era nota la relazione sentimentale che lo stesso Chiavolini aveva, sin dai tempi del suo lavoro presso la redazione de "Il Popolo d'Italia", con la famosa scrittrice Maria Assunta Volpi Nanipieri, in arte "Mura", con la quale aveva intrattenuto anche una proficua collaborazione letteraria (copioni teatrali e cinematografici, oltre a libri per bambini scritti sempre a quattro mani).[10]

I romanzi di "Mura" erano lontani dal genere "rosa" che caratterizzava la produzione letteraria di "Liala", altra scrittrice popolare di quel periodo, e raccontavano invece storie trasgressive e pruriginose di donne indipendenti che avevano l'ardire di separarsi dal marito, di allevare i figli come madri nubili e di innamorarsi di uomini di colore.[11] In quello stesso 1934, Chiavolini fu così tirato in ballo direttamente nelle vicissitudini che coinvolsero, per questioni razziali oltre che "di morale", il libro di "Mura" *Sambadù, amore negro*: la storia d'amore tra una donna bianca e un africano occidentalizzato, raccontata con un registro narrativo in cui affioravano anche spunti erotici, era stata pubblicata prima a puntate su una rivista settimanale di moda, "Lidel", senza destare molto scalpore, poi sotto forma di romanzo per l'editore Rizzoli. È probabile che sia stata soprattutto la foto della copertina, che mostrava un uomo di colore con una giovane donna bianca languidamente stretta fra le sue braccia, a suscitare, il 2 aprile 1934, l'attenzione della polizia e l'ira di Mussolini, il quale ordinò il ritiro delle copie in distribuzione e dispose, con una circolare del 3 aprile, un giro di vite per la censura sulle attività intellettuali e le pubblicazioni di ogni tipo.

La vicenda richiamata come possibile causa della defenestrazione di Chiavolini ci permette di sottolineare il ruolo svolto dalla Segreteria durante tutto il Ventennio in relazione alla censura sulle pubblicazioni e sulle opere pubbliche, interventi considerati di "normale amministrazione" dal momento che un'abbondante documentazione è conservata proprio nell'archivio del *Carteggio ordinario*. Significativo, ad esempio, è il fascicolo intestato alla casa editrice Mondadori. I *Colloqui con Mussolini* di Emil Ludwig era forse il più importante ma certamente non il solo volume del quale Chiavolini discuteva con l'editore. Così fu anche a proposito del romanzo di Erich Maria Remarque, *Niente di nuovo sul fronte occidentale*, uscito in Germania nel 1929. Dal carteggio con Bruno Mondadori, il fratello di Arnoldo, emerge con nettezza il ripiego a cui fu costretta la casa editrice che, nel 1931, riuscì a pubblicare la traduzione italiana del libro in un'edizione riservata alla sola Svizzera, con il divieto assoluto, imposto dallo stesso Mussolini, di distribuirla in Italia. Anche quando nel 1940 uscì *Fuga*, pubblicato sempre da Mondadori, una raccolta di racconti di Alba de Céspedes, l'autrice ne mandò una copia in omaggio a Mussolini, ricevendone un giudizio malevolo ("scrittrice capace, ma racconti immorali") dall'allora segretario particolare Osvaldo Sebastiani. E ancora, nel maggio 1943, lo storico militare Ivo Luzzatti fu colpito dal sequestro del suo saggio su Andrea Doria (pubblicato da Garzanti), perché Mussolini era convinto che, con quel cognome, l'autore non poteva che essere un ebreo (non era vero, ma il libro fu sequestrato lo stesso, come risulta da un intervento di De Cesare che aveva sostituito Sebastiani nella carica di segretario particolare).[12]

Tornando a Chiavolini, la ricostruzione precisa delle date non permette un collegamento certo tra le sue "dimissioni" e le vicende di "Mura": il giornalista lasciò il suo incarico il 18 marzo, mentre la censura contro il romanzo *Sambadù* scattò il 3 aprile. Ma l'intreccio degli eventi – dall'aumento della tassa sul celibato (introdotta già nel 1926 e incrementata proprio nell'aprile del 1934) alla ritorsione nei confronti della scrittrice – che si svolsero nel giro di pochi giorni potrebbe fare pensare a una diretta influenza di tali episodi sul cambio della guardia al vertice della Segreteria particolare. Anche perché se è vero, come afferma Albertina Vittoria, che non c'erano segnali di un contrasto politico con il regime, resta poco verosimile che le dimissioni siano state dettate da "motivi personali di insoddisfazione per il proprio lavoro",[13] dal momento che Chiavolini darà in seguito chiari segni di insofferenza relativamente al suo nuovo status, sia sociale che economico, come testimoniano le numerose richieste dirette ad avere incarichi e prebende da lui avanzate dal 1934 in poi, al punto che pare che Mussolini stesso abbia commentato: "Chiavolini, andando via, mi ha chiesto solo una fotografia, ma dopo poco tempo ci ha ripensato... voleva qualche altra cosa".[14] Resta il fatto che nell'ottobre 1935 fu promosso luogotenente generale della MVSN; a giugno del 1937 lasciò la redazione de "Il Popolo d'Italia" con una corposa liquidazione; nel novembre del 1937 riuscì a vendere a un prezzo vantaggioso l'azienda agricola di Zavia, che possedeva in Libia sin dal 1926, all'Ente di colonizzazione dell'Infps; dalla Federazione dei fasci dell'Urbe ricevette nel giugno del 1940 il diploma di "Marcia su Roma"; tra il 1940 e il 1941 ci furono sue richieste a Sebastiani prima e a De Cesare poi per assumere incarichi dirigenziali nella Mondadori, e nell'Agip (in Libia, a Roma, a Napoli). In merito a quest'ultima richiesta è da notare la risposta del presidente dell'Agip a De Cesare: "Per quanto riguarda l'Agenzia di Napoli non vi sarebbe una ragione specifica per allontanare oggi l'attuale agente e il Chiavolini, attraverso la prova fatta in Libia, non dà un sicuro affidamento di poter corrispondere nei difficili momenti attuali ai bisogni della città di Napoli".[15]

Inoltre, in una lettera a Mussolini scritta il 17 marzo 1939, Chiavolini esprimeva ancora tutta la sua amarezza circa le conseguenze del suo allontanamento dai meccanismi del potere: "Duce, perdonatemi se manco al proposito di non toglervi mai tempo per mie questioni personali. Dal giorno nel quale ho lasciato l'incarico che la vostra benevolenza mi aveva conservato per ben 12 anni, di due cose io ho sofferto: di essere tagliato fuori dalla vita politica, vissuta prima così intensamente vicino a voi; e di non avere un rango che mi risparmiasse, in molte circostanze, un senso di diminuzione. Se non fosse intervenuta la limitazione relativa all'età io avrei osato chiedervi il Senato, che avrebbe risolto, sotto entrambi gli aspetti, la mia situazione. Ora al Senato non posso più aspirare: ma poiché tutti coloro che hanno avuto la fortuna di seguirvi dalle lontane giornate dell'intervento hanno oggi un titolo o un grado che attesta del loro stato di servizio, io ardisco chiedervi un diverso segno della vostra benevolenza".[16] Il segno della benevolenza del Duce arrivò, a dicembre, con la nomina di Chiavolini a ministro di Stato.[17]

Osvaldo Sebastiani alla guida della Segreteria

Osvaldo Sebastiani, il nuovo segretario particolare, conosceva bene i meccanismi della struttura che era stato chiamato a dirigere perché ne faceva parte sin dalla sua costituzione,[18] con una posizione che lo avrebbe portato presto a ricoprire il ruolo di vicesegretario con il compito di sostituire Chiavolini durante le sue assenze e di seguire le pratiche più delicate. Laureato nel 1910 in Legge a Pisa, aveva partecipato alla Prima guerra mondiale meritando una medaglia di argento, ed era poi entrato al ministero dell'Interno come consigliere aggiunto in prova (1920). Grazie al ruolo ricoperto nella Segreteria, la sua carriera ebbe poi una impennata: diventò in breve tempo viceprefetto e, qualche anno dopo, al culmine della sua ascesa, prefetto onorario.[19]

Le relazioni personali e il prestigio ottenuti grazie alla sua posizione; il suo temperamento di "uomo dalla frase spiccia, toscano attivo, pratico, generoso: moderatore delle ire funeste del Capo e ottimo consigliere suo in talune decisioni particolarmente avvedute"[20]; le responsabilità assunte negli anni in cui si dispiegò la personalizzazione istituzionalizzata del potere di Mussolini[21]: furono questi i fattori che, alla fine, resero Sebastiani il segretario più potente del Ventennio. Nella sua gestione, che durò circa sette anni, sparì, ad esempio, l'ansia che animava Chiavolini di affermare la supremazia della Segreteria nei confronti delle altre istituzioni statali e di partito. Con Sebastiani tale riconoscimento era ormai scontato anche se continuavano a manifestarsi frizioni soprattutto con la presidenza del Consiglio dei ministri, in particolare con i capi Gabinetti. Indipendentemente dalle personalità di coloro che ricoprivano tali ruoli, era anche la natura "ambigua" delle funzioni del capo Gabinetto, oscillante tra "l'esecutività nella stretta dipendenza del presidente e una certa quale autonomia interpretativa",[22] ad alimentare i contrasti, le incomprensioni, le rivalità con l'ufficio retto da Sebastiani che si comportava invece come se fosse il vertice della catena di comando e l'unico depositario della volontà di Mussolini.

I punti di attrito erano svariati. Sulla richiesta di carte di libera circolazione, per esempio, a proposito della quale la Segreteria disponeva in maniera difforme rispetto alle decisioni assunte: in un promemoria del 16 aprile 1928, Guido Beer,[23] allora segretario capo della presidenza del Consiglio, rivendicava con fermezza che "questioni del genere devono essere trattate da un solo ufficio".[24] Così come lo stesso Beer interveniva per fare chiarezza circa la distribuzione dei sussidi richiesti dagli ex combattenti che arrivavano indifferentemente all'Associazione combattenti, il cui fondo era finanziato dalla Presidenza, all'Ufficio assistenza minorati di guerra ancora presso la presidenza del Consiglio dei ministri, e alla Segreteria particolare.[25]

Ma era sulle udienze richieste e concesse, nonché sulla partecipazione di Mussolini a eventi pubblici, che si consumava un contrasto permanente tra i vari uffici. Numerose furono infatti le comunicazioni inviate ai ministeri, al PNF e alla Segreteria particolare, nelle quali il capo Gabinetto lamentava la sua ignoranza circa l'agenda pubblica di Mussolini e chiedeva di essere informato ogni volta che il Duce decideva di presenziare a una manifestazione.[26]

Anche gli appuntamenti per gli incontri con il Duce sfuggivano al controllo di Palazzo Chigi, sebbene la presidenza del Consiglio fosse un punto di riferimento per le richieste in merito. Proprio a un intervento di Beer si deve una importante precisazione dello stesso Mussolini sui diversi ruoli e le singole competenze di questa ragnatela di sigle e di istituzioni. Nel 1931, infatti, nel vivo di un dibattito piuttosto acceso sulla posizione che avrebbe dovuto assumere l'Istituto di statistica (costituito nel 1926) all'interno della compagine amministrativa dello Stato, arrivò dalla Segreteria della presidenza del Consiglio a Corrado Gini, che dell'Istat era il presidente, l'invito perentorio a passare attraverso il proprio ufficio per richiedere udienza al Duce, uniformandosi ai comportamenti degli altri capi di istituti sottoposti alla vigilanza della stessa; ma Beer fu clamorosamente smentito proprio da Mussolini che dichiarò a Gini di non aver "mai ritenuto opportuno di fissare alcun tramite per la richiesta di udienza da parte di persone che sono alla sua [di Beer] diretta ed esclusiva competenza".[27]

Su queste questioni, il contrasto tra la Segreteria particolare e le istituzioni statali sembrava davvero irrisolvibile. Gli eventi pubblici e i rapporti personali che il dittatore instaurava durante le udienze erano aspetti diversi ma complementari del processo di costruzione del mito dell'"uomo solo al comando", il cui potere veniva legittimato dal rapporto diretto con le folle che riconoscevano in lui non tanto il presidente del Consiglio quanto il Duce del fascismo. In questa ottica, delegare la gestione della sua immagine pubblica (pazientemente "costruita" anche attraverso le partecipazioni a manifestazioni culturali, inaugurazioni di opere pubbliche, interventi e discorsi) ai meccanismi burocratici dello Stato avrebbe significato imbrigliarne la figura e il ruolo nei limiti della carica che ricopriva e nelle stesse "liturgie" degli altri presidenti del Consiglio che lo avevano preceduto. Al contrario, la Segreteria particolare rappresentava l'accentramento dei ruoli, l'unitarietà insindacabile del comando e, infine, senza alcuna mediazione burocratica, la supremazia del Duce nei confronti dello Stato stesso. Di questo era consapevole Sebastiani, che scrisse il seguente ordine di servizio rivolto proprio al personale della Segreteria: "D'ora innanzi non voglio più leggere nella nostra corrispondenza 'S.E. il capo del Governo' ma 'il Duce'".[28] L'ordine portava la data del 3 giugno 1936 e precedeva, quindi, il momento in cui nel lessico istituzionale fu imposto con la legge del 1937 – istitutiva della Gioventù italiana del littorio (GIL) – l'impiego di quel termine già ampiamente diffuso nel linguaggio politico.[29] È pur vero che molteplici nei tempi e nelle modalità furono i filoni di diffusione e di radicamento dell'uso dell'appellativo "Duce": quello "popolare", il più antico, derivante dalla guerra e dall'esperienza fiumana di D'Annunzio, trasmigrato poi nel regime e che vedeva in Mussolini l'artefice e il condottiero della rivoluzione fascista; quello che ne facevano i fascisti negli atti ufficiali e durante gli eventi organizzati dal partito; e infine il percorso graduale e contraddittorio che aveva portato il termine a essere presente nei documenti ufficiali dello Stato, con una lentezza che "rimandava una volta di più a quell'universo di incertezza lessicale (e dunque anche giuridica) che fu tipico di tutto il processo della prima fascistizzazione dello Stato".[30] La nota di Sebastiani del giugno 1936 non faceva riferimento quindi a una norma statale già esistente, ma indicava la volontà di consolidare la superiorità gerarchica della Segreteria particolare sulle altre istituzioni del regime in quanto espressione del ruolo assunto da Mussolini e ribadito da lui stesso, il 9 maggio 1936, nel discorso tenuto nella nuova veste di "fondatore dell'Impero". Da quel momento in poi, pur scontando le solite lentezze di tutte le trasformazioni che investivano l'amministrazione pubblica, la Segretaria particolare diventò definitivamente la *Segreteria particolare del Duce* realizzando, con Sebastiani, l'obiettivo che Chiavolini aveva cercato di raggiungere con le proposte di riforma, a suo tempo non accettate, miranti anch'esse al riconoscimento della posizione eccezionale e apicale dell'ufficio attraverso una modifica del titolo.

La forza che si sprigionava da tale posizione rendeva superfluo qualsiasi impegno di adeguamento della struttura in relazione all'aumento delle sue attività, della quantità della corrispondenza, dei rapporti istituzionali e delle molteplici incombenze che si scaricavano sul Duce sotto l'incalzare degli eventi, soprattutto nella nuova fase che si stava aprendo per l'Italia fascista, da allora in poi impegnata in una serie continua di guerre, a partire da quella con l'Etiopia nel 1935-1936.

Nei sette anni in cui la Segreteria fu diretta da Sebastiani non si registrarono, infatti, tentativi di riforma a eccezione di quelli sull'organizzazione degli archivi che, agli inizi del 1934, avevano raggiunto dimensioni complicate in termini di spazio e di gestione documentale. In tutto quel periodo gli interventi si limitarono, da un lato, allo sviluppo della modulistica con l'obiettivo di normalizzare i procedimenti, di evitare errori, di uniformare le risposte ecc.; dall'altro, ai continui richiami alla centralità della figura del segretario che doveva personalmente controllare tutto ciò che riguardava il Duce, i rapporti con i vertici del partito e dell'amministrazione statale e, ovviamente, i suoi affari personali: "Alla mia firma," scriveva Sebastiani il 4 settembre 1938, "tutta la corrispondenza relativa alla Romagna; alla provincia di Massa-Carrara; indirizzata ai Ministeri (Gabinetti), al partito, alla PS; alle persone di riguardo per qualsiasi titolo; ai raccomandati di riguardo di qualsiasi titolo; ai parenti, amici, pseudo amici del Duce; ai parenti, amici, pseudo amici miei".[31]

Non era solo la vigilanza sul complesso delle attività di Mussolini che Sebastiani era chiamato a svolgere e che rientrava, in fondo, nelle mansioni classiche di un segretario particolare. Oggetto della sua attenzione erano anche le relazioni politiche e istituzionali, gli intrighi del potere politico ed economico, le vite stesse degli italiani, importanti o comuni, come dimostra il suo interesse, sin dagli anni in cui era il sostituto di Chiavolini e responsabile degli Affari riservati, per le intercettazioni telefoniche[32] o anche per materiali di dubbia attendibilità come le lettere anonime e gli scritti dei "pazzi": "Caro Gerbore, ti prego di passarmi in visione, di volta in volta, le lettere dei pazzi e delle pazze. Talvolta possono contenere elementi interessanti per me che vivo in un osservatorio di primissimo ordine sia politico che poliziesco," scriveva a un suo sottoposto, il 20 ottobre 1937.[33]

Anche gli aspetti psicologici furono oggetto di particolare attenzione. Per supplire alla esiguità delle somme destinate ai sussidi per i richiedenti era infatti necessario potenziare lo sforzo organizzativo diretto a creare l'immagine di un Duce sempre disponibile all'ascolto, così che Sebastiani interveniva presso le istituzioni competenti (numerosa era infatti la corrispondenza con le autorità centrali e periferiche per venire incontro alle richieste di trasferimento, lavoro, ricerca di dispersi ecc.) e rispondeva a tutti: "Il Duce raccomanda ancora una volta di dare evasione a tutte le lettere in arrivo nella giornata stessa, particolarmente a quelle della povera gente, relative a sussidi ecc."[34];"Ringraziare e mandare ricompense in denaro a quelli che hanno mandato quadri ecc. per quanto i quadri siano brutti".[35] E chi aveva ottenuto un piccolo sussidio, o anche solo una lettera della Segreteria che esprimeva interessamento da parte del Duce, ne parlava con altri innestando un processo imitativo e contribuendo a dare "al mito di Mussolini una concretezza tutta particolare".[36]

Richiami che invitavano a un linguaggio rispettoso e a comportamenti opportuni nei confronti delle persone che scrivevano segnalavano un'attenzione alle pratiche comunicative manifestatasi sin dai primi anni. Già nel 1929, infatti, una circolare di Alessandro Chiavolini aveva sollecitato l'impegno dei prefetti, incaricati di recapitare le risposte del Duce a coloro che gli avevano scritto, sulla trasmissione delle comunicazioni che "non sempre era compiuta nella forma che sarebbe di volta in volta preferibile". La circolare puntualmente specificava che "ragioni di opportunità potevano suggerire di ricorrere preferibilmente alla forma verbale o a quella scritta", sottolineando come "la forma della partecipazione doveva essere adeguata, oltre che al contenuto di essa, anche alle caratteristiche personali-politiche-moralisociali della persona a cui è destinata [...] chiaro essendo anche quanta maggiore significazione acquisti per il privato una comunicazione che direttamente giunga dal capo della Provincia o dai suoi immediati collaboratori".[37]

Come durante la gestione precedente, anche con Sebastiani continuò la prassi di emanare ordini di servizio, che spaziavano dalle questioni con maggiori implicazioni politiche a quelle più minute, nei quali spesso si riportava, evidenziato dall'uso delle virgolette, il pensiero stesso del Duce. Con uno stile scarno e tassativo, rappresentato da una grafia dal tratto corposo e sicuro, che richiamava nelle linee e nelle forme delle lettere quella dello stesso Mussolini tanto da rendere a volte difficile l'identificazione dell'autore, Sebastiani dettava ai dipendenti della Segreteria i canoni cancellereschi da applicare nella corrispondenza: gli aggettivi da selezionare a seconda degli interlocutori; gli incipit e i saluti nelle lettere che si differenziavano in relazione all'importanza del destinatario e del suo legame con la famiglia del Duce; le formule per indicare i provvedimenti presi o da intraprendere; il tono confidenziale o ufficiale del contenuto delle risposte.[38]

L'interesse verso il linguaggio da usare era quindi continuamente presente e richiamato nei numerosi ordini di servizio e nelle circolari che con sempre maggiore frequenza giravano tra gli impiegati della Segreteria: "Il segretario particolare desidera che tutte le comunicazioni 'negative' si facciano agli interessati con la formula impersonale (senza cioè nominare il Duce), ad es: Non è ravvisata la possibilità di un intervento da questa sede, dato lo speciale argomento. Nelle risposte favorevoli, citare invece sempre il Duce"[39]; e ancora: "Sua Eccellenza Sebastiani desidera che non si usi l'espressione 'ella può scrivere al Duce in via riservata' perché così si dà l'impressione che tutta la corrispondenza non riservata non giunga al Duce".[40]

La ricerca di forme personalizzate di comunicazione conviveva così con i tentativi di formalizzazione del linguaggio e con la progressiva burocratizzazione delle procedure che risentivano delle campagne per la costruzione dello stile fascista in atto con l'avvento di Starace alla Segreteria del PNF.

Lo "staracismo"

Una loro fonte di ispirazione, anche se non sempre esplicita, era infatti costituita dalle indicazioni diffuse attraverso il "Foglio di disposizioni", il cui primo numero uscì l'11 dicembre 1931, qualche giorno dopo la nomina del nuovo segretario del PNF.

Il bollettino fu ideato da Starace per sostenere e indirizzare modelli di comportamento che segnassero una frattura con il passato negli stili di vita degli italiani e delle italiane, creando "una sorta di abitudine, destinata – sotto gli stimoli dell'adattamento ripetitivo e della emulazione individuale – a diventare da passiva, attiva".[41] Nei 2200 numeri del "Foglio di disposizioni" (che uscì fino al luglio 1943) – di cui 1500 circa emessi negli anni in cui Starace fu segretario del PNF – erano dettate norme e prescrizioni per qualsiasi circostanza in cui gli uomini e le donne fasciste avrebbero dovuto dar prova dei loro nuovi atteggiamenti: l'uso del tu e del voi al posto del lei, l'adozione del saluto romano in sostituzione della stretta di mano, la partecipazione alle adunate e alle feste, le occasioni in cui indossare la camicia nera, le canzoni da cantare, gli eventi in cui mettere il distintivo, il divieto della cravatta nera "svolazzante" e dei "tubi di stufa sulla testa" nelle cerimonie ufficiali e del collo inamidato nell'indossare la camicia nera ecc.[42] Con una "meticolosa pignoleria", che travalicava spesso il limite del ridicolo, Starace fu il principale protagonista dell'impegno con cui tutte le strutture del partito sostennero la campagna di riforma del costume degli italiani, alla ricerca di uno stile che fosse un'espressione di ordine e disciplina e nella convinzione che il rispetto delle regole nei comportamenti che scandivano i momenti della vita pubblica fosse un esercizio importante per la nascita dell'"italiano nuovo".[43]

Nella fase più acuta dello "staracismo", la Segreteria particolare fu uno dei perni su cui far ruotare le iniziative tese ad alimentare il culto del Duce, in stretto contatto con le altre centrali di propaganda del regime e all'interno di una strategia che puntava esplicitamente a conquistare il consenso degli italiani.

Il giudizio degli antifascisti su molte di queste iniziative fu assolutamente negativo: per Calamandrei, ad esempio, esse si esaurivano sul piano di un costume effimero e artificioso, confluendo "in quell'atmosfera di prepotenza e di viltà, di compromesso e di corruzione in cui era immerso l'ordine fascista". "I riti fascisti (teschi e camicie nere), le beffe punitive, le uniformi, lo stile marziale e romano, l'atletismo, le adunate oceaniche, la cultura del gruppo dirigente, la stampa, i giornali, il teatro, la scuola, la propaganda (EIAR, scritte murali), la fascistizzazione della lingua, l'università, la campagna demografica, il clero, la musica fascista, l'urbanesimo, gli scrittori, l'esercito, le barzellette, il buon costume, il razzismo, la burocrazia" erano i materiali eterogenei a cui attingeva per alimentare un costume che serpeggiava, fermentava, circolava, "incrementando altre ruberie, incoraggiando altre tracotanze, suscitando altre oppressioni".[44] I miti dell'Impero, del Mediterraneo sbarrato e da liberare, del corporativismo, della civiltà italica e cattolica, dell'Urbe, dell'eredità imperiale romana così come la "battaglia del grano", la "bonifica integrale", i "lavori pubblici per il risanamento di Roma" furono i titoli di altrettante "campagne", segmenti staccati di una mobilitazione priva di continuità e di efficacia, non in grado di scalfire ritmi e tempi di una quotidianità vissuta invece nel solco di abitudini assolutamente tradizionali.[45]

Stando almeno alle lettere che giungevano alla Segreteria particolare, proprio per questa sua intrinseca fragilità lo "staracismo" per influire sul costume degli italiani fu costretto ad attingere largamente, piuttosto che a quelle che Calamandrei chiamava le sue "buffonate", agli elementi che si annidavano negli strati profondi dei loro legami sociali e che non erano stati toccati dal regime, che anzi lo stesso Mussolini enfatizzava e rilanciava: il moralismo ("187.000 osterie in Italia! Ne abbiamo chiuso 25.000 [...] possiamo permetterci il lusso di chiudere questi spacci di rovinosa felicità a buon mercato")[46]; la ruralità ("l'urbanesimo industriale porta alla sterilità le popolazioni")[47]; la virilità rivendicata anche come "stile" di governo ("qualcuno si stupisce del mio stile. Veramente ci sono dei malinconici anche in Italia; quelli che alla più innocente maretta smarriscono gli attributi della virilità per poi andarli a rintracciare spiaccicati sotto le suole altrui").[48] Anche il recupero della "romanità" aveva come riferimento un substrato culturale arcaico e superficiale, legato a iniziative puramente propagandistiche. "Romano" fu l'atteggiamento assunto dai gerarchi, "romane" furono alcune grottesche improvvisazioni urbanistiche del Duce: "Le mie idee sono chiare, i miei ordini sono precisi e sono certo che diventeranno una realtà concreta. Tra cinque anni Roma deve apparire meravigliosa a tutte le genti del mondo; vasta, ordinata, potente, come fu ai tempi del primo impero di Augusto. Voi continuerete a liberare il tronco della grande quercia da tutto ciò che ancora lo intralcia. Farete dei varchi intorno al teatro Marcello, al Campidoglio, al Pantheon; tutto ciò che vi crebbe attorno nei secoli della decadenza deve scomparire".[49] Lo stesso nazionalismo non fu mai largamente diffuso, soprattutto nell'interpretazione xenofoba sottolineata da Mussolini: "Ospitali siamo e ospitali vogliamo restare. Anche quando si abusa di questa ospitalità," aveva affermato in una delle sue frequenti polemiche antitedesche del 1925, "anche quando si porta attraverso le nostre adorabili città un folklore primitivo, e qualche volta indegno, quando si vedono, in abbigliamenti primitivi e da serve, uomini e donne sfilare e passeggiare sui marmi dei nostri meravigliosi palazzi".[50]

In questo contesto si inseriva anche il formalismo estenuato di alcune disposizioni impartite dal PNF relative allo "stile" da adottare nella stesura delle lettere dei fascisti. E che ebbero un'influenza diretta sulle scelte che ispirarono l'operato della Segreteria particolare. Tipiche, ad esempio, erano queste, tratte dal "Foglio di disposizioni", n. 1039 del 13 aprile 1938[51]: "La corrispondenza d'ufficio deve essere aggiornata nella forma. Niente 'caro camerata', 'caro Tizio o Sempronio', 'gentile eccellenza', 'cara eccellenza'. L'indirizzo in testa o in calce alla lettera è sufficiente. Niente 'saluti cordiali', 'saluti fascisti', o peggio 'devoti ossequi fascisti', 'vive e deferenti cordialità fasciste' o altre chiuse del genere, che fanno pensare al saluto romano accompagnato con la riverenza. Gli indirizzi: 'All'illustrissimo signor segretario federale', 'a S.E. l'on. Cav. Di Gr. Cr. Achille Starace, Ministro segretario di Stato, segretario del PNF', a parte ogni altra considerazione, vanno a tutto danno dell'indispensabile speditezza. Ecco invece lo stile fascista: 'Al segretario della Federazione dei fasci di combattimento di...'. 'Al segretario del PNF', oppure 'Al segretario del PNF Ministro segretario di Stato'. Brevità! Si scrive ancora troppo, malgrado le innumerevoli esortazioni a scrivere poco. Un gerarca inchiodato al tavolo, costantemente alle prese con la carta, sottrae tempo utilissimo all'attività che deve svolgere fuori degli uffici e corre il rischio di perdere il dinamismo che lo deve contraddistinguere". E poi ancora: "Non deve essere data evasione alla corrispondenza che non sia redatta nello stile fascista" ("Foglio di disposizioni", n. 1046 del 20 aprile 1938); "Termini sepolti. Alla parola 'comizio' d'ora innanzi prego di sostituire la parola 'raduno di propaganda'. Il comizio ci ricorda tempi ormai superati e per sempre" ("Foglio di disposizioni", [s.n.] 15 aprile 1932); "Definizioni. Nella corrispondenza tra camerati, anziché 'All'egregio', 'All'ill.mo' ecc., si scriva 'Al Fascista'. Noto però al riguardo che la parola 'fascista' pur essendo di natura aggettivale, quando si adopera come sostantivo va scritta con la iniziale maiuscola" ("Foglio di disposizioni", n. 233 dell'11 aprile 1934).[52] Alcune disposizioni di questo genere venivano direttamente da Mussolini.

Fascistizzare gli italiani

Era come se ogni volta il progetto del regime di "fare gli italiani" fosse costretto ad attingere a materiali diversi, giustapponendo, come avvenne nel 1938, la campagna "anti-lei" e il divieto della stretta di mano alle leggi razziali e alle rivendicazioni territoriali nei confronti della Francia: si rimbalzava da uno all'altro di questi temi, allineando tessere scompaginate di un mosaico che, alla fine, avrebbe dovuto restituire l'immagine dell'"italiano nuovo" vagheggiato da Mussolini. Di fatto, quelle "campagne" ambivano a costruire gli aspetti rituali di una vera e propria religione, pretendevano anzi di assumere essi stessi, in quanto riti, potere e valore, quasi che fosse il rito, per una volta, a creare la religione e non viceversa. Questa marcata tendenza alla ritualizzazione dei rapporti sociali segnava, in realtà, l'affiorare di una forte istanza protettiva nei confronti di una società italiana colta nel suo impatto con il contesto strutturale (taylorizzazione e razionalizzazione produttiva), istituzionale (Stato interventista) e culturale (fine dell'autonomia ottocentesca delle élite intellettuali) della "grande trasformazione" che investì il mondo tra le due guerre mondiali.[53] C'era nei ceti e nei gruppi sociali che affollavano le adunate fasciste come una sorta di "grande paura" nei confronti di una brusca accelerazione del tempo della storia; si trattò, quindi, da parte del fascismo di una gigantesca opera di rassicurazione collettiva che aveva al suo centro una ripetitività in cui gli italiani e le italiane di allora riversarono il mangiare, il riposo, i sentimenti familiari, il linguaggio, il tono di voce, il voi, i rapporti con gli inferiori e con i contadini e con i funzionari dello Stato, le idee, i pregiudizi, il tutto eternamente ripetuto. Segnato da questa sorta di "coazione a ripetere", il costume fascista si adeguò così a quello burocratico, clericale e militare che aveva caratterizzato gli assetti di potere nell'Italia liberale. Il tentativo di diffondere un uniforme messaggio di fascistizzazione su tutto il territorio nazionale finì col risultare sempre precario rispetto alle mille sfaccettature economiche e geografiche della società italiana, in quanto affidato a una burocrazia di Stato che ne esaltò il carattere piccolo-borghese; in pratica il fascismo riuscì a estendere e generalizzare la riedizione di modelli identitari preesistenti, scontando, anche su questo piano, un retroterra ideologico (privo di originali sfide progettuali al futuro) che lo costringeva a una permanente subalternità nei confronti della forza attrattiva dei quadri mentali piccolo-borghesi ereditati dal passato.

Il progetto totalitario di "costruire" dall'alto gli italiani, per potersi realizzare, avrebbe avuto bisogno di svincolarsi dalla gabbia obbligata del rispetto dei ruoli e delle gerarchie sociali tradizionali, rendendo fluide le comunicazioni tra i vari segmenti della compagine nazionale attraverso una mobilitazione politica in grado di scardinare con l'attivismo e la militanza le vecchie appartenenze territoriali e particolaristiche. Ma il fascismo, al di là delle sue ostinate "autorappresentazioni", era geneticamente contrapposto al protagonismo collettivo, avendo dato vita a una società compatta, gerarchizzata, frammentata in tanti compartimenti stagni. Quella a cui nel Ventennio si arrivò fu una sorta di uniformazione dei comportamenti alimentata soprattutto da quanto suggerito dai grandi magazzini, dalla radio, dai giornali. In questa ottica, la famiglia numerosa, indicata come cardine del progetto fascista, significava in realtà una rigida divisione dei ruoli, la supremazia del maschio, una dimensione pubblica della donna limitata all'ambito familiare[54] e consisteva essenzialmente in "un rapporto regolato da un padre serio e severo, una madre tutta rivolta alle cure della casa e della famiglia, relazioni domestiche rigorosamente gerarchiche, un ménage familiare parsimonioso ma decoroso".[55] In questo modo, era come se il fascismo avesse tagliato l'albero su cui si era arrampicato. La famiglia piccolo-borghese, assunta dal regime come pietra angolare per la costruzione del suo edificio sociale, era, contemporaneamente, anche una sorta di sbarramento naturale alla fascistizzazione della società italiana; cellula fondamentale per una sistemazione armoniosa e aconflittuale della compagine sociale, essa si caratterizzava esplicitamente come un nucleo nel cui ambito venivano assolutizzati tutti "quei valori di riservatezza, morigeratezza, individualismo, asocialità che definiscono la sfera privata in contrapposizione a quella pubblica"[56]; vissuta come un perimetro di sicurezza, garantiva un argine di protezione verso l'esterno che ne preservava l'intimità e però, allo stesso tempo, sbarrava le porte a una socializzazione efficace. Se le strade, le scuole, gli ambienti di lavoro costringevano a un'assidua frequentazione della sfera pubblica, la famiglia garantiva un ritorno al privato gelosamente tenuto al riparo sia dall'attivismo collettivo sia dalla partecipazione a una identità comune: fu nel tepore protettivo delle mura domestiche che la piccola borghesia italiana sperimentò un *modus vivendi* con il fascismo ispirato esclusivamente al tentativo di trarne tutti i vantaggi possibili evitandone gli svantaggi; vi profuse astuzia ed energia, passività e silenzio, accettazione, accomodamento e consenso per approdare, alla fine, all'"indifferenza" del paradigma moraviano. "Sono impiegato al ministero di Grazia e Giustizia, prendo ottocento lire mensili [...] ma i miei superiori mi vogliono bene [...] mi è stata promessa una promozione [...]": queste le referenze matrimoniali di Leo, il fascista protagonista del romanzo di Alberto Moravia *Gli indifferenti* (1929).

Nel curare che i canali di comunicazione tra i segmenti del corpo sociale restassero rigidamente sbarrati, il fascismo riuscì quindi a evitare che in Italia la massificazione della politica (un aspetto particolare della "grande trasformazione" nella sua duplice veste di estensione generalizzata del suffragio universale e di mobilitazione attivistica dal basso) si coniugasse con la democrazia infliggendo, però, anche un *vulnus* irreparabile al proprio disegno di "fascistizzazione degli italiani".

Le sue iniziative legate al tentativo di introdursi nella vita privata dei singoli, per destrutturarla, e di spezzare i legami di solidarietà interni al vicinato e alla fabbrica, utilizzando il sospetto e la delazione, quelle che tendevano a insinuarsi più in profondità nelle coscienze degli uomini e delle donne, allargarono – è vero – i confini della sfera pubblica per inserirvi momenti fino ad allora propri di quella privata, ma scalfirono solo superficialmente le identità e le appartenenze consolidatesi in precedenza in quella che possiamo chiamare l'"autobiografia della nazione".

Il Duce

La documentazione sedimentatasi nel *Carteggio ordinario* della Segreteria particolare del Duce ci offre oggi ulteriori elementi di certificazione storiografica di questa realtà. E getta uno spiraglio interpretativo sul ruolo decisivo assunto dallo stesso Mussolini in quella che, a ragione, è stata definita "la fabbrica del Duce".[57]

Il dittatore era massicciamente presente in tutte le pratiche e le decisioni che passavano attraverso l'ufficio che gli stava più vicino. Interveniva direttamente di suo pugno, con annotazioni autografe, oppure tramite ordini dati a voce ai suoi collaboratori, in particolare al segretario, che venivano riportati nei documenti tra virgolette per sottolinearne l'autorevole fonte. I suoi interventi si trovano disseminati in tutto l'archivio, a riprova di una presenza occhiuta, attenta, quasi ossessiva, che confermava la sua piena consapevolezza del ruolo particolare assunto dalla Segreteria che, fin dall'inizio, aveva svolto un'attività ispirata a criteri nettamente diversi da quelli usati dai suoi predecessori. Spesso sembrava trattarsi di minuzie, come ad esempio nel caso dell'intervento, il 26 luglio 1931, a proposito della manutenzione della strada tra Civita Castellana e Narni ("Trovo prolificazione delle alberate sempre deficiente come robustezza dei pali"), ma in realtà da queste "minuzie" emergevano puntualmente alcune "fissazioni" ricorrenti del dittatore: "Ho constatato che parecchie donne dei cantonieri erano incinte [...] ho sempre pensato che la casa cantoniera sia eminentemente demografica e non è stato questo uno degli ultimi motivi che mi ha indotto a costruirle".[58] Aveva da ridire anche sull'abbigliamento del personale: "Uscieri. Personale Palazzo Venezia. Non voglio vederli più in livrea. Farli mettere in divisa" (30 ottobre 1938); e ancora: "Uniforme basso personale Palazzo Venezia. È misera, meschina. È appena adatta per un portiere. Cambiarlo. Chiamare dei tecnici a studiare un nuovo modello" (14 novembre 1938).[59]

E, in molti casi, nonostante le apparenze, minuzie non lo erano affatto. Sul logo del partito, l'emblema con il fascio littorio, ad esempio, egli scrisse di suo pugno una nota per ribadire il divieto "della fabbricazione, vendita e uso di distintivi o insegne", ricordando una legge (18 dicembre 1927, n. 2423) che richiedeva una speciale autorizzazione del ministero dell'Interno "per la tutela giuridica dell'emblema di una rivoluzione diventata regime", quasi temendo che l'avidità finisse per mischiare i simboli del fascismo con le cianfrusaglie dei banchi dei mercatini rionali.[60] In un'altra circolare, sempre scritta di suo pugno, stabiliva come sulla carta intestata dei vari ministeri dovessero obbligatoriamente coesistere lo stemma sabaudo e il fascio littorio, posto accanto, a sinistra, nelle identiche dimensioni, con il tassativo divieto di riprodurre il secondo in misure più piccole.[61] Ricordiamo che il 12 dicembre 1926 il "fascio littorio" era diventato, per decreto, il simbolo dello Stato italiano, "perché in esso", come disse il relatore per la conversione del decreto in legge, "si riassume il culto delle tradizioni della stirpe e si esprime la volontà di esserne degni nella nuova Era di grandezza".[62] Era un segnale di quanto fosse complicata una "diarchia" con la monarchia e in che misura rendesse precaria l'attuazione di un progetto compiutamente totalitario.

Nel Ventennio fascista l'istituto monarchico visse infatti come in una condizione di "sospensione" politica, senza però che fossero modificate le condizioni strutturali di una situazione che avrebbe avuto un suo esito obbligato il 25 luglio 1943. Favorito dalla mediocrità fisica del re, fu infatti soprattutto sul modo di gestire il proprio personaggio nell'occupazione della scena pubblica che il Duce vinse nettamente la partita. Una certa tensione si registrò solo quando era stata approvata, il 9 dicembre 1928, la legge sulla costituzionalizzazione del Gran Consiglio con la conseguente attribuzione della scelta dei 400 candidati da inserire nella lista unica, in pratica i 400 deputati che sarebbero stati sicuramente eletti. Era una funzione di immediata rilevanza costituzionale. Il provvedimento prevedeva anche il suo parere obbligatorio sulla successione al trono e sulla designazione del capo del Governo. Profonda era stata l'irritazione di Vittorio Emanuele III per questa insolita ingerenza. Si trattava però di un'attribuzione, del tutto teorica, a un organo destinato ad avere sempre minore rilevanza nell'organigramma del regime. La monarchia non fu scalfita dalla legge, continuando senza scosse la sua simbiosi istituzionale col fascismo. Lo stesso Mussolini ricordava proprio allora, quando più accese erano diventate le polemiche, "accanto al lealismo perfetto, monarchico e dinastico della nostra fede", l'eloquente gesto del re che, nei giorni in cui era stata approvata la legge sul Gran Consiglio, aveva acceso la lampada votiva alla memoria delle Camicie nere cadute per la "rivoluzione" nella cappella del Fascio bolognese.

Dalle carte della Segreteria particolare emerge una forma di "mussolinismo" che si riveste di una valenza mitica, che trascendeva gli aspetti più squisitamente politici. Il suo riferimento era un Mussolini onnipresente, che si occupava delle materie più disparate, costantemente impegnato nell'edificazione consapevole di una religione politica che avrebbe dovuto vederlo legato agli italiani da forme di "consenso" assimilabili a una vera e propria venerazione: "Il Fascismo non è soltanto un partito, è un regime; non è soltanto un regime ma una fede, non è soltanto una fede ma una religione della Patria che sta conquistando le masse lavoratrici del popolo italiano," aveva affermato nel ben noto discorso di Pesaro del 18 agosto 1926.[63]

E i suoi interventi spaziavano nei campi più diversi. Si congratulava, così, con i "maestri d'arme" di Roma "per il grande progresso fatto in questi ultimi anni dalla scherma italiana"[64]; partecipava alla celebrazione dell'"annuale del regime" insieme ai parenti dei caduti fascisti "per la Rivoluzione"; era instancabile nel promuovere la glorificazione dei martiri dello squadrismo, equiparando il loro sacrificio a quello degli "eroi" morti combattendo nella Prima guerra mondiale.[65] "Nel nome e nella memoria dei camerati caduti, stringere le verghe, affilare la scure pei compiti più grandi di oggi e di domani" era il testo, significativo, dell'epigrafe da lui dettata per il monumento ai caduti fascisti eretto a Monfalcone.[66] Sempre in prima persona si adoperava per la costruzione di un "monumento ai martiri" a Carrara, a Novara (opera dello scultore Tantardini); per la scritta su una lapide a Trastevere ("la provincia che fu già acremente rossa e che tricolorammo per la fede in voi")[67]; per quella del motto "per la quarta coorte caorina delle avanguardie giovanili fasciste" ("per noi nulla, per l'Italia tutto!").[68] La violenza, ereditata dalle trincee come pratica politica, coniugata con l'aggressione fisica degli avversari e la distruzione delle loro sedi, diventò così un valore concepito come la base di una nuova religione civile.

Come ha scritto Enrico Manera,[69] le tonalità funerarie e istituzionali di matrice risorgimentale furono allora innervate, proprio attraverso l'esperienza della Grande guerra, da uno spirito vitalistico racchiuso in maniera esemplare nel culto dei martiri rielaborato scientemente da Mussolini, pronto a cogliere l'importanza dell'eredità della guerra – una vittoria militare "mutilata", con un tragico bilancio di perdite di vite umane – come elemento di sensibilizzazione collettiva e volàno per nuove forme di spiritualità laica fondate sul ricordo dei caduti.

Come abbiamo visto a proposito del Vittoriano, sin dai primi anni dopo la presa del potere il dittatore si era soffermato infatti sulla commemorazione dei morti come asse centrale per una nuova "religione della patria". Furono istituiti cimiteri militari, riti funebri collettivi, luoghi pubblici e privati della memoria[70] e il fascismo si appropriò dell'eredità dei morti da vendicare, facendosi interprete della sacralizzazione di quelle morti nel suo significato immediatamente politico, sviluppata cioè "sull'asse, solenne, commovente e di grande efficacia" ispirato a quel funerale del Milite ignoto, nel 1921, che fu una vera e propria celebrazione mistica della patria.[71] Il rito funebre per il "figlio del popolo" senza nome – padre, figlio, marito, ex commilitone, camerata, proletario – fu reso ancora più solenne dalle rappresentanze militari e civili e dalla partecipazione della folla alla cerimonia presso il Vittoriano. A partire da quel momento, le date del calendario civile della Grande guerra, come il 4 novembre (la vittoria nel 1918) e il 24 maggio (l'inizio delle ostilità nel

1915), assunsero un nuovo significato, in stretta connessione con feste fasciste come il 21 aprile (Natale di Roma) e il 28 ottobre (la marcia su Roma).

Andava in questa direzione un significativo telegramma di Mussolini del 29 dicembre 1934 ("In questi ultimi anni sono stati intitolati a mio nome strade, ospedali, scuole, bacini portuari, campi sportivi, piazze, vie ecc. Il mio invito è quello di sostituire il mio nome con quello dei Caduti in guerra e per la Rivoluzione [...] o con una delle seguenti date, 23 marzo, 21 aprile, 24 maggio, 28 ottobre, 4 novembre"), che, oltre alla diffida verso iniziative spontanee che coinvolgevano il suo nome, conteneva anche un calendario di festività in cui le date del fascismo si intrecciavano, appunto, con quelle della vittoria nella Prima guerra mondiale,[72] a conferma di come quest'ultima avesse preparato l'apparato di riti e simboli, nonché la mistica martirologica, che il fascismo pose a fondamento prima della sua scalata al potere poi del suo regime.

Gli intellettuali

Come era già successo per le richieste di cittadinanza onoraria e per le intitolazioni di strade e piazze, anche nei confronti del conferimento dei titoli accademici l'iniziale irrigidimento si sarebbe ammorbidito nel tempo. Subito dopo la presa del potere c'era stata da parte di Mussolini una sorta di rifiuto istintivo, motivato forse anche dal ricordo della sua giovanile infatuazione per le intemperanze futuriste, avverse a tutti i paludamenti della cultura ufficiale. "L'iniziativa del comitato milanese delle onoranze per il conferimento della laurea di ingegnere ad honorem torna sgraditissima al capo del Governo," scriveva Chiavolini il 18 gennaio 1926,[73] mentre veniva definita "sgradita" anche la laurea in Scienze agrarie votata dall'Istituto agrario di Pisa e rifiutata, con decisione, "la medaglia d'oro degli insegnanti delle scuole medie".[74] In quella fase era palese, ad esempio, la sua insofferenza per la "cultura universitaria": "Se gli intellettuali debbono utilizzare l'ingurgitamento della cultura universitaria, che io consiglio di rapidamente assimilare e di espellere non meno rapidamente, se costoro non fanno che vessare e ipercriticare tutto quello che di criticabile vi è in un movimento così complesso come il movimento fascista, allora io vi dichiaro schiettamente che preferisco al cattedratico impotente, lo squadrista che agisce".[75] Così, nonostante il favore con cui si guardava a Fiume, a proposito di "una petizione dei cittadini fiumani" al ministro dell'Istruzione perché Mussolini fosse nominato Primo accademico d'Italia, il Duce fu categorico: "Faccia desistere promotori per mia nomina accademica,"[76] scrisse al prefetto di Fiume il 19 gennaio 1926.

Pochi giorni prima, infatti, il 7 gennaio, era stato varato dal governo il decreto legge che istituiva la Reale accademia d'Italia, un organismo che voleva sostituirsi all'Accademia dei Lincei, organizzando la cultura in termini più funzionali alla volontà del regime. L'Accademia fu poi inaugurata il 28 ottobre 1929, con un discorso di Mussolini che rivendicava esplicitamente il suo carattere fascista, ancorandone le radici a "due avvenimenti destinati a operare formidabilmente nella vita e nello spirito di un popolo: la guerra vittoriosa e la Rivoluzione fascista", elencandone i nemici ("il macchinismo e la sete di ricchezza, il ritmo della civiltà contemporanea, lo scetticismo di coloro i quali da molti, sia pure gravi, sintomi prevedono un'eclissi dello spirito che sembra ormai rivolto soltanto a conquiste di ordine materiale") e indicandone le linee di sviluppo culturale ("nell'Accademia passa così la vita dello spirito, la quale è continua, e complessa, e unitaria: dalla musica alla matematica, dalla filosofia all'architettura, dall'archeologia al futurismo. Nell'Accademia è l'Italia con tutte le tradizioni del suo passato, le certezze del suo presente, le anticipazioni del suo avvenire").[77]

Il significato di quel discorso era chiaro: la cultura doveva intrecciarsi strettamente con la propaganda, i temi da privilegiare erano quelli funzionali al culto del Duce. Le impazienze estremistiche dei futuristi, che avevano ispirato le sue posizioni iniziali, furono quindi accantonate e i furori iconoclasti, i tentativi di spazzare via tutto "il vecchiume dell'Ottocento", lasciarono il posto a una visione strumentale che riguardava sia le sue espressioni di massa sia il ruolo degli intellettuali: "Spetta agli scrittori di fare quello che si può chiamare imperialismo spirituale nei teatri, nei libri, nei trattati, nelle conferenze, far conoscere l'Italia [...] così come l'ha fatta la guerra e come la sta facendo la rivoluzione fascista".[78] Quindi il varo della Reale accademia d'Italia, insieme alla nascita dell'Istituto nazionale di cultura fascista (1925) prima e dell'Istituto per l'enciclopedia italiana (1933) poi, possono considerarsi oggi le tappe di un intervento sempre più organico del regime nell'ambito culturale.[79]

A essere privilegiati furono ovviamente tutti gli strumenti – l'EIAR, l'Istituto Luce, la politica urbanistica – in grado di consolidare l'immagine del regime. Per gli intellettuali gran parte delle possibilità di trovare un'occupazione fissa e ben retribuita dipendeva dagli organi politico-burocratici moltiplicatisi in quegli anni, dall'abilità nel destreggiarsi tra la loro rigida disciplina e l'ossessiva presenza della censura. Molti si adagiarono in una grigia routine di servilismo e adulazione, o nell'astrattezza dell'Accademia e della ricerca pura. Altri espressero un consenso diretto al regime, stimolati dalla prospettiva di confrontarsi direttamente con "l'organizzazione della produzione e dell'economia e il controllo del consenso delle grandi masse".[80] Il velleitarismo di queste istanze "dirigiste" si scontrò però con la realtà di una burocrazia onnipresente, il cui ruolo fu decisivo per appiattire nel pragmatismo della normale amministrazione questo tipo di suggestioni.

Complessivamente, l'impressione è che, a partire dagli anni trenta, sicuro di un consenso che si riteneva ormai consolidato, le cautele espresse dal Duce nei confronti dei titoli accademici, ma perfino delle intitolazioni delle strade e delle piazze, nascessero a quel punto anche da una forte diffidenza verso le forme spontanee e popolari del culto a lui dedicato, privilegiandone invece una dimensione più organizzata e saldamente gestita dall'alto e fondata sul ruolo decisivo della Segreteria particolare, in una sorta di centralismo celebrativo che guardava con sospetto anche al perdurare e alla vitalità di associazioni a base regionalistica, a eccezione della Romagna.[81]

I mezzi di comunicazione di massa

La grande operazione comunicativa avviata dal fascismo trovò quindi un centro narrativo ben definito in Benito Mussolini, che ne dettò i ritmi e le caratteristiche fondamentali. A partire dal 1922, nell'immagine pubblica del regime le ferite aperte dalla guerra si sommarono alla necessità di rinnovare il vecchio patto di cittadinanza dell'Italia liberale in uno spazio pubblico ora affollato da nuovi protagonisti: non più i notabili e le élite che avevano guidato il processo di unità nazionale, ma le folle scaraventate sulla scena politica dall'arrivo del Novecento. Era uno scenario del tutto inedito, con la mobilitazione integrale della società e il lutto di massa intrecciati nella richiesta di un nuovo e autonomo quadro di miti, simboli, rituali che furono quelli che poi si ritrovarono nelle forme di autorappresentazione del fascismo delle origini; una volta abbandonata la spontaneità dei singoli squadristi e delle squadre che ostentavano simboli guerreschi, occhiate truci, atteggiamenti e comportamenti molto poco istituzionali, quell'immagine era destinata a sbiadire dopo la marcia su Roma.[82] Con la presa del potere, infatti, il progetto risorgimentale di "fare gli italiani" diventò quello di "fascistizzare gli italiani", attraverso una ideologia ufficiale, una cittadinanza militarizzata, organizzata intorno al culto del Duce, il partito unico, un robusto apparato poliziesco, l'uso propagandistico dei mezzi di comunicazione di massa e un complesso ben orchestrato di manifestazioni di piazza. Lo scopo era quello di "rigenerare la nazione", trasformando gli italiani e le italiane in una comunità di credenti e di combattenti, perennemente pronti a mobilitarsi agli ordini del Duce, in grado di riconoscersi in un sentimento in cui si mischiavano devozione e stima, fedeltà e venerazione, ossequio gerarchico e timore reverenziale, e la cui risultante ultima avrebbe dovuto essere un massiccio, compatto consenso al regime fascista e ai suoi istituti.

Certo, questo progetto soffrì di tutti i limiti insiti nella complessiva burocratizzazione che, come abbiamo visto, ebbe alla fine la meglio su una politica esangue, asfittica, tesa solo all'autoperpetuazione del gruppo dirigente. Pure, la centralità di Mussolini fu sufficiente a garantire quel consenso tanto ostinatamente voluto e cercato. Se la Segreteria doveva curare in particolare il rapporto tra il Duce e i singoli individui, gli italiani e le italiane che gli scrivevano o tutti quelli che chiedevano di essere ricevuti in udienza, ai mezzi di comunicazione di massa il Duce affidava la costruzione della sua immagine destinata a un pubblico più vasto, alle folle che riempivano le piazze dei suoi comizi. E non solo.

A differenza di tutti i suoi predecessori, che avevano governato dal chiuso delle stanze di Palazzo Chigi, il Duce scelse di fare politica anche ai microfoni della radio, davanti alle cineprese dei documentari Luce, rivolgendosi direttamente a un'opinione pubblica indifferenziata. Più importante della parola scritta era allora quella parlata; più precisamente la parola gridata. Era stata questa una consapevolezza precoce dei gerarchi fascisti. Una lettera trasmessa da Giuriati, allora ministro dei Lavori pubblici, a Mussolini, del 31 gennaio 1926, si soffermava proprio sull'importanza della "propaganda a mezzo radiotelefono altoparlato", rilanciando la proposta di una emissione radiofonica in grado di far giungere alle masse analfabete, che non leggevano i giornali, "direttamente la voce del Presidente, facendo sentire a esse il fascino che egli ha, enorme, senza intermediario [...] in un discorso per radiotelefono [...] così profondamente suggestivo che l'assenza della persona finisce quasi per valorizzare maggiormente il pensiero e la parola che la esprime".[83]

Quanto al suo modello oratorio, vale la pena leggere quello che scrive oggi David Bidussa: "Nella scena della piazza dove il Duce parla, e dove spesso la struttura della comunicazione è quella del dialogo, in realtà il dialogo non c'è [...] le domande si trasfigurano. Non mirano all'informazione [...] c'è la recita dal palco, con un pubblico [...] il cui ruolo è solo quello di applaudire".[84] Le "masse oceaniche" che ascoltavano i suoi discorsi erano elementi essenziali di una scenografia studiata nei minimi particolari. La gente vi veniva coinvolta però in forma solo passiva. Applausi e urla si inserivano nelle pause del suo discorso, pause studiate in funzione di quei battimani, di quelle grida sollecitate, invocate da domande retoriche, quesiti spesso fini a sé stessi usati per sperimentarne l'effetto sulla piazza. La "massa" poteva soltanto rispondere a quelle domande. E poteva rispondere solamente con un "sì" o un "no", a seconda dell'intonazione della sua voce: "Nella mia vita non avevo mai passato una giornata così felice, ebbi la fortuna di vedervi da vicino [...] e quel sì che noi rispondemmo alle vostre domande è un giuramento fatto col cuore da noi donne d'Italia," scriveva a questo proposito C.R., il 25 giugno 1937.[85]

Istruiti dalle intuizioni mussoliniane, i responsabili dell'immagine del regime si fecero interpreti della necessità di supportare attraverso le fotografie e i documentari del Luce quella sorta di mobilitazione permanente dei cittadini, tentando in tutti i modi di ripulirla da ogni traccia della spontaneità iniziale tramite quella monumentale "bonifica visiva" che, come vedremo, fu la Mostra della rivoluzione fascista del 1932. In realtà la pressione sui giornali, strumenti di comunicazione ben conosciuti da Mussolini, era iniziata già con i provvedimenti dell'estate del 1923, con le prime richieste ai prefetti di vigilare con attenzione sul mondo dell'informazione,[86] ed era proseguita fino alle leggi che restringevano la libertà di stampa[87] e che – come abbiamo visto – istituivano, ponendolo sotto il controllo del regime, l'albo dei giornalisti (regio decreto 26 febbraio 1928, n. 384). Nel 1925 anche l'Istituto Luce, fondato nel 1923 con il nome di Unione cinematografica educativa[88] per essere "l'organo tecnico cinematografico dei singoli ministeri e degli enti posti sotto il controllo e l'autorità dello Stato, ai fini della ripresa e della diffusione di pellicole cinematografiche aventi scopo didattico, culturale, scientifico, di interesse e propaganda nazionale", entrò nell'orbita governativa diventando uno strumento utilizzato per diffondere e propagandare le attività del regime, proponendo, allo stesso tempo, una "pedagogia totalitaria" che mirava a coinvolgere tutti gli strati della popolazione.[89]

Si arrivò così alla rappresentazione ufficiale della società italiana come massa, come corpo collettivo, e a quella di un Duce che sapeva attingere a tutte le risorse della propria fisicità, sempre attento alla presenza dell'obiettivo e che sapeva assumere, a seconda delle circostanze, un'espressione bonaria, severa o feroce, circondata da un'aura di potenza virile che era una componente essenziale del "mussolinismo": "Passandovi davanti poco fa ho notato che mi avete guardato attentamente ma senza eccessiva curiosità! Voi avete visto che i miei occhi sono ancora bene aperti, che la mia salute è ottima, come del resto affermano anche gli specialisti. Se voi poteste vedermi quando cavalco per un'ora la mattina, o quando per due ore nel pomeriggio gioco al tennis, che vi assicuro non è affatto un gioco per signorine ma un esercizio violento che richiede sforzi muscolari notevoli, ricevereste di ciò la migliore conferma".[90]

Questa sostituzione del fascismo con il mussolinismo portò, come abbiamo visto, a un esito che non era proprio quello in cui il regime aveva sperato.

"La suggestione profonda che la personalità del Duce esercita nell'anima del popolo è confermata dal tributo di devozione di una folla, oltre che sincera, insolitamente festosa ed espansiva, quale non è nelle abitudini del carattere locale. Questa la particolarità più spiccata e che viene rilevata e commentata in ogni ambiente, e che non trova altra spiegazione che nel fascino esercitato dal Duce e confermata dalle manifestazioni vibrantissime a Lui prodigate dalla popolazione minuta e popolare, appartenente a categorie che vivono al di fuori della diretta organizzazione del partito. Nei riguardi della persona del Duce tutti coloro che hanno potuto vederlo da vicino esprimono la loro sorpresa compiaciuta per la prestanza fisica, per il senso di vigoria, per il volto pieno e abbronzato, per il suo sorriso che emana bontà e comprensione, per l'espressione del volto serena e compiaciuta." Sono le parole testuali di una lettera del prefetto di Torino, del 17 maggio 1939, in occasione di una visita di Mussolini, recatosi in città per inaugurare il nuovo stabilimento della Fiat a Mirafiori.[91]

Gli artisti per il "corpo del Duce"

Una tappa fondamentale per la definitiva affermazione della centralità di Mussolini fu la Mostra della rivoluzione fascista, da lui stesso inaugurata il 28 ottobre 1932, decimo anniversario della marcia su Roma. La mostra rimase aperta, a Roma, fino al 1934 e fu visitata da tre milioni di persone. L'iniziativa rispondeva soprattutto all'esigenza di dare un qualche punto di riferimento politico-ideologico sia a "una cultura inquieta e insoddisfatta delle realizzazioni del regime", sia ai "nostalgici di una rivoluzione antiborghese mai avvenuta", con un'attenzione particolare rivolta alle esperienze artistiche di avanguardia emerse prima e dopo la presa del potere da parte dei fascisti.[92] La regia dell'esposizione fu affidata a un comitato direttivo nominato ad hoc, ma sostanzialmente restò sempre nelle mani del PNF, che spinse tutte le Segreterie federali a impegnarsi nella raccolta dei materiali e della documentazione (testimonianze, documenti manoscritti, giornali, riviste, tessere, volantini, foto, cimeli, bandiere, manifesti, divise, armi, opuscoli, cartoline, spartiti di canzoni) da inviare a Roma per il suo allestimento.

Quali che siano stati i suoi risultati sul piano della costruzione del consenso, quello che interessa qui è il modo in cui nel suo percorso espositivo si diede una veste compiuta a quel mito del Duce alla cui costruzione la Segreteria particolare si era completamente dedicata: "Riteniamo," si legge nella relazione preparatoria della mostra scritta dall'architetto e scenografo Antonio Valente, "che all'ingresso della prima sala debba antistare una grande figura di Mussolini, possibilmente una scultura che, con la sua immediata evidenza plastica incombente, imponga il motivo predominante del grande tema che man mano verrà svolto, sicché il pubblico sia subito suggestionato, oserei dire, percosso, dall'immagine del Determinatore e non possa più liberarsi della sua influenza".[93] Insomma il Duce doveva essere il filo conduttore della mostra, quello che avrebbe permesso di unificare le fasi diverse che avevano cadenzato le vicende italiane dal Risorgimento in poi, rappresentandone l'esito migliore e più elevato. E fu effettivamente così. L'immagine del Duce, la scultura di Domenico Rambelli che raffigurava il volto di Mussolini segnato da una "maschia volitività", fu scelta da Mario Sironi per la copertina del catalogo, su uno sfondo di scritte che ripetevano meccanicamente le due sillabe scandite dalle "adunate oceaniche", Du-ce, Du-ce.[94] Nella prima edizione, una sua gigantesca statua campeggiava, incassata nel muro, nel Salone d'onore ideato dallo stesso Sironi; attraversata la "galleria dei fasci" il visitatore entrava nella "sala Mussolini", allestita da Leo Longanesi, dove tra immagini e reliquie di ogni genere era stato integralmente ricostruito lo studio del dittatore nel "covo" di via Paolo da Cannobio: "Mussolini," ha scritto in questo senso Jeffrey T. Schnapp, "stabilizzava, forniva il tessuto connettivo; il suo era un *corpus mysticum*, individuale ma nazionale allo stesso tempo. Suo era il volto che donava singolarità e identità a una rivoluzione altrimenti dai mille volti".[95] Nell'edizione successiva, quella del 1937, la sua presenza fu resa ancora più massiccia con l'inserimento di una sala dedicata ai suoi autografi. Si trattava di alimentare una crescita esponenziale del consenso che – come detto – investiva direttamente il mussolinismo più che il fascismo, in un contesto nel quale appare decisamente particolare il modo in cui il Duce fu rappresentato nella terza e ultima edizione della mostra, quella inaugurata il 28 ottobre 1942. Nell'imperversare della Seconda guerra mondiale, i suoi tratti di condottiero, di antico guerriero romano, era come se fossero di colpo sbiaditi mentre a essere privilegiati erano quelli più popolari, proprio quelli, viene da dire, che emergevano dalle "lettere della fame e del bisogno" che si affollavano nella Segreteria particolare. In un clima bellico in cui già si delineava lo spettro della sconfitta, con le condizioni materiali che si facevano sempre più difficili e i lutti sempre più dolorosi e frequenti, la mostra presentava Mussolini "non solo nei panni del dominatore incontrastato di folle, ma anche in quelli familiari e paterni della vita di ogni giorno, autorevoli e rassicuranti al tempo stesso".[96]

Nel suo libro, dedicato proprio al corpo del Duce, Sergio Luzzatto ha ampiamente illustrato la relazione simbiotica intrattenuta tra Mussolini e l'esercizio del potere e l'accentuata "personalizzazione" del consenso al fascismo, segnalando anche eccessi come quelli di un'opinione pubblica che faceva dipendere direttamente dallo stato di salute del Duce le sorti dell'Italia in guerra.[97] Sì, perché delle sue espressioni corporee si studiavano in modo ossessivo i segni più minuti, dalla conformazione della mano ("Mi risulta dalla confermazione chirognomica una fortissima individualità, in cui si sviluppa assai facilmente l'orgoglio e lo spirito di umanità"), alla scrittura ("La sua calligrafia riflette la sua dinamica e travolgente attività"; "Il movimento verso destra, la scrittura estrovertita sono la testimonianza di ciò che di audace, ardito e spavaldo vi è in questo carattere").[98]

E l'immagine del "mussolinismo" è quella che fu più immediatamente recepita anche nelle arti figurative, come ad esempio in un manifesto dello svizzero Xanti Schawinsky, realizzato in occasione del plebiscito del 1934, il secondo dopo quello del 1929. I "plebisciti nazionali" erano allora la sola parvenza di elezioni tollerata dal regime: per gli italiani si trattava di andare alle urne per votare l'elezione della Camera fascista esprimendo un "sì" o un "no" su una lista di 400 nomi, predeterminata dal Gran Consiglio, unica per l'intero territorio nazionale. "Il popolo voterà perfettamente libero. Ho appena bisogno di ricordare, tuttavia, che una Rivoluzione può farsi consacrare da un plebiscito, giammai rovesciare" erano state le minacciose dichiarazioni di Mussolini alla vigilia del voto del 1929. Gli elettori per i "sì" utilizzavano schede tricolori, per i "no" schede bianche, così che la segretezza del voto era totalmente vanificata. Nel 1929 i "sì" furono 8.517.838, i "no" soltanto 135.773. Esplicite erano state le indicazioni di voto per l'"uomo della provvidenza" da parte delle gerarchie ecclesiastiche. Nel 1934 vinsero ovviamente ancora i "sì" con una maggioranza schiacciante (99,84%). Per celebrare questo successo Schawinsky immaginò un Duce il cui corpo era fatto di folla, con in primo piano un gigantesco sì in cui erano inscritte le cifre dei trionfali risultati elettorali.[99] Nella stessa direzione c'era da segnalare anche una scultura di Renato Bertelli del 1932 (*Il profilo continuo di Mussolini*), famosissima, riprodotta in continuazione in maioliche gigantesche o anche in umili fermacarte. Si trattava di una testa di Mussolini raffigurata in un contesto decisamente futurista, con una rappresentazione che ne suggeriva un movimento rotatorio, proponendo una sorta di Giano bifronte, quasi che il Duce potesse vedere ovunque e seguire con il suo sguardo ogni movimento dei suoi seguaci.[100] A sua volta lo scultore Fritz Behn considerava Mussolini "un grande e nobile animale, carico di energia e di forza", sottolineandone la sensualità animalesca.[101]

Un'altra immagine, in un contesto del tutto diverso, rinvia però allo stesso concetto, reiterato fino allo sfinimento. È quella di un manifesto per la pubblicità della birra Metzger: una gigantesca M, iniziale del marchio aziendale ma anche di Mussolini, quasi a ribadire una sorta di osmosi tra i simboli classici del regime e il mondo della pubblicità e dei consumi. Di fatto molte delle firme eccellenti che imperversavano nel mercato pubblicitario (Marcello Dudovich e Nicolay Diulgheroff, tanto per citarne due) si prestavano volentieri a illustrare "le opere del regime", lasciando affiorare nel plumbeo universo dell'iconografia fascista i tratti di un'Italia che stava per aprirsi ai consumi, alle mode e che lasciava intravedere i primi vagiti di quella grande trasformazione che nel dopoguerra avrebbe accompagnato il boom economico. All'italiano fascista voluto dal regime si affiancava l'italiano consumatore: il primo risultò una creatura effimera, il secondo celebrerà il suo trionfo mostrando tutti i limiti di un progetto totalitario segnato da una marcata subalternità alle esigenze commerciali imposte dal mercato.[102]

Le foto del Duce e per il Duce

Nel senso della modernità sembrava andare anche il reiterato uso della fotografia che Mussolini fece per divulgare la propria immagine pure se, in sede storiografica, sono oggi evidenti molti elementi del passato che caratterizzavano il suo rapporto con le pose davanti alla macchina fotografica e, soprattutto, il modo in cui gli italiani e le italiane che gli scrivevano si riferivano alle fotografie in generale.

Fino all'avvento del fascismo i governi liberali avevano infatti utilizzato la fotografia in modo "istituzionale" per costruire un inventario per immagini prima dei "devianti" (i delinquenti, i malati ecc.), quindi dei cittadini, dei loro mestieri e, allo stesso tempo, del paesaggio e delle bellezze artistiche di un'Italia ancora tutta da scoprire. Si trattava di una produzione fotografica rivolta all'interno, con lo Stato che mostrava a sé stesso il paese. Diversi dovevano essere gli strumenti e le modalità per chi invece, come il fascismo, voleva mostrare al paese lo Stato, per comunicare cioè ai cittadini un'idea di Stato forte e autorevole. Pure, se la narrazione proposta da queste immagini voleva avere una sua efficacia, doveva sottostare a delle regole che invece assicuravano una rigida continuità tra quelle prodotte dall'Italia liberale e quelle proposte dal regime. Negli anni dell'età giolittiana, quelli del "decollo" industriale, delle grandi esposizioni, dei negozi e delle vetrine, era stato il commercio a stabilire le regole della comunicazione per immagini. Il fascismo recepì in pieno quella impostazione; nel Ventennio, pubblicità e propaganda avanzarono quindi di pari passo, conservando caratteristiche comuni e tenendo fermo l'obiettivo strategico della conquista del consenso (dei consumatori o dei cittadini).

L'archivio della Segreteria particolare è in questo senso una miniera di indicazioni preziose per quanto riguarda sia le foto mandate spontaneamente "dal basso", sia le motivazioni espresse nelle richieste di foto del Duce e la conseguente strategia di accoglimento o rifiuto della spedizione delle stesse.

L'aspirazione a raggiungere Mussolini in un colloquio diretto, rappresentandosi quindi come individui dotati di una personale fisionomia, era l'atteggiamento prevalente in quella documentazione e si manifestava anche nell'invio delle foto che, spesso, accompagnavano le lettere. Erano foto di famiglie numerose disposte in ordine, con il vestito della domenica, davanti all'obbiettivo, di bambini che indossavano la divisa di "balilla", di matrimoni e di battesimi, di madri vedove che sopportavano da sole il peso della famiglia, di giovani morti in nome del fascismo e della patria, di momenti di partecipazione a raduni fascisti: le immagini venivano esibite come prova documentaria della propria esistenza, della fede che si nutriva nel Duce e dei sacrifici che si affrontavano per seguire le volontà del regime.

La fotografia occupava così uno spazio emotivo importante: molti erano gli uomini, le donne e i bambini che scrivevano semplicemente anche per avere un ritratto di Mussolini: "Di foto vostre, ritagliate dal giornale, ho riempito già un album intero,"[103] scriveva una donna alla quale, comunque, questa raccolta non bastava ad appagare il bisogno di avere un personale ritratto del Duce, giunto direttamente da Roma, come soddisfacimento di una propria richiesta.

Svariate ragioni per cui si richiedeva una foto di Mussolini erano radicate nell'arcaicità di una cultura popolare e contadina che attribuiva alle fotografie poteri tutelari sulla casa e sui suoi componenti. In molte lettere si leggeva, in filigrana o espressamente motivato, il desiderio di condividere con Mussolini lo spazio familiare, di sentire la presenza del suo sguardo, così fortemente idealizzato dalla propaganda e dalle immagini ufficiali, nella vita quotidiana in una dimensione intima e rassicurante: "La bellissima fotografia ornata di dedica autografa [...] già troneggia nel miglior posto della mia modesta ma onorata casa," scriveva soddisfatto il macchinista di prima classe, C.F.,[104] mentre una vedova di guerra aggiungeva: "Come un raggio di sole inaspettato mi giunse la bella fotografia illuminata dalla di lei dedica autografa".[105]

Sì, l'arrivo della foto del Duce era anche "un evento", un modo di mettere in relazione gli interni domestici con lo spazio pubblico della cittadinanza, così come ci racconta la "devotissima" A.C., madre di 11 figli, che "ebbe l'onore di ricevere nella sua poverissima casa, da Sua Eccellenza il prefetto di Trapani, accompagnato dal Segretario federale e il Podestà di Marsala il suo magnifico ritratto".[106]

A chiedere le sue foto non erano solo le famiglie. Accorate richieste di fotografie, dell'"uomo" – come scriveva il presidente dell'Associazione nazionale tubercolotici di guerra – "che aveva esaltato sempre e ovunque l'eroismo e il sacrificio dei combattenti, difendendoli dagli attacchi e dagli insulti delle folle briache del bolscevismo", arrivavano anche da un tessuto organizzativo di istituzioni fiancheggiatrici del regime e non identificabili direttamente con la galassia che ruotava intorno al PNF. Così, insieme alla foto del Duce, si sollecitava anche "la pensione di guerra per tutti", per stabilire un netto distacco con i "passati governi" che avevano permesso che "il tubercolotico di guerra diventasse un miserabile reietto".[107] Richieste di foto autografe arrivavano dall'Associazione nazionale volontari di guerra di Reggio Emilia, dall'Associazione nazionale mutilati e invalidi di guerra di Pisa, dall'Associazione nazionale bersaglieri di Cremona, dal gruppo Cesare Battisti dell'Associazione nazionale combattenti. Erano istanze bene accette, anche perché molte riproponevano gli scenari della Grande guerra, confermando le radici belliche del fascismo.

Inizialmente i rifiuti furono molto rari. Da segnalare, tra tutti, quello opposto all'Associazione nazionale combattenti di Pola, che aveva chiesto una foto autografata "da destinarsi quale ambito premio di sorte al tradizionale ballo di beneficenza". La risposta, scritta da Mussolini in persona, era stata lapidaria: "Per i balli, mai: anche se sono di beneficenza. M".[108]

Poi i rifiuti diventarono più frequenti, resi quasi inevitabili dall'impossibilità di soddisfare l'enorme numero delle richieste.[109] I criteri ai quali si ispirava la selezione diventarono man mano più stringenti e si limitavano a "casi particolarmente degni di attenzione"[110] o a personalità di rilievo italiane e straniere alle quali spesso era concessa anche la firma autografa. Con l'arrivo della guerra, e con l'aumento della corrispondenza proveniente da parenti di soldati dispersi o morti, le griglie invece si allargarono: se venivano spedite, insieme ai sussidi, pure foto di Mussolini per sottolineare la sua vicinanza al dolore delle famiglie, ai parenti degli ufficiali caduti in guerra era destinato anche l'autografo perché, ovviamente, la sofferenza non cancellava la gerarchia.

Di "modernità" quindi si può parlare, più che in riferimento alle immagini che arrivano alla Segreteria particolare, soprattutto (e soltanto) in relazione a quelle che approdavano sui rotocalchi nazionali. Così il linguaggio figurativo dei grandi settimanali era in larga parte quello dettato dalla loro saldatura con la vasta sfera pubblica del mercato; le loro foto mettevano in scena un sazio, edonistico appagamento, "conquistato nell'efficienza, nella produttività", ci parlavano "di una donna tutta impegnata nel rendersi bella, che scopriva il piacere della cura della casa e di sé e di un marito anch'egli sedotto dal moltiplicarsi dei beni di conforto, che si compiaceva della sua cultura, eleganza e capacità". Una famiglia perfetta, felice, inebriata dai nuovi consumi, dunque lontana dall'immagine di chiusura annidata nella "nuclearità" che ricorre invece nelle foto che arrivavano alla Segreteria particolare.[111]

Un automa del potere

L'immagine di Mussolini fu quindi utilizzata per coprire un universo semantico molto ampio: da un lato le visite, i viaggi, gli incontri con la popolazione, con i reduci, le vedove di guerra, le massaie rurali servivano a esaltare i caratteri di paterna umanità che erano quelli che maggiormente assecondavano la visione che del Duce avevano le masse popolari; dall'altro i suoi ritratti fotografici o le rappresentazioni iperrealistiche dovute ai più noti illustratori o cartellonisti italiani del tempo, attraverso anche accorgimenti nelle tecniche di ripresa, indugiavano invece sull'espressione volitiva e imperiosa del suo volto, enfatizzandone il profilo, lo sguardo sicuro e penetrante, in un'incarnazione del "mito" destinata a sedurre e a infiammare la folla che si ammassava alle "adunate oceaniche" dei suoi comizi.

Dal 1931, poi, da quando i cinegiornali del Luce diventarono sonori, alle immagini si unirono le voci mentre si moltiplicavano le statue, i ritratti pittorici, le gigantografie ecc. Nel corso del Ventennio, oltre alle foto, furono stampate milioni di cartoline con la sua figura e alla loro distribuzione contribuì anche la Segreteria particolare "cui decine di migliaia di italiani richiesero un ritratto del capo del Governo, se possibile autografato, da conservare tra gli oggetti più cari quale pegno del legame con il fondatore del fascismo".[112] Fu tuttavia Gaetano Polverelli (dal dicembre 1931 al luglio 1933 direttore dell'Ufficio stampa della presidenza del Consiglio) con i suoi "ordini alla stampa" a fissare i canoni in materia d'immagine del dittatore.[113] Quanto alle fotografie del Duce che circolarono allora, il loro numero viene oggi valutato attorno alle 1500-2000, quelle ufficiali, e ad alcune migliaia, quelle prodotte da fotografi locali: a questi originali sono da aggiungere le riproduzioni il cui numero si aggira intorno ai milioni di esemplari.[114] L'immagine di Mussolini era esposta "negli uffici, nelle sale d'attesa delle stazioni, sui manifesti, ovunque, in tutte le fogge, dalla stilizzazione che lo faceva apparire più simile a un teschio che al ritratto di un severo statista, e molto più spesso come a un oratore che parla alla folla," scriveva Gibbons.[115] "In redingote, in uniforme, vestito da yachtman, da aviatore, da cavallerizzo, con la feluca piumata, con gli stivali, alla guida di un'auto sportiva, mentre salta gli ostacoli, mentre arringa la folla, mentre miete il grano, mentre rimboschisce la Calabria, mentre saluta romanamente, mentre assaggia il rancio dei bersaglieri, mentre accarezza le belve, mentre marcia su Roma, mentre suona il violino," aggiungeva Béraud, commentando le svariate "pose" che il Duce assumeva nelle fotografie di propaganda e nelle cartoline postali.[116]

In gran parte si trattava di foto scelte con cura maniacale dallo stesso Mussolini che spesso decideva, ad esempio, l'impaginazione de "Il Popolo d'Italia" selezionando anche le immagini da pubblicare[117]: quelle da lui vistate riportavano sul retro "sì" oppure "no", siglati con una grande M. Quinto Navarra, il suo cameriere personale e maestro di cerimonie per vent'anni, ha minuziosamente ricostruito nelle sue memorie questa cernita delle immagini da passare alla stampa[118]; e ne ha ricordato l'ossessione ("Il Duce scorreva nervosamente la serie e stracciava sull'istante le fotografie che non erano di suo gusto") di voler gestire in prima persona la regia di ogni evento.[119]

Pure, tra i tanti, colpisce uno scatto decisamente insolito, che lo ritrae schiacciato da un cappellaccio impermeabile, infagottato in un informe "camiciotto da minatore", nel corso di una visita alla Cogne in Val d'Aosta, "la più alta miniera di Europa".[120] Il contesto stilistico-formale di quella foto era radicalmente diverso da quello degli scenari istituzionali delle solite "pose" del Duce, il balcone di Piazza Venezia, l'aula di Montecitorio, un palco per assistere a una sfilata di truppe. Difficilmente foto così goffe e poco marziali sfuggivano alla censura esercitata da Mussolini in persona. Il monopolio della sua rappresentazione fotografica era stato assegnato all'Istituto Luce; ma anche le immagini distribuite dalla Segreteria particolare riproponevano con grande fedeltà i materiali con i quali si tentò allora di costruire il suo monumento iconografico. Proprio per questo quella foto acquista un particolare significato storiografico se calata in un determinato percorso interpretativo. Immaginiamo una sorta di album: ecco che nelle sue pagine il Mussolini minatore si affianca all'aviatore, al trebbiatore, al condottiero, al cavallerizzo, al nuotatore e alle tante altre "pose" alle quali il Duce si prestò, proiettando la sua immagine su livelli non sfiorati da nessuna forma di autoironia, fino a posare a torso nudo durante la trebbiatura nelle campagne laziali. Il suo crollo finale rende oggi quelle fotografie patetiche e grottesche, detriti di un culto della personalità che ci appare quasi incomprensibile. Pure, nella loro serialità, esse gettano una vivida luce sul rapporto fra Mussolini e il potere, svelando il modo in cui, dimenticando i fermenti eversivi degli esordi, egli finì progressivamente con l'adattarsi al potere, avviando anzi un processo di stretta compenetrazione che, alla fine, riuscì letale alla sua stessa personalità, oltre che al regime da lui fondato.

I due termini del binomio Mussolini e il potere non furono mai paritari. Il primo, a un certo punto, divenne irrimediabilmente subalterno al secondo. E le sue fotografie, rigorose scansioni di questo percorso, finirono col tempo per spersonalizzarsi, diventando altrettanti simboli di questa subalternità. La perpetua fissità del suo sguardo, ossessivamente riprodotta sui muri in tutti gli angoli del paese; le sue fattezze, replicate in manifesti, scenografie, affreschi murali; i ritratti disseminati ovunque, sulle facciate degli edifici pubblici e delle case private degli italiani, testimoniavano una sua grottesca imbalsamazione in un automa di Stato, annullando le differenze tra una "posa" e l'altra, rendendo quelle fotografie tutte uguali, simboli della sudditanza del Duce al suo stesso mito. E lui stesso si compiaceva della sua trasformazione in "automa" di regime: "Lavoro dalle 12 alle 14 ore al giorno. Il mio lavoro è assolutamente ordinato e metodico".[121] "L'opera di legislazione, di avviamento, di controllo e di creazione di nuovi istituti non è stata che una parte della mia fatica. Ve ne è un'altra non tanto nota," disse nel suo discorso in occasione dell'Assemblea quinquennale del regime. "Ho concesso 60 mila udienze; mi sono interessato di un milione 887.112 pratiche di cittadini, giunte direttamente alla mia Segreteria particolare."[122] Aggiungendo poi: "Per reggere a questo sforzo, ho messo il mio motore a regime, ho razionalizzato il mio quotidiano lavoro, ho ridotto al minimo ogni dispersione di tempo e di energia [...] il lavoro ordinario deve svolgersi con un automatismo quasi meccanico".[123]

Questo rapporto di stretta compenetrazione col potere fu letale per la sua personalità: restò prigioniero dei suoi meccanismi, stritolato in automatismi estranei a ogni sua determinazione. La rapida adesione agli artifici grotteschi e poco originali del cerimoniale di regime gli sottrasse anche quella vivacità istintiva che in precedenza ne aveva caratterizzato la militanza politica. Una sua impronta personale appariva soltanto nei terreni minori della "tattica quotidiana" e dello "stile" del fascismo. La cura insolita dedicata alle piccole cose, alle beghe locali, alle rivalità di provincia sottolineava un bisogno di autoaffermazione che in quei settori trovava una sua piena soddisfazione. E i documenti della Segreteria particolare rappresentano lo specchio fedele di questa realtà.

L'uso delle metafore meccaniche segnalava poi come la sua personalità fosse stata schiacciata dall'obbligo di rappresentare e mettere in scena un potere dittatoriale, assoluto. In camicia nera, in marsina, in divisa militare, la sua espressione era sempre la stessa, una maschera indossata dal potere. Il ruolo del dittatore assoluto era penetrato nelle fibre più profonde della sua dimensione esistenziale. Mentre le masse popolari continuavano in una devozione che guardava soprattutto agli aspetti più prosaici del suo ruolo, chiedendogli sussidi e rivolgendogli istanze che nascevano direttamente dai bisogni materiali, con richieste che assumevano i tratti dolenti della "supplica", il Duce si lasciò andare a una deriva che progressivamente faceva (soprattutto, e ovviamente, con l'avvicinarsi della guerra) emergere solo i risvolti marziali della sua figura, in un percorso che, grazie al senno di poi e conoscendone la conclusione, era destinato a sfociare nello scempio di piazzale Loreto, nell'aprile del 1945.

Ma già prima, quando fu arrestato da Vittorio Emanuele III il 25 luglio 1943, pare che abbia confessato ai suoi carcerieri la consapevolezza che i meccanismi che avevano alimentato le movenze dell'automa di Stato erano andati in frantumi: "Quando un uomo crolla col suo sistema, la caduta è definitiva, soprattutto se questo uomo ha passato i 60 anni". La resa era stata annunciata dal suo stesso corpo;

nel dicembre del 1942, nei giorni successivi alla dolorosa e decisiva sconfitta a El Alamein, Bottai aveva scritto: "Il volto grigio, cinereo, le guance scavate, lo sguardo torbido e stanco, la bocca atteggiata a un senso di amarezza, accusano chiaramente il male che correva voce lo avesse riassalito. L'uomo appare più che malato, avvilito, intristito, non più in lotta con la sua età. Egli ha ucciso in sé l'uomo che era".[124] Il 12 settembre 1943, Otto Skorzeny e i parà tedeschi volarono a liberarlo dalla sua ultima prigione sul Gran Sasso: un filmato lo mostra mentre sale su un piccolo aereo, rattrappito in un cappotto con il bavero rialzato, dal quale emergono due occhi febbrili e un sorriso timido e imbarazzato. Non era più il tempo delle pose virili e delle maschere guerriere. Lo confesserà alla sua amante, Claretta Petacci, durante la Repubblica di Salò: "Sono un cadavere vivente," avrebbe scritto il 2 giugno 1944; e, l'11 gennaio 1945: "Quest'uomo che cosa è? Un sacco di patate la cui vita consiste nella ripetizione meccanica di gesti e funzioni".[125]

La vita privata

Ad andare in frantumi era il suo potere e un "culto" costruito con pazienza e determinazione, non solo con l'ostentazione della sua fisicità ma anche immergendo in una dimensione totalmente pubblica la sua vita privata. Da quando Mussolini era diventato Duce si erano infatti infittiti i suoi interventi anche sugli aspetti più personali della vita che conduceva lasciando affiorare, compiaciuto, la soddisfazione del piccolo-borghese di sentirsi "arrivato": "Ho nelle mie stalle i più bei cavalli che io abbia mai visto. Ho l'autista più impavido che io abbia mai conosciuto. Non cedo a nessuno il primo posto nel pericolo. Ricevo molte richieste da russi della vecchia Russia imperiale, che mi salutano quale salvatore della monarchia in Europa e invocano il mio aiuto per rimettere sul trono la famiglia imperiale russa. Poesie vengono a me da tutte le parti del mondo. Gli arabi cantano per me in metri orientali, gli indù mi mandano i loro sonetti, i latini e gli anglosassoni la loro prosa e i loro versi sciolti. Anche regali fioccano, strani animali dai confini della terra, pappagalli dall'America del Sud, cavalli dall'Arabia, libri e manoscritti da tutte le parti".[126]

Un segnale di questo suo appagamento individuale fu, nel novembre 1929, il già citato trasloco dall'appartamento di via Rasella, dove aveva abitato fin dal suo arrivo a Roma, con la sola compagnia fedele di una vecchia governante, a Villa Torlonia, un edificio pretenzioso e brutto ma circondato da un parco vastissimo, giudicato più adatto al suo nuovo rango, in cui portò ad abitare anche la sua famiglia.

Si ispirava quindi a modelli "familisti" largamente diffusi nel costume della borghesia italiana. Considerava suo fratello Arnaldo, che aveva preso il suo posto di direttore a "Il Popolo d'Italia", l'unico collaboratore di cui poteva fidarsi con certezza. Anche nei confronti dei figli la sua sollecitudine paterna non si sottraeva alle prosaiche preoccupazioni per la loro carriera, per una loro "sistemazione" dignitosa. Il matrimonio della primogenita, Edda, che sposò Galeazzo Ciano nel 1930, fu deciso proprio dalle famiglie. I Mussolini erano particolarmente soddisfatti di imparentarsi con un gruppo familiare ricco ed "eroico" come quello di Costanzo Ciano, medaglia d'oro della Prima guerra mondiale. Il genero era giovane e brillante e divenne ben presto il "delfino" della personale corte mussoliniana, elemento di spicco tra i gregari della prima ora, i parenti e tutti i personaggi singolari che si affollavano intorno al Duce.

E alla fine, quando il "culto della personalità" assunse i tratti parossistici che conosciamo, anche il suo "familismo localistico" finì con l'emergere in modo prorompente. All'inizio, infatti, il Duce era sembrato alquanto restio al coinvolgimento diretto della sua famiglia nella gestione del potere. Rachele, la moglie, tendeva spesso a interferire, in particolare sulle questioni che riguardavano da vicino Forlì e Predappio. Nell'archivio della Segreteria particolare si trova una sua lettera sulla costruzione della Casa del Fascio a Predappio nuova (ricordiamo che Dovia, la frazione di Predappio in cui era nato il Duce, fu indicata come la

"Betlemme laica" del fascismo) con un esplicito riferimento a un suo ruolo di "consigliera del capo del Governo" ("Le mando il progetto della casa del fascio di Predappio nuova; come siamo d'accordo con il presidente, spero che questa volta andrà bene e così si finirà una buona volta. Per mio gusto trovo più piacente quello della torre da parte e anche ai predappiesi piacerebbe più quello")[127] proprio in relazione all'importanza attribuita alla provincia natìa di Mussolini, che allora fu anche ingrandita territorialmente per meglio rappresentare la grandezza dell'illustre concittadino.[128]

Negli anni trenta, invece, tra le lettere che arrivavano alla Segreteria cominciarono a dilagare con sempre maggiore insistenza le richieste di favori da parte di parenti del Duce o di donna Rachele stessa (alla fine furono ben 334 i sedicenti familiari sussidiati o aiutati), i meriti vantati da chi si dichiarava maestro elementare (la professione di Mussolini e di sua madre Rosa Maltoni), predappiese o romagnolo di nascita, in una dimensione in cui era lo stesso dittatore a enfatizzare il ruolo della sua regione di origine.

Le lettere che provenivano dalla Romagna, ad esempio, grazie a un suo ordine, dovevano essere obbligatoriamente portate alla sua attenzione o essere trattate direttamente e senza indugio dallo stesso segretario particolare, mentre si adoperò in prima persona per ampliare il territorio della provincia di Forlì, fino a inglobare anche il Monte Falterona e le "sacre" sorgenti del Tevere e per trasformare Predappio in una sorta di culla primigenia del regime: la scuola elementare del paese fu intitolata a Rosa Maltoni Mussolini (1932),[129] l'Istituto tecnico industriale ad Arnaldo Mussolini, il collegio aeronautico a Bruno Mussolini (1941). L'attenzione richiesta e applicata sulle questioni e le persone legate alla terra di origine, il flusso di denaro a essa destinata proveniente dai fondi personali di Mussolini e del suo ufficio rappresentarono una connotazione tradizionale della Segreteria ponendola in una linea di continuità con le istituzioni del periodo liberale.

Contemporaneamente, a Rachele si affidò il compito di fare da esempio nella campagna demografica, sfiancandola sotto il peso di gravidanze tardive (gli ultimi due figli, Romano e Annamaria, videro la luce nel 1927 e nel 1928). Mentre Edda conquistava un ruolo di primo piano sulla scena mondana e pubblica.[130]

Una posizione di rilievo in questo variopinto *entourage* era infatti occupata dalle donne, anche dalle sue numerose amanti. Rimase immutata negli anni la sua predilezione giovanile per le "donne-oggetto". Il mito della virilità lo obbligava a un approccio fortemente sessista: "Non divaghiamo a discutere se la donna sia superiore o inferiore; constatiamo che è diversa. Io sono piuttosto pessimista, io credo ad esempio che la donna non abbia grande potere di sintesi, e che quindi sia negata alle grandi creazioni spirituali," aveva affermato alla Camera il 15 maggio 1925, in una discussione sulla concessione del diritto di voto alle donne, dichiarandosi favorevole con questa singolare motivazione: "Non accadrà nulla negli ambienti familiari. Per una ragione molto semplice. Non dovete credere che domani la vita della donna sarà dominata da questo episodio. La vita della donna è dominata sempre dall'amore o per i figli, o per un uomo. Se non lo ama gli ha già votato contro".[131]

Nella sua vita privata, riusciva a convivere senza difficoltà con vari modelli femminili.

La moglie Rachele era la "sposa" e la "madre", rispettata e amata solo come entità sublimata, pronta a sottomettersi all'ignobile farsa di un matrimonio religioso, celebrato il 29 dicembre 1925 – dopo quindici anni che vivevano insieme! –, per soddisfare la smania di rispettabilità del marito, o a sfiancarsi in difficili gravidanze senili per dare l'esempio nelle battaglie demografiche decise dalla "ragion di Stato".

Margherita Sarfatti, la sua antica collaboratrice all'"Avanti!", che lo aveva seguito nella sua peregrinazione politica diventando direttrice della rivista ufficiale del fascismo "Gerarchia" e sua biografa personale, era l'"intellettuale" che lo gratificava nelle sue velleità culturali. Risale al 1926 la prima edizione del libro scritto da lei, *Dux*, "matrice della letteratura agiografica posteriore".[132]

Le mogli dei gerarchi, le signore dell'alta società romana, le giornaliste straniere, le amanti di un giorno che egli prendeva rapidamente, senza effusioni, in uno dei tanti automatismi della sua interpretazione del potere, sul davanzale di pietra del finestrone del suo stesso ufficio di lavoro a Palazzo Venezia, erano le "conquiste" che ne appagavano il desiderio di autoaffermazione virile.

Claretta Petacci era infine l'"amante", forse la sua unica e autentica scoperta del sesso come momento di abbandono e di gioia, uno dei suoi rari slanci di "umanità" che affioravano nonostante la "maschera" del Duce. Con la Petacci stabilì un'intesa emotiva fortissima, diede vita a un "amore" che gli consentì di avviare un contatto umano "alla pari", profondo e duraturo. Si erano conosciuti nel 1932, quando Claretta aveva appena vent'anni.[133] Diventarono amanti nel 1936 e il loro rapporto fu spezzato soltanto dalla morte di entrambi. "Fosse lo squallore di quella sua vita solitaria, senza amici, senza abbandoni," scrisse Paolo Monelli, "fosse la giovinezza di lei, quel suo carattere vivace di allora, la risata pronta, la battuta lesta, e quel suo abbandonarsi senza sforzo con una docilità umile e grata; il fatto sta che si legò alla ragazza con un'impazienza, una tenerezza, un ardore geloso e violento che gli erano nuovi."[134] La genuinità di questi sentimenti non riusciva però a riscattare l'intera situazione dalla banale tipicità di uno dei tanti squallidi *ménage à trois* largamente diffusi nella pratica e nell'ideologia del familismo italiano. Anche qui gli elementi di una sua originalità erano scarsissimi: una nota estemporanea e poco convenzionale la introdussero, al posto del tradizionale lieto fine, i partigiani italiani fucilando i due amanti, insieme, in un grigio mattino primaverile del 1945, tra le propaggini del Lago di Como.

Modernizzazione

Tutti questi aspetti del "culto della personalità" che abbiamo esaminato ci suggeriscono una riflessione sul ruolo complessivo svolto da Mussolini (e dal fascismo) nell'evoluzione/involuzione della società italiana nel Ventennio. Se, infatti, ai primi vagiti del consumismo aggiungiamo l'uso consapevole dei mezzi di comunicazione di massa, le forme compiutamente novecentesche della propaganda del regime, la nascita del divismo sportivo e cinematografico, l'estensione nazionale della rete dei controlli igienici, sanitari, scolastici, fiscali e militari, il consolidamento della vocazione produttiva del "triangolo industriale" (Milano, Torino e Genova) e altro, viene spontaneo enfatizzare questi effetti modernizzanti a scapito di quelli arcaicizzanti, pure presenti, a partire dal familismo, ma all'apparenza minoritari. Non è una questione semplice. I criteri di solito suggeriti per definire la modernità di un regime politico (inserimento delle masse nel sistema politico ed economico, urbanizzazione, sviluppo di un forte apparato giuridico-amministrativo, significativo incremento della differenziazione sociale e della divisione del lavoro, moltiplicarsi di associazioni, organizzazioni e istituzioni nel campo produttivo ed educativo, istituzioni politiche in grado di favorire l'assunzione di decisioni razionali ed efficienti) hanno da tempo sottolineato in maniera convincente la scarsa razionalità complessiva del sistema di potere fascista.

Si tratta, in realtà, di distinguere quali siano stati gli specifici contributi della dittatura mussoliniana alla "modernizzazione" italiana e quali invece rientrino più in generale nel processo della "grande trasformazione" indicato da Polanyi come il "luogo storico" (il mondo tra le due guerre mondiali) in cui si definirono gli elementi di una vera e propria rifondazione della società contemporanea (dall'irrompere dei mezzi di comunicazione alla massificazione della politica, dal mutato ruolo dello Stato alla distruzione delle vecchie élite intellettuali e alla dissoluzione dei riferimenti culturali ottocenteschi).[135] Specifico del fascismo fu il tentativo di coniugare questa accentuazione del ruolo dello Stato con un'accelerazione del processo di nazionalizzazione forzata degli italiani e delle italiane; e fu proprio in questa direzione che i limiti del regime si rivelarono insuperabili. Così come negli altri paesi industrializzati, infatti, dopo la crisi del 1929, l'estensione della spesa pubblica in funzione di regolamentazione del ciclo economico segnalò il progressivo dilatarsi del ruolo dell'intervento statale, "come volano essenziale della riproduzione e dell'aggregazione di interessi organizzati che selezionavano le risorse pubbliche e incidevano sulla loro distribuzione".[136] Queste drastiche modifiche nel rapporto Stato-mercato furono il riferimento strutturale di una progressiva invasività dello Stato nei confronti della società civile, avviando una commistione pubblico/privato destinata a durare nel tempo, ben al di là della caduta del fascismo. Si pensi – in questo senso – a enti come le aziende del turismo, le opere pie, le casse mutue e le associazioni di varia assistenza per invalidi, orfani, pensionati, gli enti fieristici, le Camere di commercio, i consorzi di bonifica, di istruzione tecnica, tutti chiamati a gestire direttamente interessi privati coordinandoli con finalità pubbliche. Per l'Italia questo significò sperimentare un modello di Stato che non poteva definirsi come un regime tout court totalitario e neppure semplicemente come il risultato dell'involuzione massima dello Stato liberale, ma incarnava invece un sistema politico di tipo nuovo per la commistione che – almeno per tutti gli anni venti – rimase tra due elementi: da un lato, la vistosa eredità dell'autoritarismo classico tipico dell'Italia liberale e del suo burocratismo, ulteriormente accresciuto dalla legislazione e dalla prassi del periodo giolittiano e soprattutto bellico; dall'altro, le novità introdotte dal fascismo che proponevano – in veste oppressiva e autoritaria – "misure e iniziative proprie del modo di produzione capitalistico a un certo grado del suo sviluppo e che, da questo punto di vista, presentavano punti di contatto con intraprese e tentativi analoghi che si svolgevano in altri paesi".[137]

4.
L'assistenza dall'alto

L'Italia della "fame e del bisogno"

Ricapitoliamo. Fin dall'inizio la Segreteria particolare ebbe un ruolo di primo piano nella costruzione dell'immagine del Duce. Non si trattava solo di rappresentare e tradurre operativamente il pensiero di Mussolini, sintetizzarne gli aspetti politici e organizzativi, privati e pubblici, configurando un ufficio "realmente ed esclusivamente suo".[1] Era la corrispondenza diretta con gli italiani, gente comune e "ordinaria", a occupare una parte importante del tempo dell'ufficio. Al Duce arrivavano le richieste più disparate.[2] Nel *Carteggio ordinario* si raccoglievano, così, le istanze che riguardavano gli aspetti della vita quotidiana: le aspirazioni del magistrato che, per fare carriera, si prostrava in atteggiamenti untuosi, raggiungendo "una delle più alte vette di servilismo",[3] o le sollecitazioni del principe Alessandro Ruspoli per un intervento in merito alla controversia sull'esproprio della necropoli etrusca di Cerveteri che si trovava su un terreno di sua proprietà,[4] si mescolavano con quella di una donna che raccontava la disperazione del marito, ex combattente e contadino, che con la morte del mulo aveva perso "la sua arma di pace".[5] Le centinaia di migliaia di lettere raccolte nell'archivio rivelano anzitutto un intenso rapporto tra gli italiani e il Duce, in larga parte spontaneo e riconducibile a pratiche già in passato profondamente radicate nella mentalità popolare del “rispetto” e dell’affidamento ai potenti.

Ma con una significativa novità rispetto al passato, rappresentata dall’impegno consapevolmente profuso dalla Segreteria nel sostenere la costruzione di un contatto individuale con i singoli che si rivolgevano al Duce: uomini, donne, bambini che, uscendo dall’anonimato delle folle che si accalcavano sotto il balcone di Palazzo Venezia e intorno ai palchi dei comizi, gli scrivevano della propria quotidianità, lasciando emergere i problemi concreti, i vissuti sofferti acquistando così uno spessore quasi fisico, sovente reso più vivido attraverso le foto spedite insieme alle lettere.

“Quando si scrive una lettera a Mussolini?” si chiedeva Orio Vergani del “Corriere della Sera”, in un articolo del 3 novembre 1936. “Non tutte, forse, ma quasi tutte certamente in un’ora triste della vita. [...] Si ha un dolore da confidare, si deve superare un’ora di bisogno duro [...] quando ci si guarda intorno e non si sa più a chi rivolgersi, ci si ricorda che c’è Lui. [...] A Lui si può confidare la difficoltà di trovare, dopo una malattia, lavoro; si può parlare dei malanni e delle disgrazie di famiglia; si può raccontare che non si sa come pagare l’affitto di casa; si può raccontare che il ‘fidanzato’ ti ha lasciato con una bambina; si può narrare ogni vicenda triste e nascosta della vita umile. C’è chi scrive per chiedere genericamente giustizia [...] perché parli al padre che ha cacciato di casa la figlia che era stata disonorata. C’è chi domanda un giocattolo per il bambino e chi chiede che lo si aiuti a pagar qualche piccolo debito.”[6]

Lontani dal clamore delle piazze e delle “adunate oceaniche”, nel chiuso delle proprie case, uomini e donne raccontavano al Duce le proprie sofferenze, i dolori di un popolo povero, dolente e bisognoso. La mancanza di lavoro, le situazioni familiari difficili, gli sfratti, le difficoltà nel curare la propria salute e quella dei propri cari, la vedovanza con famiglie numerose da gestire, il desiderio di un corredo per sposarsi, di poter comprare le scarpe o i libri per i bambini in età scolare: si scriveva al Duce soprattutto per avere un aiuto concreto.

E non era l'Italia che il fascismo amava ostentare quella che affiorava nelle loro lettere. Gran parte della popolazione, come notava allora Ludovic Naudeau, viveva in condizioni molto misere "perché nelle campagne i contadini si accontentavano di molto poco e mangiavano carne solo una volta alla settimana. Gli operai nelle officine non mangiavano altro che pane, pomodori e cipolle. Le famiglie con numerosa prole ignoravano persino il profumo della carne e si accontentavano di una brodaglia inconsistente, di vivande scarse".[7] Erano soprattutto le condizioni del nostro Mezzogiorno a scandalizzare i visitatori stranieri. "A Napoli," ricordava Simone de Beauvoir, "la vita degli uomini si esibisce nella sua nudità organica, nel suo calore viscerale ne sentimmo l'orrore: i bambini nudi e pieni di croste, gli scrofolosi, i malati, le piaghe aperte, le purulenze, i volti lividi come ascessi, i caseggiati insalubri [...] e che brulicavano di famiglie; nei rigagnoli, torsi, carogne, che delle mani si disputavano; le Vergini benedicenti che sorridevano a ogni angolo della strada, coperte di orpelli dorati, tra fiori e lumini."[8]

Dal *Carteggio ordinario*, nelle "lettere della fame e del bisogno", emergeva dunque l'Italia della povertà e degli umili. Erano lettere brevi, le formule adulatorie ridotte al minimo, lo stile asciutto e immediato: "Vi invio questi pochi e poveri righi, ma mi capirete e perdonerete per la calligrafia e l'ortografia perché sono figlio di popolo," scriveva un fascista l'8 luglio 1943, agli sgoccioli del regime.[9] In alcune scritture, il linguaggio più appropriato e ricco, la correttezza grammaticale, le espressioni più forbite, i riferimenti a fatti politici specifici facevano sentire la presenza di persone alfabetizzate che prestavano la loro mano, volontariamente o dietro compenso, per elaborare e presentare le richieste di uomini e donne che non avevano dimestichezza con la parola scritta. Molte erano anche le lettere dei bambini, incoraggiati a scuola dagli insegnanti che le consideravano una sorta di esercizio da "tema in classe"[10] e assecondavano con convinzione il progetto mussoliniano di "far nascere un uomo nuovo attraverso l'ideologizzazione dei rapporti con la gioventù". Come scrive Sergio Luzzatto, anche in questi casi dietro le loro incerte manine spesso si riconoscevano "le mani sicure di mamma e papà; oppure la mano solerte della maestra elementare, sempre pronta ad aiutare gli scolari in esercitazioni del genere 'Come ti immagini il Duce?' [...] o 'Scrivi una letterina al Duce'".[11] Come è stato scritto, "tramite queste lettere i promotori della scrittura infantile tendevano al raggiungimento di un ulteriore fine: contribuire [...] alla soluzione di problemi economici e sociali cui non era possibile far fronte con i tradizionali strumenti della beneficenza e le strutture pubbliche".[12] Abbondano così gli appelli di orfani, figli illegittimi o abbandonati da uno dei genitori, e a Mussolini ci si rivolge come a un buon padre di famiglia, una famiglia che, per estensione, diventa l'Italia intera: "Io ti vedo curvo sul capezzale della tua piccola Anna, padre amoroso ma nello stesso tempo Duce d'Italia,"[13] si leggeva in una di queste lettere, sulla cui spontaneità è tuttavia lecito dubitare alla luce anche di quanto scriveva, il 28 luglio 1926, Chiavolini stesso al prefetto di Milano chiedendo severi provvedimenti a carico di un'insegnante che aveva lasciato passare parole "inopportune e sconvenienti", scritte a Mussolini da una bambina sua allieva evidentemente da lei ispirata.[14] Moltissime erano scritte direttamente dagli interessati, con grafie incerte, in una lingua intrisa di oralità, con scarni richiami alle frasi più comuni della propaganda. Si trattava di lettere nelle quali gli autori si soffermavano soprattutto nella descrizione delle loro condizioni di vita, delle loro difficoltà economiche. E la famiglia si confermava essere il soggetto privilegiato nella compagine sociale "costruita" dal fascismo, anche per rappresentare lo stato di bisogno: le difficoltà personali assumevano un peso maggiore perché coinvolgevano e sconvolgevano interi nuclei familiari a cominciare dai soggetti più deboli come anziani, malati, bambini. Le situazioni economiche venivano così drammatizzate ampliando la platea di coloro che ne subivano le conseguenze.

E se la esasperazione delle condizioni di vita poteva risultare un espediente retorico per catturare l'attenzione e la benevolenza dell'interlocutore, non bisogna dimenticare che, allora, a chi scriveva, era noto che le domande indirizzate alla Segreteria venivano sottoposte al vaglio degli organi statali e di partito locali affinché verificassero la veridicità delle affermazioni contenute nelle lettere e la condizione di effettivo disagio.[15] Per ogni domanda spedita a Roma si metteva in moto una capillare azione di controllo e solo se l'accertamento dava risultati positivi si procedeva al soddisfacimento della richiesta.

Si rispondeva a tutti? Le richieste che superavano l'esame poliziesco erano tutte soddisfatte? Il residuo documentale dell'archivio non ci permette di rispondere con precisione a queste domande. Nel corso del Ventennio, soprattutto dalla seconda metà degli anni trenta in poi, per risolvere problemi di spazio, furono distrutti molti documenti. E furono proprio le istanze che non avevano avuto séguito a essere tra i documenti sacrificati. La documentazione sopravvissuta ci permette comunque di notare come tra le pratiche con esito negativo ci fossero le suppliche relative a persone che avevano problemi con l'amministrazione della giustizia, sia ordinaria che straordinaria, sulle cui decisioni la Segreteria particolare si rifiutava di intervenire; e se di fronte a gravi situazioni economiche accertate i funzionari soprassedevano su una dubbia condotta morale, il dissenso politico segnalato dalle autorità locali era un ostacolo insormontabile per ottenere una risposta positiva.[16] Attraverso gli scritti degli italiani e delle italiane, che ne modulavano e personalizzavano la rappresentazione, emerge quindi una realtà di dolore che forza le barriere della propaganda e della censura, guasta il quadro idilliaco di una Italia prospera e felice e fa giungere direttamente al Duce le sofferenze del popolo.

La beneficenza e la battaglia demografica

La beneficenza fu uno dei compiti principali assunti dall'ufficio che così si inserì con forza nel rapporto tra le strutture del regime e la popolazione. Il contesto fu quello in cui, sia nella percezione collettiva sia nello stesso fascismo, era ancora molto labile la demarcazione tra gli interventi benefici dall'alto e le incombenze che spettavano allo Stato sociale.[17] Elargire piccole o grandi somme ai bisognosi che ne facevano richiesta sembrava segnalare, quasi senza soluzione di continuità, l'adozione di tradizioni ereditate direttamente dall'Italia prefascista, proprio quelle che erano state considerate un residuo delle "vecchie mentalità demoliberali", utili solo per curare gli interessi dei deputati nei propri collegi elettorali.

Molti degli interventi della Segreteria sembravano quindi ispirati a criteri più tradizionali, riproponendo le tipiche caratteristiche "a pioggia" della beneficenza dall'alto e alimentando – soprattutto in occasione dei numerosi viaggi del Duce su e giù per la penisola – rapporti diretti con un vasto tessuto di associazioni ed enti molto legati ai rispettivi territori.[18] Troviamo così, citando alla rinfusa, rimborsi per le spese nuziali e per i viaggi in occasione delle varie adunate dell'estate 1925; ancora rimborsi spese per un "enorme mazzo di fiori con foto della madre accanto" per la tomba del "martire" fascista Sante Gozzi[19]; per interventi a favore delle famiglie dei martiri fascisti; per i lavori della Colonia montana e climoterapica di Pianaccio; per la concessione della carta di libera circolazione all'Istituto ciechi di guerra[20]; per aiuti alla colonia agricola Vittorio Emanuele III per gli orfani dei contadini morti in guerra della provincia di Vicenza.[21]

In tutti questi casi si registrava il coinvolgimento delle prefetture (e per loro tramite dei podestà), quasi a confermare come fossero le strutture amministrative periferiche tradizionali a rappresentare il regime meglio degli organi locali del PNF. A partire dal 1° agosto 1929 i prefetti disponevano di un fondo per la concessione di piccoli sussidi a persone bisognose "specie in occasione delle udienze che essi concedono al pubblico in genere nella giornata del sabato",[22] mentre per le occasioni speciali (festività natalizie, viaggi del Duce, ricorrenze) o per le istanze arrivate direttamente a Roma e successivamente segnalate in periferia, le somme erano anticipate dalle prefetture e poi rimborsate dalla Segreteria secondo una procedura amministrativa che appesantiva i lavori degli uffici e infoltiva ulteriormente gli archivi.

Ci furono, però, anche sostanziali novità rispetto al passato tra le quali, le più rilevanti, si registrarono nella volontà di distribuire queste somme privilegiando le famiglie numerose, inserendosi così efficacemente nella campagna demografica che il regime aveva avviato, a partire dal "discorso dell'Ascensione", con la famosa e programmatica frase "il numero è la forza dei popoli"[23] che indicava nell'incremento demografico la chiave essenziale per consentire lo sviluppo del paese.[24]

Quel discorso fu l'occasione colta da Mussolini per presentarsi come l'artefice vittorioso di una nuova tirannide ("Tutti i giornali d'opposizione sono stati soppressi; tutti i partiti antifascisti sono stati sciolti, si è creata la Polizia speciale per regioni [...]; si sono creati gli uffici politici di investigazione; si è creato il Tribunale speciale, che funziona egregiamente") e di una consolidata dittatura. Nella prima parte della sua orazione il Duce aveva definito la "razza italiana" come "il popolo italiano nella sua espressione fisica", facendo coincidere la potenza demografica con la potenza politica dello Stato.[25] Il fascismo, così come si espresse Corrado Gini, dal 1926 al 1932 direttore dell'Istituto centrale di statistica, "avrebbe dovuto quindi essere il compimento biologico della storia italiana".[26] Non a caso, dunque, sostituendo il Codice penale del liberale Giuseppe Zanardelli, il Codice del fascista Alfredo Rocco, entrato in vigore nel 1930, non definiva più l'aborto come un delitto contro la persona e l'onore, ma come uno dei crimini "contro l'integrità e la salute della stirpe" e ne aggravava la punizione.

Il progetto demo-razziale del regime ricevette un chiaro riconoscimento dall'enciclica *Casti connubii* che Pio XI dedicò, proprio nel 1930, al matrimonio cristiano e in cui la modernità veniva criticata soprattutto per la sua influenza negativa sulle nascite.[27] L'ideale della famiglia numerosa, la sottomissione delle donne agli uomini, l'opposizione alla diffusione della conoscenza dei metodi contraccettivi (queste pratiche dalla Chiesa erano considerate "un flagello") accomunavano il Vaticano e il fascismo e su questo terreno costringevano il regime a una esplicita subalternità nei confronti del magistero ecclesiastico.

Nel 1925, allo scopo di ridurre la mortalità infantile, fu fondata l'Organizzazione nazionale maternità e infanzia (ONMI), interprete di un'assistenza sociale volta "ai supremi interessi della nazione", tra i quali, prioritariamente, "lo sviluppo fisico e morale delle generazioni"; nel 1926 si era istituita la tassa sul celibato che colpiva gli uomini celibi di età compresa tra i 25 e i 65 anni (con esclusione di sacerdoti, invalidi e militari in servizio), "una frustata demografica alla nazione", secondo l'espressione del Duce,[28] seguita da altri provvedimenti legislativi che prevedevano l'esenzione dalle imposte o riduzioni fiscali per le famiglie con più di 10 figli (7 per quelle degli statali), premi per le madri prolifiche, doni di nuzialità e di natalità a carico dello Stato e di enti pubblici, la precedenza, in caso di assunzione o promozione, agli uomini coniugati e fra questi a quelli con figli; negli impieghi pubblici, in particolare, furono favoriti i coniugati e i padri di numerosa prole. Le famiglie con molti figli furono avvantaggiate nell'assegnazione delle case popolari e l'indennità di disoccupazione fu calcolata in base al numero dei figli a carico. Il congedo e la cassa di maternità per le lavoratrici dell'industria si estesero alle lavoratrici del commercio e il periodo di congedo obbligatorio fu prolungato a un mese prima e uno dopo il parto.[29]

Il "numero è potenza" fu uno slogan reso operativo anche dal tipo di beneficenza elargita attraverso la Segreteria particolare. Il 19 dicembre 1936 Mussolini in persona, in una solenne cerimonia a Palazzo Venezia, consegnò il premio di 6000 lire in contanti (il salario annuo di un operaio generico) alle coppie più prolifiche, insieme a un diploma di benemerenza rilasciato dall'ONMI e a una polizza di assicurazione di 1000 lire per l'ultimo nato.[30] Era una scelta che indirizzava la beneficenza in una direzione precisa: "Il regime, premiando le famiglie numerose, intende adottarle ad esempio, per spronare le altre," scriveva allora il "Corriere della Sera", sottolineando, nell'"affettuosa generosità del Regime e nel complesso degli aiuti che esso prodiga alle famiglie numerose", una linea di netta contrapposizione "all"aridità egoistica' che aveva contrassegnato il passato".[31]

Ai prefetti si richiedeva con insistenza di rimpinguare i fondi destinati alle famiglie e solo alle famiglie, delineando anche i criteri di massima da seguire nella loro distribuzione: la presenza di 10 o più figli (per quelle meno numerose, fino a un minimo di 7 figli, era competente la Direzione generale dell'amministrazione civile del ministero dell'Interno)[32]; la corresponsione dei premi una sola volta all'anno, "per le feste natalizie con una significativa cerimonia"[33]; la visibilità pubblica dell'elargizione, da far coincidere con "una ricorrenza di una delle più tradizionali e intime feste familiari" e sottolineandone "il carattere di manifestazione personale di compiacimento e benevolenza da parte di S.E. il capo del Governo"[34]; l'acquisizione di "notizie particolareggiate (stato economico, morale ecc.)" per ogni singolo caso, in modo da poter graduare l'intervento a seconda delle necessità del richiedente in una scala che andava dalla concessione del sussidio alla semplice espressione "di compiacimento di S.E." e all'invio di una fotografia, "naturalmente limitato a casi degni di particolare attenzione".[35] La stessa circolare che stabiliva alcuni di questi criteri, quella del 9 maggio 1928, chiedeva anche di adoperarsi "nelle singole circoscrizioni, tra le organizzazioni locali, le istituzioni di beneficenza, Enti in genere e persone facoltose" per promuovere sottoscrizioni onde rimpinguare i fondi della Segreteria particolare che doveva sobbarcarsi il peso crescente di questi contributi[36] e che erano in via di esaurimento già nei primi mesi del 1929.[37]

Un rendiconto dettagliato delle spese lasciava affiorare nitidamente questa realtà. Dal 1922 al 1929 furono elargiti 23.133 sussidi per un importo complessivo di 7.356.000 lire. Rimanevano da premiare ancora 63.000 famiglie, alcune (40.000) in cui erano presenti da 5 a 9 figli, le altre (23.000) con 10 o più figli. In previsione di un premio davvero esiguo (266 lire a famiglia) occorrevano comunque 16.800.000 lire mentre in cassa, a causa della scarsità di offerte provenienti da privati, ne restavano non più di 1.500.000. Così per le feste natalizie del 1929 si era stati costretti a limitare la distribuzione dei premi alle famiglie con 12 o più figli, "considerando nel numero di questi quelli caduti in guerra o per la causa fascista". Di qui l'esortazione alle autorità locali a impegnarsi nell'opera di assistenza, in particolare rivolta alle famiglie più bisognose, interessandosi per la collocazione lavorativa dei loro membri presso enti pubblici e privati, segnalando ai competenti uffici governativi i casi veramente pietosi e urgenti.[38]

I sussidi erano irrisori. E tali rimasero per tutto il Ventennio. Un documento di pochi anni dopo ne confermava l'imbarazzante esiguità: su circa 1200 istanze pervenute alla Segreteria particolare tra il 19 e il 27 ottobre 1935, alla stragrande maggioranza di quelle accolte fu erogato un premio di appena 150 lire.[39]

E non solo. Le cerimonie in cui venivano consegnati, alle quali il regime si sforzava di conferire solennità celebrandoli in un'atmosfera il più possibile "ufficiale", costringevano i "premiati" a mostrare in pubblico la propria povertà inducendo una complessiva sensazione di tristezza.

Ed è proprio la mestizia quella che traspare dalle immagini di uno straordinario documento fotografico: "beneficiandi in attesa", "disciplinati si allineano i beneficiati" sono infatti le didascalie di alcune foto di un album che raccoglie quelle relative alla cerimonia del 6 gennaio 1929, curata dalla Federazione provinciale fascista di Genova (in particolare dal "gruppo generale Carlo Giordana")[40]: in fila, ordinati e disciplinati, con lo sguardo basso, i "beneficiandi" sono imprigionati per sempre, con la loro povertà, nei riti di un regime che aveva costruito parte del suo consenso sulla "carità", purché accettata con passività e rassegnazione. Era la Befana fascista; la sua prima manifestazione c'era stata l'anno prima, nel 1928, per poi essere ripresa e generalizzata negli anni trenta dapprima, in maniera centralizzata, dall'Ente opere assistenziali, poi dagli Enti comunali di assistenza (ECA): i doni elargiti per l'occasione venivano ricondotti alla persona stessa di un Duce "premuroso e attento alle sorti del popolo".[41] In altre immagini dell'iniziativa, tra i doni appaiono, insieme a riso, calzettoni, scarpe, maglie, dolciumi, immancabili le foto di Mussolini. I suoi risvolti politico-propagandistici erano infatti quelli fissati da Starace nel dicembre del 1931: "L'organizzazione della Befana deve essere curata nei suoi più minimi dettagli. Ogni oggetto porti il fascio littorio. Sia distribuita l'effigie del Duce, con pensieri che valgano a illustrare la sua opera in favore del popolo".[42]

Il miraggio di quelle poche lire spingeva gli italiani comunque a scrivere a Mussolini con richieste economiche le cui motivazioni facevano intravedere situazioni estreme di bisogno e disagio. Era il caso, ad esempio, di "una madre che ha avuto 20 figli di cui 8 viventi", o di un'altra che aveva "dato alla luce il venticinquesimo figlio".[43] Altre motivazioni ci appaiono oggi quantomeno bizzarre. Una di queste era addotta da un signore, Francesco Cabula, che all'età di 88 anni aveva avuto un figlio, come era stato "confermato dalle informazioni accuratissime che all'uopo erano state assunte a mezzo dell'Arma dei cc".[44] Ed erano in molti a ostentare la propria prolificità. Il 30 aprile 1929 un gruppo di bersaglieri di Torre Boldone, "una borgata eminentemente agricola del Bergamasco", interrogandosi "sulle condizioni demografiche del gruppo", aveva stabilito che 28 di loro avevano procreato 187 figli, con una media di 6-7 figli ciascuno: due di essi ne avevano 9, uno ne aveva 12, uno 13, uno 15 e infine il recordman, Carlo Alberti, ne aveva messi al mondo ben 18.[45] Pochi mesi dopo, il 19 ottobre 1929, i fascisti di Villasanta scrivevano a Mussolini che, in concomitanza con la nascita della sua ultimogenita, Annamaria, nell'ultima settimana di agosto in paese si erano verificati 6 parti bigemini: "I sei mila abitanti di Villasanta," aggiungevano, "non soltanto fecondano con le nobili fatiche del proficuo lavoro i campi rigogliosi e le fragorose officine, ma nel santuario della famiglia perpetuano le alte tradizioni demografiche della stirpe e obbediscono agli illuminati ordini di vostra Eccellenza dando numerosi figli alla patria".[46] Sembrava proprio che molti facessero figli solo per obbedire alle direttive del Duce: "Mi permetto di segnalarle di aver raggiunto il decimo figlio," scriveva ad esempio B.A., per poi aggiungere: "Ho seguito con vera fede l'indirizzo demografico da ella indicato ed è così radicata la mia convinzione nella verità del suo pensiero che conto tra sei anni di annunciarle la nascita di altri cinque figli!".[47] Oggi c'è da sorridere o da indignarsi di fronte ad affermazioni del genere; allora, ad affiorare era lo spirito di un tempo segnato dalla povertà e dal malessere.

I viaggi

Nella costruzione di un rapporto diretto tra Mussolini e gli italiani un ruolo di particolare importanza assunsero i suoi viaggi nelle città e nelle campagne, utilizzando il treno, l'automobile, la nave, l'aereo e inviando, proprio attraverso la scelta di questi mezzi di trasporto, un immediato messaggio di modernità e dinamismo. Fu, così, il primo presidente del Consiglio ad attraversare l'Italia "in lungo e largo, entrando in contatto con le popolazioni locali" e attingendo al suo carisma per alimentare un consenso che ambiva a essere totalitario.[48]

La loro regia fu uno dei compiti principali della Segreteria particolare che si occupava di tutto, dall'organizzazione dell'itinerario agli incontri con le autorità locali, alle scenografie per le foto e i cinegiornali, al rapporto con la popolazione, plaudente e implorante, che affollava il passaggio del Duce. Le occasioni erano molteplici: numerose furono le visite in Romagna, nel "suo territorio", lì dove tutto era cominciato e dove affondavano le sue radici, sottolineando così nell'immaginario collettivo gli aspetti più popolari della sua vita; nella città di Roma, che rappresentava il centro del suo potere; nei luoghi dove si inauguravano opere pubbliche, molte delle quali finanziate con somme provenienti dai suoi fondi personali e gestite direttamente dalla Segreteria affinché poi si potesse dire "questo lo ha fatto Mussolini"[49]; nei vari Comuni in occasione del conferimento della cittadinanza onoraria, dove le manifestazioni per accoglierlo "irrompevano nella quotidianità con la riduzione degli orari di lavoro, la rimodulazione dei trasporti, l'occupazione degli spazi tradizionali della socialità"[50]: c'era uno schema che si ripeteva ogni volta in maniera sempre più o meno uguale e prevedeva, dopo il conferimento dell'onorificenza in municipio, un discorso di Mussolini, affacciato al balcone del palazzo civico, alla folla di quelli che erano appena diventati suoi concittadini.

Lungo le linee ferroviarie, dove si sapeva dover transitare il suo treno, si raccoglievano masse speranzose di riconoscerne attraverso il finestrino la figura,[51] di "vedervi sporgere allo sportello della vettura con fare affettuoso e paterno", come scriveva un giovane, anzi "un popolano", come si definiva, di San Leonardo di Cutro, al quale dobbiamo anche una cronaca fedele di quel brevissimo transito: prima l'attesa spasmodica ("si aspettava frenetici il vostro arrivo da circa due ore che ci parsero due secoli"), poi il giungere del momento fatidico ("finalmente il capostazione ci annunciò l'arrivo del treno"), infine un entusiasmo travolgente, tale da sconvolgere anche l'organizzazione messa a punto dalle autorità fasciste: "Ero organizzato nella fila della GIL (Gioventù Italiana del Littorio). Il nostro comandante ci aveva imposto di acclamare V.E. gridando Duce, Duce, Duce, ma per me era troppo poco [...] mi sentivo impazzire dalla gioia".[52]

Fin dal 1923 si era varato un cerimoniale perché ogni suo viaggio in treno fosse accompagnato da manifestazioni di devozione in tutte le città. Al suo arrivo a Bologna, il 29 ottobre 1923, aveva trovato, ad esempio, la stazione addobbata con fiori e drappi di velluto assieme a raffigurazioni artistiche della marcia su Roma. Accolto al canto di *Giovinezza*, Mussolini aveva percorso in auto le vie del centro, in un clima di festosa irrequietezza, "acceso dal palpito di cento e cento vessilli e dalla fragorosa eco delle fanfare".[53]

In seguito i viaggi, e tutto quello che comportavano, presero a dilagare: tra l'inizio del 1930 e la fine del 1932 Mussolini si mostrò e parlò agli italiani, oltre che a Roma, anche a Grosseto, Lucca, Pistoia, Milano, La Spezia, Napoli, Terni, Torino, e poi Viterbo, Forlì, Pavia, Monza, Brescia,

Ancona.[54] "Ogni viaggio," scrive oggi Chessa, "diventava un rito collettivo, una cerimonia laica che ripeteva all'infinito, sempre uguale, pur nella diversità dei luoghi e delle occasioni, il rituale del consenso."[55] Durante i trasferimenti era sempre seguito da giornalisti che ne raccontavano la giornata, dall'arrivo fino alla partenza dalla località visitata.[56] L'Istituto Luce, dal canto suo, nel 1932, in occasione della Mostra della rivoluzione fascista, affidò ad Alessandro Blasetti l'incarico di girare un lungometraggio, *Il decennale*, con il montaggio di tanti spezzoni relativi ciascuno alle visite nelle città italiane fatte da Mussolini in quell'occasione.[57]

Alle foto, alle riprese cinematografiche e alle immagini che rimbalzavano dalle cerimonie ufficiali (le parate militari, le mostre, le celebrazioni delle date del calendario civile del fascismo), con il compito di trasmetterne l'autorevolezza e il carisma, Mussolini affiancò quindi un'instancabile attività che lo portò in giro per l'Italia, sperimentando una inedita forma di comunicazione che ne esaltava, oltre alla "fisicità", la facilità con cui intratteneva, anche se solo per pochi minuti, le singole persone che lo avvicinavano.

Le "adunate oceaniche" erano un bagno di folla osannante, le "udienze" episodi che riguardavano un ristretto numero di privilegiati: nei viaggi, invece, il Duce incontrava direttamente uomini e donne che da quel rapido contatto ricavavano entusiasmo e devozione, a prescindere dalla loro appartenenza alla capillare rete delle organizzazioni fasciste. E Mussolini ricambiava, specialmente gli omaggi delle donne, con il suo sguardo sornione e compiaciuto, soffermandosi bonario sulle procaci bellezze delle contadine che lo applaudivano.[58] La lettera, da Siena, di una di loro, "malmaritata con un uomo freddo come un canapo stretto alla gola", ci offre una testimonianza preziosa dei trasporti amorosi che si accompagnavano alla sua "mascolinità" ("V'ho visto ieri nella tumultuosa visita che avete reso alla nostra antica città. Ho incrociato il mio sguardo con il vostro: vi ho detto ammirazione, devozione, rivelato i miei sentimenti") e della dimensione irrefrenabile dell'entusiasmo che suscitava ("Certo in seno mi batte un cuore e non una spugnaccia annegata nella sugna come a quei filari di donnette che vi hanno accolto in piazza quasi mettendo in pericolo la vostra vita, arrivando a spezzare i vetri della vostra vettura pur di toccarvi: zotiche, assassine, come le odio!") che, in qualche caso, arrivava a mettere in pericolo la sua stessa incolumità.[59]

A circondarlo, infatti, spesso era una massa travolgente ("Si sono avuti taluni paurosi ondeggiamenti [...] si è avuto qualche caso di svenimento e soprattutto molta paura tra le donne, molte delle quali hanno potuto poi riparare nei cortili, androni e case vicine," scriveva il prefetto di Torino in occasione della visita del maggio 1939)[60] che sconvolgeva il rigido ordine prestabilito dal partito, scompigliando i cordoni degli iscritti, le file ordinate di gerarchi e gregari del PNF. A ogni viaggio corrispondeva sempre un comizio, un incontro pubblico, ma anche un momento di contatto diretto con i singoli. Nel suo viaggio a Torino, infatti, il Duce, oltre che inaugurare lo stabilimento della Fiat a Mirafiori, diede personalmente il via alla mostra *Torino e l'autarchia*, curata da Giovanni Marro, nella quale troneggiava una significativa "sala della razza".[61] A Livorno, nel 1930, aveva arringato la folla: "Livorno marinara e fascista ha superato le mie aspettative [...]. Vi ringrazio dal profondo del cuore e vi saluto. Viva Livorno!". A Pistoia, tenendo in mano il regalo di un verdissimo fascio di spighe, si esibì in un discorso diventato un suo cavallo di battaglia: "Camicie nere! Popolo di Pistoia! Le mie parole saranno brevi perché io vi conosco e so che non avete bisogno di discorsi perché la vostra fede fascista è profonda!". "Grazie Duce!" urlò la folla.[62]

Era il mussolinismo "della gente comune" evocato da Emilio Gentile.[63]

Spesso la spontaneità si imponeva dunque sull'organizzazione; in ogni caso i viaggi servivano anche a collaudare l'efficienza delle sezioni periferiche del regime. In genere nulla veniva lasciato al caso e tutto veniva preparato fase per fase. La prima coincideva spesso con l'invito da parte di una città. Nel caso di Genova, ad esempio, l'iniziativa era partita, il 23 settembre 1924, da un giornale locale, "Il Cittadino" che, sollecitando la presenza del Duce, aveva fatto riferimento "alla purezza delle tradizioni religiose e nazionali" del capoluogo ligure; poi, il 17 ottobre, si era aggiunto il Fascio genovese ("Abbiamo letto sui giornali i resoconti dei suoi viaggi trionfali. Giustamente meritati perché sappiamo che lei sola è la Persona che ha diritto attualmente di governare gli italiani"), seguito dalla Società patriottica e di beneficenza fra reduci della Regia Marina e dell'Esercito italiano che, il 22 ottobre, coglieva l'occasione per invitarlo "a presenziare alla consegna delle bandiere di combattimento ai regi esploratori 'Leone' e 'Tigre'". Una volta ultimata la preparazione, ci si inoltrava in un iter burocratico complicato proprio perché bisognava tener conto delle varie sollecitazioni che arrivavano dalle località che il Duce aveva scelto di visitare. Per Genova ci vollero due anni, poi, finalmente, tra il 22 e il 26 maggio, Mussolini arrivò. E fu ricevuto con una profusione di doni e omaggi che testimoniavano già allora, nel 1926, il fervore popolare che circondava la sua figura. La Segreteria particolare predispose un elenco dettagliato dei "donatori" che comprendevano organismi sindacali (i sindacati dei floricoltori, degli avventisti scaricatori, degli antracitisti del porto nuovo, la Federazione armatori italiani) e singoli privati (Agostino Scala, Lorenzo Pernigotti, A. Compagna, l'avvocato Guido Bosio – che regalò una pergamena decorata con versi intitolati "arriva il Duce" –, la "popolana" Emma Cerruti), organizzazioni fasciste (l'Associazione nazionale fascisti subalterni), ma anche una miriade di associazioni minori, tra le quali spiccavano il Comitato Stella Maris (la cui presidentessa, Carlotta Lupi, portò in dono un "medaglione della Vergine del mare" con questa dedica: "A voi, Duce invitto, che la meravigliosa opera della ricostruzione della patria imprendeste invocando il divino aiuto"), la Casa di lavoro fra madri, vedove e orfani di caduti in guerra (che esaltava il Duce "interventista, intervenuto con il pensiero e con il sangue"), gli "artieri che costruivano la nave *Roma*", con le firme dei dirigenti e del personale della società Ansaldo (il regalo consisteva "in un modellino di torre binata da 203, riproducente quelle in costruzione per i nuovi incrociatori").

Lo stesso copione fu replicato in un secondo viaggio a Genova, il 14 luglio 1938, in occasione del quale la Segreteria particolare stilò una lista di venti oggetti ricevuti in dono dal Duce (una figura femminile "sorreggente un fascio littorio nell'atto del saluto romano", un "bassorilievo allegorico di legno con il Duce a cavallo seguito dalle camicie nere e dai lavoratori", due disegni a penna con la chiesa e la casa natale del Duce a Predappio ecc.), tra i quali spiccava una mattonella in ceramica con il disegno di un cuore trafitto da un pugnale, sormontato dalla dicitura che riproduceva una frase di Mussolini: "Apritemi il cuore e troverete scritto: volontà".[64]

Molti di questi omaggi venivano mandati a Villa Torlonia, come capitò agli stambecchi ricevuti ad Aosta ("esemplari rarissimi che in Europa si trovano solo nel Parco del Gran Paradiso"), al "cestino di vimini contenente una fine tovaglia di lino e sei tovaglioli", alla "culla di legno con la grande bambola in costume piemontese", al "fermacarte di marmo", al "sopramobile in ferro battuto con i fasci littori" e a tutta la paccottiglia ricevuta a Torino nel viaggio del 1939.[65]

A caratterizzare le sue trasferte c'erano inoltre le elargizioni e gli altri atti di beneficenza che venivano sollecitati in quelle occasioni. E la Segreteria particolare si occupava di raccogliere i desiderata delle popolazioni e le lettere che erano lasciate tra le mani del Duce e dei suoi collaboratori. A queste si rispondeva con la solita elargizione di denaro ai singoli che non superavano in media le misere cifre stabilite già in altre occasioni, ma a esse era rivolto anche un "particolare interessamento"[66] perché l'emozione provata da chi era entrato in contatto diretto con il Duce potesse continuare a vivere nel suo aiuto successivo, trasformando un rapporto occasionale e anonimo, avvenuto in mezzo alla folla, nella illusione di una relazione personale con un singolo. In questi casi Mussolini non era più il benefattore munifico e lontano, quella sorta di divinità benevola ma astratta che emergeva dalle iniziative che segnavano l'attività della sua Segreteria e dalle risposte che le pervenivano dalla folla dei postulanti. Nel corso dei suoi viaggi si assisteva invece a un confronto ravvicinato con l'umanità dolente che prima abbiamo incontrato soltanto leggendo le lettere che gli arrivavano; le suppliche gli piovevano letteralmente addosso anche se l'umanità povera e derelitta da cui provenivano era sempre la stessa, forse solo più drammaticamente esposta agli occhi degli "altri", del pubblico festante e del codazzo di gerarchi che lo accompagnavano in quelle visite. Una storpia per febbri reumatiche, un'ammalata di bronchite, un'artritica, una con il morbo di Pott, una con una grave malattia agli occhi, vedove, tra le quali una con il figlio di 17 anni in manicomio, mogli con mariti disoccupati, in prigione, amputati di una gamba, mutilati con le grucce, ospiti del sanatorio, madri inutilmente prolifiche con 8 figli, con 11 figli: su tutte queste figure, prevalentemente femminili, incombeva una povertà inimmaginabile per chi assisteva ai trionfi pubblici del Duce e per chi ne ammirava la sua tronfia possanza.

Soprattutto al Sud, la miseria assumeva i tratti della disperazione, lasciando affiorare mestieri inconsueti (uno scritturale di numeri in un banco del lotto, un povero artista senza lavoro che sollecitava un imbarco come marittimo, un mendicante) oltre alla folla dei soliti vecchi, disoccupati, mutilati, orfani, paralitici, madri prolifiche e disperate (un archivista di prefettura con 13 figli), e ad alcune richieste insolite ma tipiche di quel contesto geografico e sociale ("un corredo per raggiungere il suo sogno di amore").[67]

Si trattava di una povertà endemica, strutturale, quella che aveva attanagliato da sempre le classi subalterne italiane e che certamente non poteva essere alleviata dalle poche lire che venivano elargite dalle autorità fasciste. Le somme riservate per i "sussidi" erano comunque insufficienti a dare risposte adeguate alle richieste di aiuto economico soprattutto in seguito alla diminuzione della quota procapite seguita alla decisione di ampliare i criteri di selezione della platea dei richiedenti.[68] Se l'elargizione di quelle somme così esigue non risolveva i problemi della povera gente, l'intervento della Segreteria sortiva comunque i suoi effetti diventando parte di un disegno comunicativo tendente a mostrare la sensibilità del Duce nel rispondere ai "bisogni della società nei modi più concreti e diretti possibili".[69]

Gli italiani e le italiane scrivono al Duce

È possibile oggi disporre lungo una scala sociale le richieste di aiuto che arrivavano a Mussolini attraverso la Segreteria particolare. Se il soddisfacimento dei bisogni primari era prevalente nelle richieste delle classi più povere, l'avanzamento di carriera, l'insoddisfazione per il lavoro, la ricerca di nuovi impieghi ritenuti più adeguati alle proprie capacità o status sociale rimandavano invece, anche nello stile epistolare e nelle formule di ossequio adottate, a un ceto medio che vedeva nel fascismo l'occasione per realizzare le proprie aspirazioni e aspettative di affermazione sociale.[70]

In realtà, oltre che per sussidi, lavoro, raccomandazioni – termine del quale, a un certo punto, venne vietato l'uso nelle lettere di risposta e sostituito con "segnalazione"[71] – si scriveva a Mussolini per molti altri motivi. E lo abbiamo visto. Per organizzare la corrispondenza e rendere più agile la sua gestione, gli archivisti della Segreteria crearono alcune griglie tematiche – *Sussidi, Omaggi, Sentimenti* – all'interno delle quali collocare le lettere sulla base del loro contenuto. È questo un intervento interessante ai fini del nostro discorso perché conferma quanta attenzione era posta nel decifrare gli stati d'animo della popolazione che si rivolgeva a Mussolini. Queste "etichette" sono presenti ancora oggi a indicare alcune serie archivistiche in cui si articola il fondo conservato presso l'Archivio centrale dello Stato e possono servire come orientamento per le attuali ricerche. Ma non sono una bussola sufficiente. La classificazione archivistica, nell'ansia organizzatrice, semplifica troppo e non restituisce la complessità emotiva che si registra all'interno delle singole scritture dove atteggiamenti adulatori ed espressioni sincere di ammirazione convivono con la schiettezza delle confessioni, delle pulsioni, dei bisogni.

Spesso a quelle lettere si ricorreva solo per comunicare, per fare giungere la propria voce nelle stanze del potere, per testimoniare la propria esistenza. Come ha affermato Antonio Gibelli, a scrivere "era gente senza parola o almeno senza parola scritta".[72] La gente comune, ossia la gente che non conta nulla, sembra cogliere qui una specie di possibilità residuale di farsi sentire. Il contadino, l'operaio ma anche l'emarginato, la donna, il bambino, i vecchi chiedono di avere accesso ai luoghi dove si può decidere, o semplicemente di prendere contatto diretto con le persone dotate di fortuna, successo, potere. Chiedono di essere ascoltati. Spesso lo stile lessicale è quello imposto dal potere nella comunicazione quotidiana, ma a predominare è comunque il linguaggio omologato della società di massa,[73] per quanto il ricorso stesso alla scrittura possa apparire come il superamento, magari puramente simbolico o virtuale, di ostacoli e separatezze. La lettera offre la possibilità di inviare un messaggio personalizzato, fisicamente palpabile, alle alte sfere.[74] Nelle espressioni linguistiche tra il colloquiale e l'ossequioso, in una "combinazione di prossimità e timore reverenziale",[75] nel racconto delle proprie sofferenze, nell'impegno a riportare aspetti e particolari delle vicende, si legge la necessità di essere ascoltati, di entrare in un contatto diretto e personale con il "Capo", di uscire dall'anonimato della folla, di sfuggire alle formule e di parlare di sé.

Nel *Carteggio ordinario* vi sono anche molte lettere scritte da donne, un fenomeno questo abbastanza eccezionale per gli archivi pubblici nei quali i silenzi della documentazione sulla presenza femminile riflettono "l'asimmetria che caratterizza le donne rispetto al potere".[76] Erano donne di ogni condizione e mestiere,[77] che, come scriveva A.M.G., "con Vostra Eccellenza vegliano e soffrono, perché in quanto donne meglio conoscono le gioie e i dolori di cui, talvolta involontariamente, sono prodighi i figli".[78]

Le tracce documentali che danno visibilità alla loro vita compaiono di solito nel momento in cui sono prese "nell'ingranaggio delle istituzioni statali"[79]: polizia, giustizia, istruzione, assistenza, controllo sociale in genere. La Segreteria particolare offre una ulteriore prova di questa "asimmetria", conservando poche voci femminili nel *Carteggio riservato*, proprio perché in esso confluivano le pratiche più delicate relative a questioni politiche e di potere nelle quali la presenza delle donne era molto rarefatta. Numerose sono invece quelle conservate nel *Carteggio ordinario*, da dove emerge una immagine femminile modellata nel solco della tradizione in linea con pratiche e valori consolidati. L'impressione che se ne ricava è che, durante il fascismo, più che l'ideologia impositiva proposta dal PNF e dalle altre strutture del regime, a "fare le italiane" contribuissero altri strumenti molto più potenti: la spontaneità del mercato e dello sviluppo economico, l'influenza della Chiesa, la persistente vitalità dei reticoli associativi della società civile. E se da un lato la morale cattolica contribuì a rafforzare atteggiamenti e comportamenti tradizionali, dall'altro la radio, il cinema, i grandi magazzini, la stampa, i rotocalchi alimentarono "nuove forme di espressione individuali e di gruppo, nuovi stili di vita e nuove modalità di impiego del reddito disponibile".[80] L'immagine unitaria della donna ottocentesca, di conseguenza, si frantumò lungo molteplici linee di faglia che corrispondevano ad altrettante diverse sfumature del modo in cui le donne reagirono all'impatto con la modernizzazione. La De Grazia, nel suo volume *Le donne nel regime fascista*, ne individua vari tipi, dalle più emancipate, le ragazze lavoratrici di Milano ("grandi consumatrici di moda, riviste illustrate e cinema"), a quelle più all'antica, le provinciali cattoliche che, "trecce lunghe e calze spesse, imparavano le responsabilità sociali e l'autodisciplina nelle organizzazioni femminili della Gioventù cattolica"; le più ostentatamente moderne erano comunque le ragazze aristocratiche o arricchite della capitale, "con i loro tè danzanti e le gite in auto a Ostia"; le consumatrici più timide della cultura di massa erano le decine di migliaia di ragazze di campagna che "mandate a servizio già a tredici, quattordici anni, coglievano di sfuggita i diversivi urbani mentre si affrettavano a fare le commissioni". In quest'ottica, "nel periodo tra le due guerre la vita delle italiane appare molto più simile a quella delle donne di altri paesi; la differenza principale sta nel fatto che la dittatura fascista cercò sistematicamente di impedire di vivere quei fermenti come occasioni di emancipazione individuale e, tantomeno, collettiva".[81] Quello che possiamo dire è che certamente il fascismo contribuì a rendere più visibili le donne nella sfera pubblica. Ma senza che questo comportasse una rottura drastica nella continuità di comportamenti assolutamente tradizionali, confermando quelle crepe nella costruzione di un "totalitarismo perfetto" che abbiamo prima richiamato.

È un fatto, ad esempio, che la "nuova italiana" auspicata dal regime era titolare di diritti e doveri che, nella costruzione di un forte Stato nazionale, la proiettavano all'esterno delle strutture familiari. Pure, l'inquadramento nelle organizzazioni di massa non era di per sé in grado di spezzare le antiche consuetudini sedimentatesi sui ruoli femminili. In questo caso, infatti, l'applicazione del principio del "ciascuno al suo posto" assumeva come priorità strategica la conferma della netta opposizione tra una cittadinanza piena, riconosciuta agli uomini in quanto titolari di una partecipazione attiva alla sfera pubblica, e la passività subalterna della sfera domestica e privata che competeva alle donne.[82] Le immagini tradizionali delle spose, delle madri e delle sorelle, e quelle moderne della cittadina, della lavoratrice, della consumatrice e dell'utente dei servizi dello Stato sociale, non giunsero mai a una vera e propria sintesi; sarebbe stato necessario, per ottenerla, forzare una separatezza tra mondo maschile e mondo femminile che era invece geneticamente inscritta nel paradigma costitutivo dell'ideologia fascista.

Inoltre il modello femminile del regime assumeva come priorità molti dei tratti dell'educazione religiosa diventando in questo senso subalterno all'universo dei valori cattolici: rassegnazione, spirito di sacrificio, umiltà; "per questa ragione, la versione cattolica della centralità della famiglia, certamente più ricca simbolicamente della versione puramente pronatalista del regime, non si oppose a quest'ultima"[83]; tra i due universi organizzativi che facevano capo alla Chiesa e al PNF, non solo non ci furono attriti e divergenze di grosso rilievo, ma il regime tese a presentarsi alle donne accentuando in modo esplicito i tratti più confessionali della sua politica, garantendosi sia dal punto di vista numerico che da quello ideologico il loro massiccio consenso.

Come conseguenza, la già citata enciclica *Casti connubii* di Pio XI sul matrimonio e la morale sessuale finì con l'avere una risonanza molto maggiore dei discorsi di Mussolini "sulle culle e le bare". Proprio nella fase che avrebbe dovuto segnare l'impianto di un monopolio fascista nello scandire i termini della mobilitazione politica delle donne, l'entrata in campo delle organizzazioni cattoliche rappresentò invece un passaggio cruciale nella strategia di radicamento popolare della Chiesa. Al riparo di una presunta apoliticità, il movimento femminile cattolico si inserì stabilmente nelle strutture dello Stato e della società civile, occupandosi dell'organizzazione del lavoro, di legislazione sociale e di istruzione pubblica, fornendo alle donne spazi e strumenti di socializzazione.

In questo contesto, in cui coesistevano modelli diversi e interventi della Chiesa e del PNF funzionali a perpetuare le gerarchie sociali e sessuali così come erano state definite dal mercato e dalla tradizionale divisione di genere, la maggior parte delle donne presenti nell'archivio della Segreteria particolare richiamava decisamente l'immagine di una donna subalterna che si rivolgeva a Mussolini come al "buon padre di famiglia", a volte usando espressioni scarne e prive di qualsiasi retorica, a volte facendo intravedere venature sessuali ma sempre nel nome della tradizionale cura nei confronti della famiglia o di qualcuno dei suoi singoli membri secondo schemi consolidati e ripetitivi. Le scritture femminili prevalenti mostrano donne che tramandavano la loro antica funzione tesa a mediare tra i bisogni familiari e lo Stato, incarnato in quegli anni nel Duce, cercando di utilizzare a proprio favore l'inclinazione familista del regime. Poche chiedevano per sé. E quelle che lo facevano – domandando un lavoro, il riconoscimento di diritti maturati nell'ambito familiare, il passaggio di titolarità di licenze – si sentivano in dovere di giustificare tale protagonismo motivandolo con la condizione di estremo bisogno in cui versava la famiglia della quale erano diventate l'unico sostegno. La maggior parte chiedeva per gli altri, per il marito disoccupato, per il figlio disperso durante la guerra, per i genitori malati, spesso ostentando un dolore che dava loro il coraggio anche di rendere pubblico il bisogno e l'indigenza.[84] Tali comportamenti oblativi, che pure lasciano intravedere la forza di sostenere il peso delle difficoltà e di assumere la responsabilità di risolvere, o quanto meno di affrontare con i pochi mezzi a disposizione, situazioni dolorose e difficili, finivano però per ribadire la subalternità strutturale del ruolo della donna all'interno di una famiglia come quella che il fascismo aveva posto alla base della sua piramide sociale. Era una strada obbligata, dopo "il brusco ritorno all'ordine nel quale restaurazione sociale e quella di genere si intrecciarono, riproponendo per le donne il loro ruolo tradizionale di 'ultimo anello della catena'",[85] segnalato anche dal drastico abbassamento dei salari femminili che, dal gennaio del 1927, furono ridotti alla metà dei corrispondenti maschili.

La "politica dell'intimità"[86]

Sugli aspetti appena ricordati della questione femminile ritornava poi una lettera di Augusto Turati, segretario del PNF dal 1926 al 1930, agli organi direttivi dei fasci femminili. La lettera apparentemente si riferiva alla toponomastica e al rifiuto del Duce, in quella fase, di una sua eccessiva monumentalizzazione, ribadendo "il desiderio espresso di S.E. che il nome di Sua madre e di Sua figlia non vengano dati a nessuna istituzione". Significativa per noi era, però, la sua conclusione: "Bisogna che d'ora in avanti siano intitolate al solo nome del Duce istituzioni di importanza o di interesse nazionale o almeno regionale. Sarà ugualmente caro a S.E. il capo del Governo [...] se le iniziative di minore importanza si intitoleranno al nome delle più nobili figure del fascismo e della guerra. I risultati del lavoro fino a oggi compiuto dalle donne fasciste, i propositi del loro entusiasmo per domani, l'azione spiegata per l'organizzazione e il funzionamento delle colonie estive che daranno tanto benessere ai bimbi poveri sofferenti, hanno già reso ben palese al nostro Duce con quanta fede anche la donna si sia unita a noi, nel campo dell'assistenza, per la grande opera di ricostruzione nazionale".[87]

Come a dire, continuate a occuparvi dei bambini senza farvi coinvolgere nelle diatribe sulla toponomastica e senza derogare al ruolo di "spose e madri esemplari"[88] che il regime vi ha assegnato. Quando Mussolini si era vantato, nel 1926, del fatto che "il Fascismo fosse diventato, come lo volevo, la religione civile di tutti gl'italiani che sono degni del nome di italiani"[89] alle donne, evidentemente, non aveva pensato.

Nella costruzione dall'alto del suo mito,[90] le pagine dei *Colloqui* con il giornalista tedesco Emil Ludwig (1932) sintetizzano con efficacia i materiali di cui intendeva servirsi: "Quando sento la massa nelle mie mani, quando avverto la sua fede, o quando io mi mescolo con essa, che quasi mi schiaccia, allora mi sento un pezzo di questa massa. [...] Tutto dipende dal saper dominare la massa come un artista".[91] E poi: "La massa per me non è altro che un gregge di pecore, finché non è organizzata. [...] Ma se la si conduce, bisogna governarla con due redini: entusiasmo e interesse".[92] La sua teoria dell'"azione sulle masse" si nutriva di stereotipi nazionali e di genere condivisi e diffusi: "La massa ama gli uomini forti, la massa è donna".[93] E il mito della romanità era quello in cui si esprimeva meglio l'idea di forza, aggressività, attivismo, potenza, conquista, che animavano il suo progetto dell'"italiano nuovo", vitale, energico e moralmente sano, all'interno dello Stato totalitario che l'aveva prodotto e cresciuto. Chiavolini seguì da vicino la stesura del libro scritto da Ludwig. L'editore, Arnoldo

Mondadori, discusse proprio con il segretario l'eventualità di espungere dal testo delle frasi del Duce troppo "sincere" (eventualità subito respinta).[94]

Nell'opera dei segretari non c'era solo il proposito di censurare ciò che risultava sgradito al Duce. Si trattava di scegliere i temi, le parole, il tono per raggiungere e condizionare l'immaginario collettivo utilizzando tutti i mezzi a disposizione, dalla parola scritta ai media sonori e visivi la cui influenza era stata ben compresa dal regime.

Alla Segreteria particolare era affidata di fatto la regia generale per governare il complesso meccanismo proprio della sfera comunicativa del Novecento. Tutto passava sotto il suo controllo: dalla stampa all'editoria, alle arti visive come il cinema, il teatro e le mostre. Del resto, non poteva che essere così per un regime che aveva abolito tutte le libertà e che si imperniava sul potere di un capo invasivo, onnipresente, affetto da una maniacale propensione al controllo anche degli aspetti più minuti della vita pubblica e privata.

Le migliaia di lettere che arrivavano a Palazzo Venezia erano una occasione privilegiata per entrare in contatto con una moltitudine di uomini, donne e bambini che si rivolgevano al Duce come al taumaturgo che risolveva tutti i mali. Un universo affollato da gente appartenente a tutti gli strati sociali, uomini e donne prevalentemente sconosciuti che in genere si muovevano ai margini dei meccanismi del potere statale o fascista, spinti a uscire dall'anonimato da motivazioni diverse. Se la dimensione quantitativa del fenomeno, sconosciuta per i periodi precedenti della storia d'Italia, è una ulteriore conferma della centralità del mussolinismo nella storia del Ventennio, nelle invocazioni che gli italiani gli rivolgono prendono forma le diverse immagini del capo del fascismo che convivevano nell'immaginario collettivo.

Non è a quello "monumentalizzato" che viene chiesto aiuto ma alla persona sensibile e di cuore, al figlio del fabbro romagnolo che, avendo conosciuto le miserie e le difficoltà della vita, poteva maggiormente capire i bisogni del popolo. È al padre che aveva vissuto le sofferenze di un genitore, con la perdita del figlio Bruno e la grave malattia della figlia Annamaria, che le madri potevano raccontare lo strazio per la morte di un figlio. È al fascista che aveva sfidato la vecchia classe dirigente liberale, rompendo i tabù di un ceto politico in marsina e cilindro,[95] insensibile e lontano dal popolo, che si poteva chiedere di intervenire per risolvere le ingiustizie della vita.

Se la figura paterna occupava la facoltà immaginativa di coloro che chiedevano aiuti e assistenza, è al benefattore della patria, all'artefice della grandezza dell'Italia nel mondo, al "messia della pace" che si rivolgevano gli italiani che esprimevano sentimenti di consenso, affetto, ammirazione. Nelle scritture dove era maggiormente presente una adesione più politica al fascismo emergeva invece l'immagine del condottiero che guidava la nazione verso nuovi traguardi riproducendo negli accenti usati uno schema che richiamava i temi patriottico-risorgimentali da più lungo tempo sedimentati anche nella cultura popolare.[96] Mentre i riferimenti religiosi con l'attribuzione al Duce di un alone taumaturgico e protettivo caratterizzavano in maggior misura le istanze provenienti dai ceti più poveri secondo i canoni di una antica religiosità popolare. In queste rappresentazioni dal basso erano quasi assenti i contenuti del "mito" che rimandavano agli aspetti più ideologici del fascismo, alla costruzione dell'uomo nuovo, all'universalismo della civiltà romana, alla modernità, temi che invece accompagnavano la percezione del Duce presso le classi dirigenti fasciste.

Il suo "monumento" veniva quindi reinterpretato e interiorizzato in relazione ai bisogni, alle tradizioni culturali e alle aspettative delle masse popolari, attraverso "un continuo processo di aggiustamento e riadattamento che portava la gente a rimuovere o a minimizzare ogni dissonanza tra mito e realtà".[97] Il risultato di questo intreccio comunicativo tra i modelli proposti dall'alto e le rappresentazioni spontaneamente attivate dai soggetti sociali era la molteplicità di icone della persona del Duce – dalla sacralizzazione quale leader carismatico e infallibile, onnipresente e onnipotente, all'immagine dell'uomo di umili origini – enfatizzate e rilanciate da una strategia comunicativa che, usando linguaggi, strumenti e codici semantici diversi, era in grado di raggiungere tutti gli strati della popolazione, dalla città alla campagna, dal ceto colto a quello privo di scrittura.

Di questa strategia, la Segreteria particolare era un significativo protagonista che interpretava in maniera concreta una declinazione dello slogan "andare al popolo", annunciato con il discorso ai napoletani del 25 ottobre 1931. Gli interventi materiali a favore dei questuanti, espedienti miseri e intrisi di antico paternalismo; le espressioni usate nelle risposte, vuote e formali ma attente ai risvolti psicologici della ricezione del messaggio; l'utilizzo massivo delle strutture statali e fasciste erano operazioni strumentali a sostenere il mito del "padre", diffuso nell'opinione popolare meno sensibile ad altri aspetti del mito, e nel creare l'illusione di un contatto diretto, umano, individuale alle vicende personali; una permanenza della sua figura nell'intimità delle case anche attraverso le foto che contribuivano a rendere il suo volto familiare e onnipresente.

5.
Le guerre, la guerra

Esercizi bellici: Etiopia e Spagna

L'imperialismo e la guerra erano elementi cardine dell'ideologia fascista. Ne scrisse lo stesso Mussolini nel suo saggio sulla *Dottrina del fascismo*, già nel 1932: "Il fascismo non crede alla possibilità né all'utilità della pace perpetua. Respinge quindi il pacifismo, che nasconde una rinuncia alla lotta e una viltà di fronte al sacrificio [...]. Solo la guerra porta al massimo di tensione tutte le energie umane e imprime un sigillo di nobiltà ai popoli che hanno la virtù di affrontarla". La pace, e tutte le istituzioni internazionalistiche e "societarie" che a essa facevano riferimento, erano estranee allo spirito del regime. La positiva conclusione della crisi innescata da Hitler con l'assassinio del cancelliere austriaco Engelbert Dollfuss, nel 1934, lo convinse, poi, di essersi definitivamente assicurato la considerazione delle potenze europee e di poter finalmente cercare in Africa la prova di forza sul terreno militare che mancava per accrescere il prestigio internazionale dell'Italia fascista.

La curva del consenso aveva allora raggiunto il suo culmine, mentre anche dagli ambienti industriali si erano fatte più forti le spinte per una nuova avventura coloniale. Alla fine, fu comunque la consapevolezza della precarietà degli equilibri internazionali a spingerlo verso un cimento bellico che pensava di poter gestire senza correre rischi eccessivi.

Il 3 ottobre 1935 fu quindi scatenato l'attacco all'Etiopia, l'inizio di una guerra di conquista e di annientamento, condotta e preparata secondo gli schemi della vecchia diplomazia liberale e della più rigida ortodossia militare. La condanna dell'Italia come paese aggressore da parte della Società delle Nazioni e le sanzioni economiche, mai veramente applicate, che ne seguirono, diedero al Duce un'ottima opportunità per consolidare il "fronte interno" contro quella che fu definita una "congiura" anti-italiana di ben cinquantadue Stati. La resistenza abissina fu schiantata. Il 5 maggio 1936 le truppe fasciste entrarono in Addis Abeba. L'esultanza per quella che veniva giudicata una grandissima vittoria si propagò coinvolgendo non solo i circoli fascisti ma anche larghi strati dell'opinione pubblica. "A chi il Duce? Ai feriti dell'Africa orientale!"; "Entro l'anno 1936 in Italia non vi sarà nemmeno un disoccupato"[1]: era in questa direzione, come scriveva a Mussolini un'anonima camicia nera, che si orientavano gli entusiasmi popolari, filtrando attraverso le maglie della propaganda e dell'indottrinamento del regime.

La Segreteria particolare fu ovviamente coinvolta massicciamente in questo lavorio propagandistico. Alle solite lettere che continuavano ad arrivare copiose si aggiunsero infatti quelle che gli italiani e le italiane scrivevano al Duce per manifestare la loro fede fascista, con uno slancio in qualche caso rafforzato dalla scomparsa di un congiunto, immolatosi per permettere all'Italia di conquistare, con l'Impero, il suo "posto al sole".

Fu lo stesso Mussolini a sollecitare l'ufficio in questo senso: bisognava valorizzare quelle lettere, pubblicandone una raccolta che stesse a testimoniare l'appassionata partecipazione dell'opinione pubblica all'avventura coloniale e imperiale intrapresa dal regime.[2] Così, il 9 maggio 1937, a un anno esatto dalla conquista di Addis Abeba, vide la luce una pubblicazione dal titolo emblematico, *Le voci del sacrificio*, con una prefazione del Duce nella quale si ringraziavano "i padri, le madri, le mogli, i figli dei Caduti nella grande vittoriosa guerra africana" che avevano scritto "per far sapere che, nel loro animo, la tristezza si accompagna all'orgoglio ed è consolata dal pensiero che il sangue dei loro cari non fu sparso invano". E, per la Segreteria, Sebastiani aveva aggiunto che le lettere e i telegrammi raccolti nella pubblicazione erano "solo un saggio dei tanti scritti con i quali le famiglie dei Caduti per la conquista dell'Impero hanno voluto esprimere il loro sentimento".[3]

In molte, per la verità, rimanevano intatte le stesse motivazioni che abbiamo già evidenziato a proposito delle richieste di sussidi, solo adattate alla specificità del contesto bellico. E si incontrano spesso anche le solite richieste e gli altrettanti soliti invii di fotografie ("Oso inviare in omaggio la di lui effige e il testamento suo dettato prima di esalare il suo ultimo respiro").[4] Moltissime però erano le testimonianze di slanci e passioni che la guerra trasfigurava in dedizione e disponibilità al sacrificio: "Al medico che l'avvicinava per porgergli i primi soccorsi," scriveva Azzo Azzi da Torino, "mio figlio Francesco disse il motto 'me ne frego di morire; sono solo lieto di aver vinto!'".[5] C'era, così, chi anelava a prendere il posto del congiunto caduto ("ansioso coprire vuoto lasciato dal fratello nelle file valorose 3° Genio," scriveva il fratello maggiore di un morto),[6] o chi si doleva di non avere altri figli da sacrificare alla patria. E poi, numerose, c'erano anche quelle in cui affioravano i presupposti razzisti della propaganda ufficiale; il nemico era per definizione "barbaro"[7]; "selvaggi con armi europee": così chiamava gli etiopi il padre di una camicia nera, Silvio Ferrari[8]; in molti casi a quel nemico non si riconosceva nemmeno la dignità di avversario, ignorandolo del tutto e preferendo prendersela con la "perfida Albione", l'Inghilterra ("l'oro britannico non potrà mai avere ragione di tanto eroismo")[9] e in particolare il suo primo ministro, Anthony Eden ("che con la sua ferocia ha voluto mettere le sanzioni contro l'Italia, privilegiando una nazione così lontana e selvaggia come l'Abissinia, invece di aiutare una nazione così vicina, civilizzata e così benefica come l'Italia"),[10] o "con gli ingiusti e ingordi Stati che il popolo nostro disprezzano",[11] i "malnascosti armatori di negri"[12] e "coloro che hanno fornito al nemico quei cannoncini antiaerei, mitragliatrici e moschetti che hanno fatto tanti orfani e tante vedove, me e le mie bimbe comprese".[13]

E la fame di guerra non si placò certamente con l'Etiopia, alla quale seguì infatti immediatamente la Spagna.

L'intervento italiano nella Guerra civile spagnola (1936-1939), a sostegno delle truppe golpiste comandate da Francisco Franco e a fianco di Hitler e del nazismo, si realizzò nel segno di un anticomunismo radicale, diventato l'asse di riferimento della politica estera del regime fino a ricoprire quel ruolo centrale che, prima del 1936, era stato del "revisionismo": "Un solo pericolo minaccia la nostra cultura, la nostra integrità e la nostra civiltà; e questo pericolo è il comunismo," aveva affermato Mussolini rivolto ai "popoli europei" il 18 gennaio 1937.[14]

E in Spagna ci fu anche la prima applicazione di uno schema che si sarebbe ripetuto, senza molte variazioni, fino al 25 aprile 1945. In quel contesto infatti i tedeschi sperimentarono uomini e materiali e misero a punto raffinatissime tecniche di distruzione (i bombardamenti a tappeto, ad esempio) applicate poi con successo nelle prime fasi della guerra mondiale che sarebbe scoppiata nel settembre del 1939; per tre anni, inoltre, si tenne in vita un focolaio di tensione antibolscevica che sabotò preventivamente il consolidarsi di ogni possibile coalizione antihitleriana, ottenendo anche cospicui vantaggi economici per la Germania. Da parte fascista non si può dire che ci fosse altrettanta lucidità. L'esigenza sbandierata dal regime della necessità di disporre di un'alternativa strategica al peso della flotta inglese nel Mediterraneo non era sufficiente a giustificare una guerra così dispendiosa: 3000 morti, spese per 14 miliardi di lire (il doppio del bilancio militare annuo del paese), ingenti quantità di materiali abbandonati sul terreno con l'impossibilità di ricostruire le scorte già falcidiate dalla guerra con l'Etiopia.

Fu in particolare la sconfitta di Guadalajara, per opera soprattutto degli antifascisti italiani, nel marzo 1937, a suscitare un certo sconcerto nel regime. Nonostante gli imbarazzati tentativi giustificazionisti ("Più che di un insuccesso doveva parlarsi di una vittoria italiana, che gli eventi non permisero di sfruttare,"[15] scrisse su "Il Popolo d'Italia" il 5 giugno 1937),[16] Mussolini rimase molto scosso dalla contemporanea scoperta di una vistosa impreparazione militare e di un pericoloso senso di "appagamento" che la vittoria contro l'Etiopia aveva diffuso a livello di massa. La crociata antibolscevica, priva da anni di apprezzabili minacce interne per l'esiguità organizzativa di un Partito comunista italiano ormai ridotto ai minimi termini, era incapace di alimentare una autentica tensione ideologica, mal sostenuta – come abbiamo visto – dalla propaganda del regime.

Sia durante la guerra di Etiopia che quella di Spagna le lettere che arrivavano alla Segreteria particolare segnalavano uno "spirito del tempo" nel quale l'andamento delle operazioni sul campo aveva un'ovvia influenza sugli umori e i comportamenti degli italiani e delle italiane. Quelle "della fame e del bisogno" continuarono a rappresentare la maggioranza, ma le loro motivazioni risentivano fortemente del clima bellico in cui furono scritte. Era così, ad esempio, per la madre di un volontario delle Camicie nere caduto in Etiopia che, nel chiedere "una elargizione", si diceva "pronta a dare ancora i cinque figli che le rimangono se la patria lo richiedesse"[17] o, su un altro versante, già emerso nei tempi della normalità fascista, per le richieste di fotografie del Duce o per l'invio di foto allo stesso da parte dei familiari dei caduti nella guerra di Spagna.[18]

Numerosi diventarono i riferimenti ideologici che affioravano in queste richieste. Accenti decisamente "militanti" si registravano, in alcune lettere, come, ad esempio, quella del fratello di un sergente pilota caduto in Africa orientale, che invocava "l'alto onore di difendere i sacri diritti dell'Italia" e "di vendicare" la morte del congiunto,[19] o di quella madre che, sempre in relazione alla guerra in Etiopia, aveva pregato "per ottenere dalla Madonna Immacolata la brevità del conflitto e la piena e sfolgorante vittoria dell'Italia".[20]

Toni che richiamavano lo stesso spirito presente nelle lettere dirette a Francisco Franco da parte dei soldati italiani che combattevano in Spagna durante la Guerra civile. Furono circa 2000 quelle raccolte dalla Segreteria del "Caudillo" e spesso quelli che scrivevano per chiedere favori si richiamavano a esplicite motivazioni politiche, tese a sottolineare il proprio impegno nella lotta contro il bolscevismo: ci si dichiarava così "pronti a versare il proprio sangue per la comune causa della razza latina", di voler "fare qualcosa per il trionfo della fede e della civiltà", di essere disponibili a schierarsi nella battaglia "contro il comunismo nemico della civiltà",[21] in un'orgia di riferimenti ai temi della propaganda franchista e fascista che coinvolgeva anche i bambini (pronti a battersi contro "soprusi e la malvagità dei rossi") e che si abbandonava pure a invettive decisamente antisemite (contro "l'opera criminale dei giudei di Europa" e la "follia bestiale dei rossi"), del tipo di quelle contenute in una lettera della comunità polacca di Sanremo.[22]

In relazione all'intervento fascista in Spagna, il ruolo della Segreteria particolare del Duce non fu più lo stesso di quello rivestito durante la guerra di Etiopia. Non risultano, infatti, raccolte di lettere dei familiari dei caduti del tenore di quelle pubblicate dopo la conclusione vittoriosa della guerra "imperiale". Forse per evitare l'effetto deprimente di quell'esperienza così segnata dal lutto e dal dolore, un'opera celebrativa con qualche vaga somiglianza con *Le voci del sacrificio* fu il volume *Legionari di Roma in terra iberica, 1936-1939*, edito, nell'aprile del 1940, "sotto gli auspici del reggimento artiglieri d'Italia 'Damiano Chiesa'", con una presentazione di Adalberto di Savoia Genova, duca di Bergamo. La pubblicazione, corredata da una imponente mole di fotografie (in gran parte messe a disposizione da "Il Popolo d'Italia") e curata da Varo Varanini, fu resa possibile grazie al sostegno finanziario dell'industriale milanese Giovanni Fenaroli e poteva contare sulle "grandi firme" di collaboratori eccellenti (tra gli altri, Giovanni Ansaldo, Mario Appelius, Luigi Barzini, Emilio Canevari, Asvero Gravelli, Cesco Tomaselli, Alessandro Pavolini), scelti tra "coloro che ebbero la grande ventura di prendere parte alla grandiosa impresa" e che offrirono la loro penna "per esaltare il valore dei legionari italiani in terra iberica e l'apporto del fascismo alla salvezza della civiltà mediterranea".

La pubblicazione riecheggiava molti temi della consueta propaganda antibolscevica: il nemico era un insieme di "orde convulse", di "masnade barbariche", "una bestia umana scatenata con la sola aspirazione della strage"[23]; "la lotta comune, riaffermando sui campi la stretta indissolubile unione dei due popoli [tedesco e italiano], aveva consacrato la solidarietà delle Potenze dell'Asse".[24]

A fianco dei contributi degli scrittori era stato ritagliato uno spazio, esiguo, anche per le lettere dei soldati: "Tra le innumerevoli lettere dei legionari ne abbiamo scelte alcune, assolutamente a caso," si leggeva nel libro. Erano poche, scritte a mano, molte recavano il timbro dell'Ufficio assistenza volontari e richiamati e tutte grondavano di fede fascista e motivazioni ideologiche improntate a un dilagante anticomunismo. No: decisamente lo spirito non era più quello degli entusiasmi per l'Impero e la prova di quanto fosse profonda questa che era una vera e propria crisi si sarebbe avuta subito dopo, nell'immediata vigilia della Seconda guerra mondiale.

1938: le leggi razziali

L'avvio della legislazione contro gli ebrei nel 1938 costrinse la Segreteria particolare a un contatto stretto e difficile con le altre agenzie governative, riproponendo i conflitti di autorità e di potere mai compiutamente risolti. Nel caso della persecuzione antiebraica, infatti, fu subito evidente il ruolo preminente assunto dal ministero dell'Interno in relazione a tutte le iniziative da prendere su una questione che evidentemente il fascismo considerava di enorme rilevanza. Una "velina" del Gran Consiglio, del 10 settembre 1938,[25] disponeva la "specifica competenza in materia" del ministero dell'Interno, in particolare della Divisione generale demografia e razza – nota come "Demorazza"[26] – guidata dal prefetto Antonio La Pera, alla quale la Segreteria era invitata a inoltrare tutte le lettere che riceveva in materia, soprattutto "gli anonimi con questioni importanti, le lettere firmate senza determinazione del Duce e di sua eccellenza Sebastiani, quelle con le disposizioni del Duce di tranquillizzare". Prima di questa disposizione, comunque, la Segreteria interveniva direttamente sulle lettere, a cominciare dallo stesso Mussolini che siglava, con la matita rossa e blu, la corrispondenza portata alla sua attenzione con una vistosa M e apponendo, talvolta in prima persona più spesso servendosi del personale della Segreteria, diciture come SÌ, A, oppure "tranquillizzarlo", "caso da trattare con particolare riguardo".

Dal complesso di questi interventi, e per le lettere che si riferiscono al biennio 1938-1939, quindi alla fase di avvio dell'impianto legislativo razzista, si evince con chiarezza quale fu la linea di condotta scelta dal Duce e dai suoi collaboratori. Le numerosissime lettere con la stampigliatura "stare tranquillo" dimostrano l'intento iniziale di sopire un'eventuale contestazione, evitando ogni riferimento al carattere persecutorio di quei provvedimenti.[27] D'altra parte una vera e propria consapevolezza di questo tipo affiorò tra gli ebrei molto più tardi, almeno dopo la svolta degli eventi bellici segnata dai primi, gravi, rovesci militari subiti dagli eserciti dell'Asse a partire dall'autunno 1942, in uno scenario reso completamente diverso dall'irruzione della guerra totale. All'inizio serpeggiò invece l'idea che fosse possibile scamparla, di filtrare indenni attraverso i larghi buchi delle maglie della legislazione, magari contando sulle proprie benemerenze fasciste o su amicizie altolocate. Nell'archivio della Segreteria, nel *Carteggio riservato*, si trovano infatti lettere come quelle di Maria Pascoli, la sorella del poeta, che intercedeva per il suo amico, un altro poeta, Angiolo Orvieto, o del senatore Giovanni Agnelli che interveniva a favore dell'ingegner Giuseppe De Benedetti, amministratore delegato della Vetrocoke.[28]

Le scappatoie per evitare i provvedimenti più duri erano numerose, a partire dalla "discriminazione" (che permetteva di "discriminare gli ebrei di cittadinanza italiana i quali avessero indiscutibili meriti militari e civili nei confronti dell'Italia e del regime")[29] fino alla "arianizzazione", una delle pratiche più sgradevoli a cui si sottoposero gli ebrei italiani, che consisteva nel rivendicare un padre naturale ariano, quindi diverso dal padre anagrafico, così da far considerare come adultera la madre, imprimendole un marchio allora considerato infamante.

Proprio le ambiguità del legislatore rafforzarono quel sentore di intrigo, di invidie, di rivalità personali, di mancanza di trasparenza che affiora in generale da tutto il materiale conservato nel *Carteggio riservato*. Gli ebrei che scrivevano erano obbligati a umiliarsi, in qualche caso abbandonandosi a lodi sperticate nei confronti di Mussolini e del fascismo dimostrando così solo un loro accentuato disagio esistenziale: "Voi, nostro capo e nostra certezza, Voi che potete comprenderci, perché un ideale sa percepire e raccogliere più di ogni altro chi, come Voi, uno ne ha posto luminoso quale faro e avanguardia al proprio splendente cammino: amore per questa nostra patria" era scritto, ad esempio, in una lettera, da Torino, di un Comitato di italiani di religione ebraica che portava in calce le firme dei rappresentanti delle principali comunità del paese.[30]

Molte di queste lettere erano accompagnate da offerte in denaro che la Segreteria incassava senza batter ciglio; altre avanzavano proposte – oggi considerate bizzarre, ma allora in grado di intercettare opinioni molto diffuse – come quella di fondare per gli ebrei italiani una colonia da installare nell'Africa orientale e di proclamare Mussolini "Duce dell'ebraismo mondiale".[31] Poche, una trentina, e confinate soprattutto tra quelle anonime, furono le lettere dei non ebrei favorevoli ai provvedimenti ("il popolo italiano ti scongiura di affrettare la estirpazione", "abbi il coraggio di imitare Hitler alla lettera e fino alla fine").[32]

A rimanere fuori da questo tipo di documentazione è la tragedia vissuta dai circa 40.000 ebrei italiani, il lutto per la sofferenza e il dolore che furono obbligati a sopportare in seguito alla loro morte civile. Fino ad allora, in molti di loro la fierezza di sentirsi italiani aveva prevalso su ogni altro tipo di appartenenza, anche religiosa. La loro esclusione dalla cittadinanza fu così una vera ferita inferta all'idea di patria come casa comune, colpendo – per di più – proprio un gruppo di cittadini che nell'Italia aveva fortemente creduto con tutta la forza di chi è convinto che il sentimento di patria non sia una realtà biologica o naturale ma un progetto da realizzare con grande determinazione. La piena integrazione raggiunta con il Risorgimento e la Prima guerra mondiale aveva portato la comunità ebraica a maturare i tratti di una italianità in cui il patriottismo si coniugava con altri valori, forti, laici e con le certezze culturali e sociali tipiche della borghesia liberale. Tutto questo fu spazzato di colpo: di qui il disorientamento e l'angoscia che ne seguirono.

La "non belligeranza"

A sopire una eventuale indignazione dell'opinione pubblica per l'infamia delle leggi razziali intervennero poi i venti di guerra alimentati, a partire dal 1° settembre 1939, dall'invasione nazista della Polonia e dall'inizio della Seconda guerra mondiale. Per l'Italia quella data segnò l'avvio dei nove mesi della "non belligeranza".

Nei fermenti che agitarono il paese tra il settembre 1939 e il giugno 1940, nelle stesse reazioni dei vertici del regime, è possibile infatti discernere un misto di frustrazione, sollievo, euforia, paura, speranza: una folla di sensazioni da cui sembravano escluse soltanto la lucidità e la consapevolezza. Sul piano dell'iniziativa diplomatica, ad esempio, almeno a partire dai giorni immediatamente successivi alla Conferenza di Monaco (29-30 settembre 1939), le scelte di Mussolini erano state improntate a un assunto già di per sé vistosamente contraddittorio: convinto dell'inevitabilità del conflitto, arroccato in un ostinato lealismo filo-tedesco, egli sperava però ancora di poter rimandare nel tempo una scadenza – l'inizio della guerra – che giudicava una pericolosa "resa dei conti" per il suo regime. Per tutti i primi mesi del 1939 agì quindi con la segreta speranza di poter essere il protagonista di una diplomatizzazione delle tensioni internazionali, in grado di contenere e parzialmente soddisfare le pretese hitleriane senza umiliare troppo le democrazie occidentali. Ancora alla vigilia della firma del "patto d'acciaio" (22 maggio 1939) che lo legava definitivamente alle scelte di Hitler, a Torino, in un applaudito discorso, aveva dato al trattato un'impronta pacifista, escludendo che in Europa ci fossero "questioni di ampiezza e acutezza tali da giustificare una guerra". A quella data, però, Hitler aveva già ordinato al generale Keitel, il capo della Wehrmacht, di preparare l'attacco alla Polonia per il 1° settembre.

In questo senso, dopo il trionfo "imperiale" in Etiopia, l'intervento in Spagna e l'ossessiva propaganda bellicista che ne era seguita, la "non belligeranza" fu un trauma profondo per l'intero regime. Confusa e contraddittoria era anche la situazione in un altro dei settori decisivi in vista della guerra, quello della "preparazione industriale", al cui interno emerse il contrasto, ormai evidente, tra la risonanza propagandistica e l'efficacia operativa delle iniziative del regime. Il modello autarchico proposto per il superamento della crisi del 1929, nei suoi risvolti più concreti (supersviluppo dell'industria di base e di guerra e compressione dei consumi privati), non era stato mai integralmente applicato in Italia. La sete di profitti dell'industria privata non era stata nemmeno scalfita; così, praticamente fino al 1941, non si registrò nessun serio sforzo di modificare gli impianti. L'ossessione per la normalità produttiva, un continuo richiamo alle esigenze del mercato civile e la garanzia della continuità delle produzioni già impostate sembrarono allora bloccare ogni tentativo di introdurre nuovi criteri per una riconversione industriale in grado di allestire mezzi, armi e veicoli in vista di una guerra imminente.

Questi comportamenti si esaltarono proprio nei pochi mesi della "non belligeranza", quando sembrarono dischiudersi inedite possibilità di una concorrenza competitiva con la Germania, disponendo dei mercati aperti francesi, inglesi e americani, del carbone tedesco e delle macchine utensili degli Usa; quello che allora fu definito "il partito degli affari" si abbandonò agli entusiasmi del "produrre per vendere", sprofondato nel circolo vizioso dell'autarchia che faceva utilizzare le scorte per produrre, produceva per esportare, esportava per recuperare valuta che serviva a reintegrare le scorte. Alla fine del circolo non si registrava nemmeno l'ombra di un effettivo miglioramento dell'apparato produttivo del paese, ma solo altissimi profitti per gli industriali che Ciano, nei primi giorni della "non belligeranza", sottolineava compiaciuto: "La neutralità," annotava nel suo Diario il 5 settembre, "comincia a dare frutti concreti: le borse vanno alle stelle, giungono le prime commesse dalla Francia, i piroscafi riprendono a navigare a prezzi raddoppiati e sono pieni come un uovo".[33]

Per tutti la sensazione immediata dopo il mancato ingresso nella guerra a fianco della Germania fu di un enorme sollievo, quasi si fosse sfuggiti a una catastrofe imminente: "Nel pomeriggio," scriveva Piero Calamandrei nel suo Diario il 2 settembre 1939, "Lidia mi ha portato qui nello studio la notizia: l'Italia rimane in posizione di attesa, senza prendere altre misure militari e senza prendere iniziative guerresche. È stato uno scoppio di gioia generale [...]. Si può continuare a vivere, si può continuare a passeggiare nei boschi, a dipingere, a dormire sul letto. La orribile costrizione militare, l'ultimo trionfo della bestialità sullo spirito, è per noi differita!".[34]

Molti degli umori che circolavano nel paese in quei mesi si ritrovano oggi nelle lettere spedite al Duce attraverso la sua Segreteria particolare. Primi fra tutti quelli che portavano a sottolineare soprattutto i benefici economici della "neutralità": "L'Italia, con la sua neutralità, riporterà i migliori vantaggi su tutto il mondo," scriveva un italiano, Monducci, da Belo Horizonte, motivando però la sua posizione anche con il ricordo della lezione della Grande guerra nella quale trovava conforto per la sua avversione ai tedeschi: "Gli italiani," aggiungeva infatti, "non sono in condizione per entrare in guerra, portano ancora le piaghe della guerra europea [...]. L'Italia è una nazione genuinamente latina, non si deve mettere con i sassoni [...]. I tedeschi sono sempre stati i nemici secolari dell'Italia unita".[35] E le ferite della sofferenza della guerra 1915-1918 ritornavano anche in altre lettere ("Abbiamo letto con infinita pietà gli strazi della Spagna e della Polonia; ricordiamo gli strazi della nostra Grande guerra [...]. Duce salvaci dalla guerra"; "Duce, voglio chiedervi la pace! [...] Troppo tristi sono i ricordi dell'ultima guerra")[36] unite al rimpianto per le alleanze di un tempo: "In nome di Gesù ti supplichiamo, risparmia questa guerra ignobile all'Italia [...] non aiutiamo il più forte a danno dei popoli deboli" (Belgio, Olanda, Lussemburgo); "Il Reich è ormai per tutti gli italiani un aggressore, un nemico della libertà dei popoli. Quello che più indispone gli italiani è l'alleanza conchiusa dalla Germania coi bolscevichi [...]. Noi abbiamo duramente combattuto contro i bolscevichi in Ispagna".[37] Molto frequenti, poi, erano quelle che riproponevano il consueto "affidamento" alle doti sovrumane del Duce: "L'Europa sta impazzendo [...] Solo l'Italia, protetta dalla mano di Dio, dalla bontà e dalla mente equilibrata di Mussolini è immune".[38] Una e una sola, tra quelle che abbiamo rintracciato, propone una critica severa e senza sconti all'operato del Duce: "Se i tuoi prefetti fossero sinceri ti riferirebbero che le manifestazioni organizzate, dietro tuo ordine, dai minorenni figli di papà nelle scuole e dai gagà romani hanno fatto sorridere di compassione il vero popolo, quello che si guadagna giornalmente il pane con fatica [...]. Gli Italiani sanno che una guerra oggi si farebbe solo per salvare te, le tue idee, il tuo gregge di gregari ben pasciuti e ben impinguati di oro (vedi il tuo milionario genero) e non hanno alcuna voglia di morire per così bassi ideali".[39]

I "sentimenti" prevalenti, però, lasciavano sgomenti Mussolini e i fascisti più decisamente filo-nazisti, fortemente perplessi di fronte al "senso di accomodamento vigliacco" del popolo italiano, deciso a vivere la "non belligeranza" come una sorta di spensierata vacanza, un gigantesco esorcismo collettivo per cancellare gli orrori di una guerra non voluta e non sentita, una sorta di preludio di pace, l'anticipo di una conclusione rapida del conflitto scatenato da Hitler contro la lontana Polonia. Ancora nell'ultima settimana prima del fatidico 10 giugno 1940, l'impressione più diffusa (rafforzata, anzi, dalle straordinarie vittorie tedesche a Dunkerque e sul fronte francese) era che le ostilità fossero sul punto di esaurirsi senza che ci fosse nemmeno il tempo materiale per un intervento italiano. Fino all'ultimo, insomma, gli italiani si confrontarono con gli eventi bellici quasi con distacco, guardandoli con lo stesso "tifo" (con forse meno passionalità) con cui seguivano le vicende del campionato di calcio o del Giro d'Italia; il duello tra l'Ambrosiana-Inter e il Bologna (conclusosi a vantaggio dei milanesi proprio la domenica 2 giugno 1940) o quello tra Bartali e Coppi, con il "ragazzo prodigio" vittorioso in maglia rosa a Milano, erano seguiti con molto più calore delle spettacolari avanzate delle armate di Guderian sul fronte delle Ardenne o del rovinoso crollo della mitica Maginot. "Quando in un popolo sono gli istinti della vita vegetativa che predominano, non c'è, per salvarlo, che l'uso della forza. I colpiti stessi ne saranno grati perché la legnata che li ha tramortiti ha impedito loro di precipitare nell'abisso verso il quale la paura li spingeva irresistibilmente," commentava amareggiato Mussolini il 29 gennaio 1940. "Hai mai visto l'agnello diventare lupo? La razza italiana è una razza di pecore. Non bastano 18 anni per trasformarla. Ce ne vogliono centottanta o forse centonovanta secoli."[40]

La verità è che la "non belligeranza" non poteva essere una condizione permanente per il fascismo e le premesse politiche ed economiche della guerra erano già strutturalmente insite nella scelta autarchica come modello di uscita dalla crisi del '29. In quella breve parentesi, nessuna seria alternativa di regime ebbe tempo di maturare. Il problema così come fu posto anche dai fascisti meno propensi all'alleanza con Hitler non fu mai "guerra con chi", ma sempre "guerra quando". Ridurre la partecipazione italiana alla guerra soltanto a uno spostamento di date voleva dire assumere una posizione comunque subalterna, destinata a crollare sotto l'incalzare delle vittorie militari naziste.

L'esistenza collettiva in guerra[41]

Il 10 giugno 1940, con l'annuncio dato da Mussolini dal fatidico balcone di Palazzo Venezia, la guerra arrivò davvero e gli italiani e le italiane, non più nell'ambito ideologico di una fascistizzazione imposta dall'alto, ma direttamente nell'esperienza concreta dei loro comportamenti, si trovarono a vivere in una comune dimensione di pericoli, angosce, restrizioni: al Nord come al Sud, in città come in campagna, aggregandosi in una comunità nazionale che per tutti gli anni di guerra fu tale anche sul piano delle percezioni e dei "sentimenti", superando quanto fino ad allora era sempre stato frammentato geograficamente, economicamente, socialmente.

Per tutti fu, ad esempio, "tempo di guerra", un tempo definito dalla ciclica ripetizione di comportamenti coatti, dall'annullamento della individualità dei singoli giorni in un'ossessiva ripetitività al cui interno tutti i giorni erano uguali e tutti erano ugualmente appiattiti su un presente carico di angoscia; la Torino raccontata da Cesare Pavese ce ne regala un'immagine simbolica: "Nessuno faceva più i conti col tempo. Nemmeno la vecchia. Dicevano 'un altr'anno' o l''estate ventura' come se nulla fosse stato, come se ormai la fuga, il sangue, la morte in agguato fosse il vivere normale".[42] Oltre al tempo, anche la percezione dello spazio, la fame, la paura, la voglia di vivere possono essere assunti come altrettanti indicatori di quella inedita omogeneità esistenziale.

All'inizio, le coordinate spaziali degli individui si erano arricchite di una nuova componente immaginaria. Lo spazio vissuto non fu più solo quello della comunità, delle quotidiane interrelazioni sociali, ma anche quello del minuscolo punto segnato sulla carta geografica nel quale era magari impegnato militarmente un proprio congiunto. Nelle piazze principali di tutti i capoluoghi di provincia furono installate, a partire dall'ottobre 1940, enormi carte geografiche che visualizzavano i principali fronti di combattimento.[43] Era uno spazio scandito dalle varie fasi del conflitto: prima dal mondo all'Italia, poi dall'Italia alla propria città e, infine, dopo l'8 settembre 1943, nell'Italia occupata dai tedeschi, a una comunità ancora più ristretta, alla propria famiglia se non proprio a sé stessi come individui. Oltre che allo spazio immaginario, la coppia allargamento/restringimento poteva applicarsi anche alla realtà dello spazio sociale. Le difficoltà dei trasporti urbani ed extra-urbani erano il dato più macroscopico di questo fenomeno: con la guerra in casa, a partire dal luglio 1943, le distanze poi si allungarono mostruosamente; allentatisi i collegamenti tra città e città, difficili quelli tra il centro e la periferia, la geografia dell'Italia (specialmente di quella occupata dai tedeschi) parve frantumarsi in tanti piccoli mondi separati: la famiglia, il quartiere, la comunità, il villaggio. E riapparve di nuovo la fame, un male antico che pure sembrava essere stato espulso per sempre dagli scenari urbani della rivoluzione industriale. Quanto alla paura, essa fu essenzialmente legata ai bombardamenti, l'aspetto più drammatico del coinvolgimento delle popolazioni civili nella guerra totale.

La guerra, tuttavia, avrebbe alimentato anche una propria "quotidianità" in grado di attutire l'eccezionalità degli eventi distruttivi, di ripristinare una normalità che sempre, nell'orrore di una condizione disumana, lasciò trapelare una umanissima voglia di vivere. Nei ricordi di guerra si avverte ancora a distanza di anni una sorta di magica sospensione nel flusso del tempo, la gioia profonda di essere riusciti a strappare almeno un solo attimo alla sequenza di eventi distruttivi in cui si era precipitati. Si cantavano canzoni in cui dominava un sentimentalismo esasperato, all'interno del quale permanevano stereotipi maschili e femminili, situazioni ambientali, caratterizzazioni emotive del tutto estranee alla drammaticità del contesto storico che le produceva.[44]

In alcuni casi questa uniformità coatta fu attraversata da significative e inedite disomogeneità. Rispetto al mondo contadino, ad esempio, l'impatto con la guerra fece emergere, da un lato, la continuità di una realtà rurale chiusa nella sua "piccola storia" di sempre, dall'altro, le brusche impennate della "grande storia", quelle che forzano i destini individuali, li scuotono, spingono nella direzione di un insolito protagonismo collettivo.[45] Fino all'autunno del 1942, con la guerra proiettata in scenari territoriali lontani, si allargarono i "confini psicologici della comunità", grazie soprattutto alla comunicazione con i propri congiunti al fronte (le lettere, i racconti che punteggiavano il ritorno in licenza): le colture estensive degli immensi campi ucraini, quelle intensive degli orti greci o francesi, i sistemi di irrigazione delle oasi africane irrompevano nel patrimonio "culturale" contadino dilatandone gli orizzonti conoscitivi. Per chi rimase a casa, questa prima fase della guerra fu segnata anche da alcuni, significativi mutamenti (il rigido vincolismo della politica degli ammassi, ad esempio) che ribadirono tutto il peso del potere coercitivo dello Stato, riproponendo in termini assolutamente amplificati il secolare conflitto con l'autorità centrale. Sui prodotti da conferirsi obbligatoriamente, in particolare sul grano, la sorveglianza si fece infatti molto severa. Sul grano, poi, esisteva una vera e propria gabbia di controlli: dal 21 marzo 1942, le prefetture disposero che i Comuni dovevano provvedere alla verifica dei mulini e, dall'estate dello stesso anno, a formare squadre addette alla sorveglianza delle trebbiatrici.

Con lo sfollamento (e con la "borsa nera") si realizzò, invece, una particolarissima configurazione del rapporto città/campagna, con un momentaneo ribaltamento della tradizionale inferiorità sociale che sempre aveva tenuto in soggezione il contadino nei confronti dei cittadini. Molti degli sfollati furono proiettati in un ambiente in cui erano stati obbligati a reinventarsi una precaria organizzazione di vita. Tutti dipendevano dai contadini per la soddisfazione dei loro bisogni primari: l'alloggio,[46] il cibo, il riscaldamento. Garanti della sopravvivenza materiale degli sfollati, i contadini sfruttarono questi vantaggi fino in fondo (affitti altissimi, prezzi da mercato nero), seminando una scia di rancore e anche, soprattutto nei ceti medi, una "voglia di sicurezza" che sarà poi all'origine della stabilizzazione conservatrice del dopoguerra.

L'uscita di scena di Sebastiani

Anche la Segreteria particolare fu ovviamente coinvolta nel clima di mobilitazione militare scaturito dalla guerra. In questo contesto si consumò il secondo avvicendamento alla guida dell'ufficio, con l'uscita di scena di Sebastiani e l'arrivo di Nicola De Cesare.

L'incarico del primo cessò infatti il 1° giugno 1941.[47] Sul suo allontanamento circolarono le ipotesi più disparate e contraddittorie, tra cui l'ostilità di Rachele e di Edda per la sua vicinanza alla famiglia Petacci,[48] un astio che, secondo Renzo De Felice, si sarebbe intrecciato con le manovre piuttosto subdole di Guido Buffarini Guidi.[49] È difficile stabilire oggi quanto peso ebbero effettivamente gli intrighi dell'*entourage* privato di Mussolini, aggiungendovi anche quello di Claretta Petacci e di suo fratello Marcello, per innalzare o abbattere personaggi politici. Anche perché spesso tali motivazioni furono utilizzate in maniera contraddittoria e impiegate allora per occultare motivi più squisitamente politici o semplicemente beghe personali. Nel caso di Sebastiani, in alcune ricostruzioni, risulta defenestrato su spinta di Rachele perché "complice e manutengolo della tresca" con l'amante del Duce, ma nello stesso tempo viene indicata la promozione di De Cesare come opera di Claretta stessa che lo considerava un suo protetto.[50] Sta di fatto che su Sebastiani la Polizia politica aveva aperto un fascicolo, già dal 1939, in cui erano raccolte, tra l'altro, le voci che lambivano la sua figura, tra le quali il suo stretto legame con la declinante fortuna di Achille Starace, rimosso dalla carica di segretario politico del PNF il 29 ottobre 1939.[51] Ma l'aspetto della vita del segretario sottoposto a maggiore attenzione da parte degli organi di polizia fu il suo arricchimento, le proprietà e i compensi che aveva percepito come membro di numerosi consigli di amministrazione durante gli anni del suo lavoro presso la Segreteria, dove "era entrato [come] un modesto funzionario del ministero dell'Interno con condizioni finanziarie mediocri".[52] È del 19 febbraio 1941, poco prima del suo allontanamento, l'ennesima relazione che si soffermava sulle sue proprietà a Rocca di Papa, acquistate a prezzi irrisori nel 1934, e sui lavori di costruzione della villa, sottoposta alla sorveglianza di "persone fidatissime che vietavano a chiunque di fermarsi a curiosare", non mancando di riportare le voci di malcontento che circolavano per l'ostentazione di quei lussi: "Nel Comune di Rocca di Papa, per quanto si nutra una certa riconoscenza per l'ecc. Sebastiani, viene criticato il fatto che, mentre manca l'approvvigionamento dei viveri per insufficienza di carburante, ve n'è a iosa per trasportare alberi e materiale per rendere una dimora estiva la più lussuosa possibile".[53] Informazioni sulle condizioni economiche di Sebastiani, sulla sua frequentazione di affaristi di dubbia fama, sulla partecipazione personale a operazioni economiche vantaggiose come la costruzione della zona industriale di Apuania[54] continuarono a essere raccolte dalla polizia anche dopo le dimissioni dalla sua carica.[55] Alle accuse di arricchimento si aggiungevano le critiche per la gestione della Segreteria particolare che, secondo l'estensore del rapporto datato 15 dicembre 1941, era tale da averne alterato la natura stessa: "Egli aveva svisato le funzioni della Segreteria facendone un super ministero in cui, invadendo il campo sia della presidenza del Consiglio dei ministri che dei vari ministeri, si trattavano tutte le questioni".[56]

Che sulla defenestrazione di Sebastiani un peso consistente abbiano avuto i suoi interessi personali e il suo probabile arricchimento ne è prova il tentativo di riabilitazione da parte di Giuseppe Gerbore, un dipendente che aveva prestato servizio presso la Segreteria fin dalla sua costituzione e successivamente anche presso la Repubblica sociale, il quale richiedeva la possibilità di esaminare "gli atti del di lui [Sebastiani] fascicolo presso la Segreteria e quelli del fascicolo della Commissione indebiti arricchimenti, per vedere, in modo oggettivo e imparziale, se possa rivalutarsi in pieno la di lui figura, eventualmente con un articolo su giornale o rivista superiormente scelta".[57]

L'appunto fu scritto il 30 settembre 1944, qualche settimana dopo l'uccisione di Sebastiani avvenuta a opera dei partigiani il 19 agosto 1944, a Passirano, vicino Brescia, dove aveva sede la Corte dei conti. Infatti, nonostante il trattamento a lui riservato – "cacciato via come un cane dal suo ufficio," scrisse Yvon De Begnac che gli rimase legato da una lunga amicizia[58] –, Sebastiani, nel frattempo nominato presidente di sezione della Corte dei conti, seguì Mussolini al Nord, dove lo raggiunse la notizia che il figlio Paolo, tenente di vascello della X flottiglia MAS, era morto combattendo nella terra pontina di Canale Mussolini.[59]

Nicola De Cesare: un prefetto di carriera

"I servizi, imperfettamente coordinati, si trovano affidati a personale costituito in prevalenza da impiegati d'ordine, sottoufficiali e soldati che disimpegnano anche mansioni superiori al loro grado: principalmente la lettura degli esposti diretti al Duce, una media di un migliaio al giorno, per determinarne l'importanza agli effetti dell'ulteriore seguito, mentre trattasi di valutazione delicata e importante."[60]

Con queste parole crude e sincere, Nicola (o Nicolò) De Cesare, chiamato a sostituire Osvaldo Sebastiani, descrisse la situazione della Segreteria particolare del Duce al momento in cui ne assunse la carica. Non ci volle molto tempo, né particolari indagini, per fare capire a un alto burocrate di Stato, viceprefetto, con alle spalle una carriera iniziata nel 1919 nell'amministrazione della pubblica sicurezza,[61] la condizione di frenetica confusione che regnava in un ambiente che, a partire dal 1922, aveva sviluppato sempre nuove funzioni, aumentato il personale,[62] accumulato una quantità di documenti tale da assumere una dimensione difficilmente gestibile con i vecchi metodi dei precedenti segretari. Soprattutto alla luce dei nuovi impegni imposti dalle condizioni belliche.

De Cesare segnava una vera e propria cesura con i predecessori. Anche Sebastiani era un funzionario del ministero dell'Interno, ma la carriera del potente segretario si era tutta svolta all'ombra di Chiavolini e del Duce, godendo dei vantaggi economici e del prestigio consentitigli dalla sua carica. La novità introdotta con De Cesare consisteva nel mettere a capo dell'ufficio che rappresentava direttamente la volontà del Duce un uomo di sicura fede fascista e, probabilmente, appoggiato da qualche membro della famiglia o della cerchia privata di Mussolini,[63] la cui carriera si era svolta però al di fuori della cerchia dei "fedelissimi", un funzionario che aveva servito lo Stato e che quindi ne conosceva a fondo i meccanismi amministrativi.[64] Tale scelta potrebbe essere letta come una ulteriore prova dello svuotamento della carica ideologica che aveva caratterizzato la vita del PNF. Se a livello periferico ormai erano i prefetti i rappresentanti dello Stato e del fascismo, anche a livello centrale era un prefetto a guidare uno dei meccanismi tra i più emblematici del mussolinismo. È probabile che, oltre a questa, nella decisione di Mussolini rientrassero diverse motivazioni, come quella di venire incontro a uno spirito pubblico che diventava sempre più insofferente verso la corruzione dei gerarchi fascisti in un momento in cui peggioravano le condizioni di vita degli italiani. E forse non è un caso che tale scelta maturasse nei mesi in cui, in piena guerra, Mussolini chiamò alle armi numerosi gerarchi e ministri, tra i quali Ciano, Grandi, Bottai, Ricci. Una scelta che può essere letta come un espediente demagogico ma anche come un "esperimento mussoliniano [...] di governare direttamente attraverso la burocrazia senza l'intermediazione dei politici".[65]

De Cesare guardava la situazione degli uffici del Viminale con l'occhio dell'esperto dirigente ministeriale, prestato da anni alla presidenza del Consiglio, organo quest'ultimo che, più di altri, era stato maggiormente investito dalle difficoltà di un rapporto non sempre facile con la Segreteria particolare. E si mise subito al lavoro per migliorare l'organizzazione dell'ufficio.

Due furono i criteri che guidarono le sue scelte: renderne meno anomalo il funzionamento rispetto al contesto istituzionale, adottando un modello il più possibile vicino a quello delle altre strutture statali; dotarlo di una organizzazione più efficiente e razionale, in grado di affrontare adeguatamente la nuova situazione sociale e politica determinata dalle condizioni belliche.[66] Alla "ripartizione delle sfere di competenza", necessaria per evitare sovrapposizioni e incertezze circa l'attribuzione delle pratiche con i relativi fascicoli, si aggiungevano quindi gli obiettivi di "imprimere unità e uniformità di indirizzo; spersonalizzare gli uffici in maniera che nessuno sia indispensabile e insostituibile; distribuire le mansioni in conformità del grado, capacità e preparazione di ognuno, specie rendendo sollecita ed efficiente l'attività assistenziale; ridurre il personale al minimo indispensabile".[67]

Il nuovo organigramma che ne seguì venne varato il 7 luglio 1941. Al Viminale avrebbero lavorato quattro uffici che si occupavano di assistenza (differenziata sulla base dei destinatari della stessa, con un grande rilievo concesso a quella delle famiglie dei militari); di beneficenza (intesa come elargizioni a enti, e aiuti economici e di vario genere a singoli e famiglie); di lavori predisposti e finanziati direttamente dal Duce; delle altre istanze, quali richieste di foto e di udienze, omaggi e "sentimenti" espressi nei confronti di Mussolini.[68] Mentre a Palazzo Venezia continuò a operare il servizio che trattava le questioni politicamente più delicate.[69]

In quest'opera di riorganizzazione, un intervento rilevante fu costituito dalla decisione di diversificare i luoghi di conservazione degli archivi: a Palazzo Venezia, nei locali a pianterreno che erano stati dell'Istituto di archeologia e storia dell'arte, prese posto l'archivio riservato,[70] diretto sempre da Elettro Marino, formando quelli che nel linguaggio comune saranno indicati come "gli archivi di Palazzo Venezia",[71] mentre al Viminale, al secondo piano della palazzina occupata dalla presidenza del Consiglio, restò l'archivio ordinario, la cui consistenza costituì una delle maggiori preoccupazioni ai fini della efficienza dei servizi che si occupavano di rispondere alle migliaia di lettere che pervenivano alla Segreteria. Un'altra novità fu rappresentata dal varo di un Servizio informativo, istituito per "raccogliere notizie che per eccezionali considerazioni di delicatezza [...] non possono essere richieste agli ordinari organi di polizia" e che riguardavano particolarmente la famiglia del Duce.[72]

La nuova organizzazione fu accompagnata da una alluvione di ordini del giorno, secondo una pratica già abbondantemente seguita nelle precedenti gestioni. Ritornano così numerosi e pedanti richiami alle modalità di scrittura,[73] indicazioni sulle espressioni da usare nella corrispondenza[74] e nella presentazione delle lettere,[75] e anche sull'uso della modulistica per normalizzare le risposte e le richieste da inviare ad altri uffici.

La Segreteria "istituzionalizzata"

A caratterizzare la gestione De Cesare fu quindi la particolare attenzione rivolta a "istituzionalizzare" la Segreteria attraverso l'applicazione di regole, formule, controlli e criteri organizzativi mutuati dai modelli amministrativi vigenti nello Stato. L'obiettivo rimaneva sempre quello perseguito anche da Chiavolini e Sebastiani, vale a dire il prestigio e l'unicità dell'ufficio, ma le scelte adottate dal nuovo segretario andarono in un'altra direzione rispetto ai suoi predecessori: il primato della struttura che più di ogni altra rappresentava la voce e la volontà del Duce agli occhi degli italiani e nei confronti delle altre istituzioni non si sarebbe realizzato attraverso l'accentuazione della sua diversità ma con l'assimilazione dei meccanismi tradizionali del funzionamento dello Stato.

De Cesare non trascurò nulla. A cominciare dal decoro degli uffici e dei suoi impiegati, evidentemente trascurato nelle precedenti gestioni: "Attualmente le persone che si rivolgono al Duce vengono ricevute in due stanzette indecorose, da sottoufficiali di Pubblica Sicurezza che entrano nel merito delle richieste. Si riterrebbe che i locali dovessero essere tali da dare una favorevole impressione ai richiedenti e che la ricezione avesse solo il compito di avviare gli interessati ai funzionari competenti, in grado di assicurare la più rapida soddisfazione".[76] E nel suo primo ordine del giorno, emanato il 4 giugno 1941, venne data disposizione affinché tutto il personale, compreso quello subalterno, fosse obbligato a indossare l'uniforme di servizio.[77] La razionalizzazione dei processi di lavoro e l'uso formalizzato del linguaggio burocratico proseguirono con interventi i cui criteri attingevano direttamente alla sua esperienza di funzionario della presidenza del Consiglio. Un esempio tra i tanti è l'ordine di servizio del 19 luglio 1941 con il quale, riprendendo integralmente una circolare della Presidenza del 1935,[78] si invitava gli impiegati a usare nei testi e negli indirizzi della corrispondenza la carica piuttosto che il nome del titolare. Molti furono, soprattutto nei primi mesi, anche gli interventi effettuati affinché si superassero le sovrapposizioni di competenze tra i diversi uffici della Segreteria che ancora permanevano nonostante la riforma e si mettesse ordine nei confusi percorsi compiuti dalle carte attraverso i vari luoghi del potere mussoliniano. Era necessario fissare un itinerario preciso, da tutti conosciuto e rispettato, per seguire i passaggi dei documenti, dal momento in cui erano presi in carico – è del gennaio del 1942 l'introduzione obbligatoria del timbro con la data di arrivo apposto sui documenti dall'ufficio smistamento[79] – a quello in cui venivano attribuiti ai singoli funzionari e questo per evitare smarrimenti[80] o ritardi nelle risposte. Ritardi che andavano scongiurati soprattutto per gli "esposti" considerati di particolare interesse: alla consueta attenzione nei confronti delle lettere e delle richieste provenienti dalla provincia di Forlì e dalle famiglie numerose, un posto di crescente interesse vennero così a occupare quelli provenienti delle famiglie dei caduti, dispersi, feriti e dei militari al fronte, oltre alle lettere che esprimevano "sentimenti per la guerra", considerate evidentemente un importante osservatorio sullo stato d'animo che serpeggiava nell'opinione popolare.[81]

De Cesare intervenne anche nella gestione delle udienze. Da sempre tra i compiti svolti dalla Segreteria vi era quello di stabilire chi, tra i numerosi richiedenti, potesse avere il privilegio di parlare direttamente con il Duce, fissando il calendario degli incontri e preparando le informazioni sulle persone e sul motivo della istanza. Durante il periodo in cui Mussolini risiedeva a Palazzo Chigi, le richieste arrivavano ai diversi uffici relativi alle sue cariche (Segreteria particolare, presidenza del Consiglio e ministero degli Esteri). Che fosse proprio il ministero degli Esteri a proporsi come punto di riferimento, non solo per i richiedenti stranieri ma anche per gli italiani, probabilmente per la migliore organizzazione amministrativa delle sue strutture, è dimostrato dal fatto che tutta la documentazione inerente alle udienze, dal 1923 al 1929, è oggi conservata presso l'Archivio storico-diplomatico.[82] Quando Mussolini lasciò Palazzo Chigi per un breve periodo, le udienze si tennero al Viminale, sede della Segreteria particolare, e poi definitivamente, a parte qualche eccezione,[83] a Palazzo Venezia,[84] in una cornice scenografica solenne quale era quella rappresentata dalla sala del Mappamondo che – come abbiamo visto – molto impressionava le persone accolte al cospetto del Duce.

Se la regia che guidava l'accoglienza si andò perfezionando nel corso degli anni[85] nell'intento di offrire al visitatore anche una esperienza emotiva in grado di suggellare il ricordo di una figura del Duce esaltata nella sua imponente solitudine, non così dovette essere per quello che riguardava la parte puramente gestionale, in quanto continuavano ad arrivare alla Segreteria richieste di udienze presentate in altre sedi, in particolare alla presidenza del Consiglio. Su questo aspetto dell'attività di Mussolini persisteva da tempo la frizione tra i due uffici, in un contrasto che non facilitava certo una razionale organizzazione delle visite. Per alcune di queste alla Segreteria sfuggivano le informazioni sull'oggetto della richiesta, la corrispondenza con i richiedenti, le convocazioni. Consapevole quindi della loro importanza, non solo per i rapporti del Duce con influenti personalità italiane e straniere ma anche per la sua ricerca di un contatto diretto con comuni cittadini, De Cesare tentò di centralizzarne la gestione. Cominciò con un ordine di servizio del 10 giugno 1941 che riguardava la raccolta delle informazioni sulla "persona che [aveva] telefonato e del funzionario che aveva ricevuto la telefonata"; seguì, il 14 giugno, un'altra disposizione che faceva obbligo all'archivio di stilare un elenco di tutte le persone ricevute da consegnare alla Segreteria particolare; infine il 20 giugno impose che "tutte le comunicazioni di convocazione di udienze [venissero] fatte dalla Segreteria anche se le udienze [erano] state richieste e accordate tramite la presidenza del Consiglio o i vari ministeri".[86]

Eppure, nonostante i suoi sforzi, gli attriti con gli altri organi dello Stato non furono mai del tutto sopiti. Ne è un esempio il contenzioso sorto con il Gabinetto del ministero della Guerra a proposito delle richieste avanzate direttamente al Duce dai militari sul fronte circa riavvicinamenti, trasferimenti, licenze e congedi. Secondo la burocrazia ministeriale "per ragioni di disciplina", le istanze provenienti da militari dovevano essere di competenza del ministero,[87] mentre solo quelle provenienti dai congiunti erano di pertinenza della Segreteria perché "chi si rivolge al Duce abbia comunicazioni, in risposta, dal Segretario particolare e non dalla Guerra, ritenendo che tale risposta abbia per l'istante un particolare e diverso significato".[88] De Cesare accettò con molte perplessità la proposta del ministero e, nel promemoria che accompagnava le nuove disposizioni, ribadiva che "chi si rivolge al Duce di solito non intende sfuggire puramente e semplicemente alla 'via gerarchica' in quanto nella rinnovata coscienza italiana l'istituzione del Duce assolve il bisogno di un giudice supremo al quale poter ricorrere nella fede e nel nome di un superiore principio di giustizia".[89] L'interesse della Segreteria non era solo quello di salvaguardare il riconoscimento del ruolo costituzionale assunto dalla figura di Mussolini nel diritto pubblico in seguito all'affermazione dell'inscindibilità del titolo "Duce del fascismo capo del Governo" presente in numerose, significative norme.[90] La preoccupazione che è possibile leggere nell'appunto citato era soprattutto quella di garantire l'immagine del dittatore come "padre buono e giusto", giudice insindacabile e al di sopra di tutto eppure accessibile per tutti e sensibile alle sofferenze del suo popolo, soprattutto in un momento in cui il crescente malessere della popolazione poteva procurare un affievolimento della benevolenza e della fiducia nei suoi confronti.

Il nuovo assetto degli archivi

In concomitanza con le guerre del fascismo si registrò così una ovvia intensificazione della corrispondenza indirizzata al Duce: aumentarono le richieste di sostegno da parte di parenti che avevano perso i loro cari o che ne chiedevano notizie o che presentavano domande o reclami per ottenere pensioni di guerra; di giovani che desideravano arruolarsi; di militari che chiedevano trasferimenti; di lavoratori agricoli o donne rimaste sole che domandavano licenze agricole per sopperire a carenze alimentari; di feriti di guerra che volevano arti ortopedici.[91]

Leggere le lettere, raccogliere informazioni sulla base delle quali stabilire le risposte, inoltrare per competenza ad altri enti, spedire denaro, scrivere le risposte: tutte queste attività si applicavano a una corrispondenza diventata esorbitante anche in seguito alla indicazione di De Cesare di prestare una particolare attenzione alla gestione della beneficenza. Con l'abbandono del criterio di trattare solo le richieste accompagnate "da particolari segnalazioni" a favore di uno "più comprensivo" con "preferenze alle famiglie numerose, ai combattenti e richiamati e loro congiunti, ai casi specialmente pietosi", si determinò infatti un allargamento della platea dei sussidiati con il conseguente aumento di documenti e fascicoli da aprire.[92]

Nell'impostazione data da De Cesare si esigeva "quella sensibilità politica necessaria per questo importante lavoro",[93] dimostrando una marcata consapevolezza del ruolo del suo ufficio in un momento in cui le difficoltà economiche e i lutti subiti dagli italiani e italiane potevano – in realtà il distacco era già in atto – mettere in crisi il rapporto di fiducia nei confronti del Duce. Era più che mai necessario far sentire la vicinanza di Mussolini al popolo dolorante, la sua funzione di padre che ascolta e cerca di affievolire le pene. A questo fine non erano ammesse "mancate risposte a esposti diretti al Duce",[94] e si richiedeva da parte dei funzionari un'attenzione particolare all'uso appropriato delle parole[95]; allo stile delle risposte: "Gli interessati debbono riportare la convinzione che l'essersi rivolti al Duce non costituisca un vano appello e debbono invece avere nei limiti, si intende, del possibile la prova che la loro situazione è stata oggetto di accurato e benevolo esame".[96]

Era specialmente il *Carteggio ordinario* a subire l'impatto maggiore dell'accresciuto flusso documentario. Ma era tutto l'archivio, compresa la documentazione ritenuta riservata, a essere in sofferenza per la quantità di carte che si erano accumulate fin dal 28 ottobre 1922. La richiesta di De Cesare, fatta all'indomani del suo insediamento come segretario, di conoscere il numero delle risposte date dall'ufficio a persone ed enti che avevano chiesto l'intervento del Duce dal momento dell'ascesa al potere del fascismo,[97] mise in gravi difficoltà gli uffici del Viminale. In più occasioni, il responsabile archivistico descrisse gli ostacoli che si incontravano per preparare la statistica richiesta: il numero dei fascicoli da esaminare, i locali inadatti per effettuare il lavoro di ricerca, il personale scarso, le statistiche esistenti parziali e, non ultimo, "lo specialissimo carattere dell'archivio il quale si differenzia, specialmente per la grandissima varietà della materia, da qualunque altro archivio esistente". Pertanto fu presentato un risultato approssimativo, relativo sia all'archivio ordinario sia a quello riservato: dalla data di insediamento di Mussolini fino al 31 maggio 1941[98] la corrispondenza in arrivo si aggirava intorno a circa 7 milioni tra lettere e telegrammi; 620.000 le risposte; 6.380.000 la corrispondenza intercorsa tra la Segreteria e gli altri ministeri ed enti relativa alle richieste pervenute. E nel resoconto inviato al segretario, si aggiungeva che vi erano 500.000 fascicoli, circa 1 milione di schede suddivise per materia e nominativi, 142 rubriche alfabetiche con circa 15 milioni di registrazioni.[99]

Non era solo questione di spazio. Questa enorme mole di materiale metteva in crisi l'efficienza dell'operato della Segreteria in un momento particolarmente delicato per la posizione del Duce nei confronti del paese. Come abbiamo già evidenziato, il primo intervento di De Cesare fu quello di separare più nettamente gli archivi e assegnare loro una diversa locazione. Per rendere più funzionante l'archivio del Viminale fu individuata una nuova classificazione dei documenti, con la conseguente riorganizzazione dei fascicoli relativi a pratiche aperte o più recenti[100]; furono costruite nuove scaffalature sul modello dell'archivio della presidenza del Consiglio che avrebbe consentito una maggiore disponibilità di spazio.[101]

Ma tutto ciò non risolse il problema. Come suggerito da più parti,[102] la questione andava affrontata con un radicale alleggerimento della documentazione, che sarebbe stato finalmente possibile solo con la nuova sistemazione degli archivi.[103] Il lavoro di scarto impegnò in più tappe gli impiegati, tra l'aprile del 1942 e i primi mesi del 1943: dei 565.377 fascicoli revisionati, ben 481.882 furono inviati al macero lasciandone nell'archivio corrente 65.377 e spostandone in archivio di deposito 18.118.[104] Furono distrutti i fascicoli contenenti istanze che non avevano avuto corso, oppure richieste per le quali la Segreteria particolare si era limitata semplicemente a segnalare il caso ad altri uffici.[105] È probabile che furono distrutti anche fascicoli con pratiche ritenute chiuse risalenti al primo decennio di attività[106] e collocati in archivi di deposito, come sta a dimostrare l'estrema lacunosità del fondo relativo agli inizi dell'ufficio.[107]

Lo spazio che si era creato permise inoltre un'altra operazione che rientrava nell'ottica della razionalizzazione del funzionamento della Segreteria, e nel controllo più efficace della corrispondenza e delle spese: il passaggio al Viminale dell'archivio e dell'attività stessa della Segreteria particolare della contessa Edda Ciano Mussolini.

Edda, la figlia prediletta

È noto che tra i membri della famiglia un ruolo di primo piano spettò a Edda, in parte conferito dallo speciale rapporto che legava il padre alla figlia,[108] in parte grazie alla spiccata personalità della stessa Edda: "Sembra che Edda sia l'unica rappresentante della famiglia che abbia ereditato qualcosa dell'animo ribelle degli antenati. Anch'essa è sospinta dall'orgoglio, dall'ambizione e dal fuoco che fanno la grandezza del padre. I due fratelli Vittorio e Bruno sono dei bravi figlioli, [...] ma non hanno quel temperamento che costituisce il fascino di Edda," si leggeva in un articolo tratto dalla stampa estera.[109]

Forgiata dall'educazione paterna che la voleva "virile", e in contrasto con l'immagine tradizionale della madre, che appariva distante dai clamori mondani anche se non estranea ai giochi di potere, Edda diventò una donna originale rispetto agli stereotipi coevi, con un carattere ribelle che fece di lei una figura affermatasi rapidamente nell'immaginario nazionale e successivamente anche internazionale. Già a 16 anni si guadagnò una medaglia d'argento per aver salvato una compagna che rischiava di affogare; nel 1925 rifiutò di essere reclusa "in quel maledetto collegio"[110] della Santissima Annunziata vicino Firenze, frequentato dalle ragazze di famiglie aristocratiche; nel 1928, per allontanarla dai suoi vivaci amori non apprezzati in famiglia, fu mandata in giro per il mondo: Tripolitania e poi India, con una crociera organizzata dalla Lega navale alla fine della quale lo stesso Mussolini "anche come capo del Governo" si congratulò con lei "per aver tenuto alto il prestigio dell'Italia fascista".[111] Ma furono le nozze con Galeazzo Ciano, avvenute nel 1930, ad affermare definitivamente il protagonismo di Edda sulla scena pubblica. Se in Italia la stampa tendeva a sottolineare le similitudini tra la figlia e il padre – "Ricca di grazia e di vivacità, ha sul suo volto avvenentissimo, come nelle movenze rapide e sicure, le stesse caratteristiche affascinanti del padre suo; solo a guardarla si riscontra nella sua figura singolare una personalità imponente e seducente, fatta d'ingegno, di volontà, di forza che dalla femminilità acquistano un'aureola di dolcezza"[112] –, all'estero fu notata soprattutto per le sue attività politiche svolte al seguito del marito, in particolare durante il suo soggiorno in Cina: a Shanghai fu al centro di una rete di relazioni che favorì i rapporti commerciali tra Cina e Italia, guadagnando anche il titolo di "prima signora della città" per il coraggio dimostrato non abbandonando il capoluogo cinese durante la guerra cino-giapponese.

Le missioni da lei compiute a Londra nel 1935, per sondare gli umori inglesi circa l'intenzione dell'Italia di conquistare l'Etiopia, e in Germania nel 1936 accreditarono, specialmente all'estero, la convinzione che Edda fosse la donna "più influente d'Italia",[113] l'unica ascoltata consigliera del padre. Ruolo in realtà che entrambi contestavano: "Pensa tu," sono le parole confidate da Mussolini nell'aprile 1938 a Clara Petacci, "giornali stranieri dicono che io subisco l'influenza di Edda, ascolto i suoi consigli, la vedo sempre, che è influentissima. Non la vedo da dicembre quando andai a trovare il pupetto".[114] E, dall'altra parte, la stessa Edda che, nel dopoguerra, in una lettera scritta dal confino di Lipari a Ferruccio Parri, così si esprimeva: "Su mio padre nessuno ha mai avuto un ascendente qualsiasi; avevo un solo privilegio: ero l'unica che osava parlargli francamente; come un amico; spesso come un avversario. Tutto ciò lasciava il tempo che trovava".[115] Fu certamente una donna dalla vita agitata, il cui carattere si esprimeva passando da atteggiamenti moderni all'insegna della esteriorità (il fumo, gli abiti alla moda, la guida dell'automobile, la libertà delle relazioni sentimentali) a manifestazioni di "eroismo", secondo i canoni dello stile fascista, lavorando come crocerossina[116] nel 1941 a Valona, dove la nave su cui era imbarcata fu silurata costringendola a rimanere in acqua per alcune ore, episodio che le fruttò una medaglia di bronzo[117]; poi a Stalino, vicino a Stalingrado; infine, nel 1943, a Monreale, da dove spedì al padre una lettera in cui denunciava lo "spettacolo di desolazione" della città di Palermo, le sofferenze della popolazione, l'insufficienza degli aiuti, l'indifferenza dei militari italiani che fuggivano durante le incursioni e chiedeva di mandare "[...] viveri. Soprattutto pane e pasta (non domandano altro), medicinali e indumenti". "Io sono," aggiungeva, "in un ospedale civile, questa gente è nuda nei letti e i loro superstiti famigliari vengono a domandare il pezzo di pane che il loro congiunto risparmia sul suo vitto. [...] Io sono stata in Albania e in Russia, mai ho visto tanta sofferenza e tanto dolore, E io stessa ho l'impressione di essere capitata non so dove lontana le mille miglia dalla Patria e dalla civiltà. Per ora si dice ancora, il Duce non lo sa, ora lo sai."[118]

Nonostante il suo attivismo, in parte naturale in parte alimentato dagli strumenti di propaganda del regime, per i suoi contemporanei in fondo Edda era solo la figlia del Duce e la moglie di Ciano ed era omaggiata non tanto per le sue imprese quanto per il tradizionale ruolo femminile ricoperto in famiglia. Il momento in cui Edda fu definitivamente consegnata alla storia giunse all'epilogo della sua vita familiare che coincise con la fine del regime fascista, quando Galeazzo Ciano votò a favore dell'ordine del giorno presentato da Dino Grandi alla riunione del Gran Consiglio del fascismo la notte del 25 luglio 1943 in cui "cadde" Mussolini. Edda fece una scelta non scontata decidendo di rompere drammaticamente con l'amato padre e di schierarsi al fianco del marito, uomo da lei considerato a volte non all'altezza della posizione alla quale la sorte lo aveva assegnato ma in quei giorni debole, privo di potere, inviso ai tedeschi, odiato da Rachele Mussolini. La sua vicenda umana fu circondata allora da un alone di tragicità, che l'ha resa una personalità degna di essere studiata, come dimostrano i numerosi volumi, documentari e fiction a lei dedicati.[119]

Come a tutti i membri della famiglia Mussolini, anche a Edda si rivolgevano migliaia di italiani scrivendo lettere in cui si richiedevano aiuti, raccomandazioni o semplicemente si esternavano sentimenti e auguri. Tracce abbondanti della corrispondenza rivolta a Bruno, Vittorio e ovviamente Rachele, che pervenivano a Villa Torlonia o direttamente a Palazzo Chigi e Palazzo Venezia, si trovano nell'archivio della Segreteria particolare i cui funzionari si occupavano di rispondere in maniera celere e accurata, secondo le disposizioni che richiedevano un trattamento privilegiato per le segnalazioni pervenute attraverso i famigliari. Probabilmente per la sua esposizione mediatica, alla figlia "prediletta" del Duce giungevano un maggior numero di lettere al punto che venne organizzata una struttura, chiamata *Segreteria particolare di sua eccellenza Edda Ciano Mussolini*, di cui si occupava Celso Luciano, uomo di fiducia di Galeazzo Ciano sin dai tempi in cui quest'ultimo era il responsabile politico dell'Ufficio stampa della presidenza del Consiglio dei ministri.[120]

Fu proprio Celso Luciano a prospettare l'eventualità di distribuire dei sussidi ai bisognosi che scrivevano alla contessa, come riconosce la stessa Edda in una lettera indirizzata al capo Gabinetto: "Grazie per quello che fa. Non avevo la minima idea che tanta gente si rivolgesse a me. Sarebbe un'ottima cosa quello del fondo sussidi e lo domanderò a mio padre. Io stessa potrei mandare una somma ogni mese a seconda della possibilità della mia tasca".[121]

La richiesta fu esaudita e dal giugno 1938 pervenne mensilmente alla sua Segreteria la somma, misera, di lire 3000 alla quale solo sporadicamente si affiancavano cifre elargite direttamente da lei stessa, nota per le sue permanenti difficoltà economiche dovute alla sua dispendiosa vita mondana e al "vizio" del poker. Le lire messe a disposizione erano ben poca cosa rispetto non solo a quelle di cui disponeva la Segreteria del Duce ma anche alle domande che giungevano a Edda, in aumento dopo che si era sparsa la voce di questo nuovo filone di elargizioni.[122]

Chi le scriveva? Erano tentativi di aggirare la burocrazia di Palazzo Venezia o era l'aspettativa di trovare nella figlia del Duce una sensibilità maggiore? Le richieste non erano molto differenti da quelle rivolte al padre: domande di occupazione, di prestiti, di pensioni; questione degli alloggi e degli sfratti; ricoveri in istituti per persone malate; esenzione dalle tasse; e poi domande di sussidi, in gran parte non soddisfatte vista l'esiguità delle somme a disposizione che venivano prevalentemente assegnate alle famiglie numerose e per i premi di nuzialità. Scrivevano le donne, madri e mogli in difficoltà, ragazze disonorate in attesa di matrimoni riparatori nella speranza di un ascolto comprensivo. Ma anche militari che esprimevano la loro ammirazione per il comportamento tenuto da Edda sui fronti e nelle corsie degli ospedali.[123] Nel caleidoscopio dell'umanità che si rivolgeva alla contessa Ciano, si riverberavano le diverse immagini che erano state costruite intorno alla figura di Edda: quella tradizionale, figlia, moglie e madre, e quella eroica che sfidava i pericoli della guerra per stare accanto al proprio popolo.

A tutti la Segreteria rispondeva, anche a quelli sulle cui lettere erano posti i commenti sprezzantemente ironici di Edda: alla supplica di una giovane donna che le chiedeva di intervenire presso l'uomo che l'aveva sedotta per fargli "compiere l'alto dovere di riparazione all'onore da lui compromesso", Edda appuntava ai margini: "Buon Dio. L'onore si tira in ballo sempre dopo...".[124]

Non voleva l'autorizzazione del Duce per mandare quei pochi aiuti economici ma il padre, e il marito, dovevano sapere quello che stava facendo,[125] affinché in famiglia non si dicesse che era "intelligente e spregiudicata"[126] ma lontana dal popolo.

L'attività della Segreteria, con le sue puntuali risposte, con l'elargizione di somme, con le raccomandazioni e le segnalazioni agli altri organi dello Stato dei casi ritenuti meritevoli, certamente non era nelle corde della personalità di Edda. Leggeva una piccolissima parte delle lettere che le arrivavano e, dopo, nelle memorie, non fece mai menzione di questo aspetto della sua vita, probabilmente anche per attenuare il ricordo della sua partecipazione attiva al regime, riconducendo il suo ruolo a quello naturalmente affidatole dalla posizione famigliare: "Sono evidentemente la figlia di mio padre, sono la vedova di Galeazzo Ciano, ero fascista. Mi domando che cosa avrei potuto essere".[127] Il contributo che però Edda poteva dare per sostenere e per alimentare il culto del Duce non era sfuggito a Mussolini: "Potrebbe fare tanto per me, con la sua intelligenza [...]. Portando un po' di sorriso e di festa in tante case piene di miseria e di pena. Potrebbe entrare, vedere, sentire, soccorrere, e questo naturalmente la farebbe amare dalla popolazione, e porterebbe a me un vantaggio grande. Perché ciò che faccio si saprebbe attraverso lei, che è una Mussolini" (ottobre 1937).[128]

L'organizzazione del suo ufficio rispondeva soprattutto a questo: a estendere il consenso intorno alla figura del Duce, a raggiungere le fasce più bisognose e umili della popolazione che potevano sfuggire alla macchina della propaganda, a nutrire l'immagine di una famiglia, quella dei Mussolini, al servizio della nazione, ad accrescere la devozione popolare nei confronti del capo del fascismo.

Quando De Cesare assunse l'incarico, tra i suoi obiettivi, tendenti a un più razionale funzionamento della Segreteria particolare, pose anche quello del controllo dell'ufficio di Edda. La decisione assunta fu quella di decretarne la fine dell'autonomia e portarlo sotto il governo di Palazzo Venezia.

L'11 febbraio 1943 ci fu il passaggio di responsabilità tra Luciano e De Cesare con la consegna dell'archivio. I 19.615 fascicoli, ai quali si aggiungevano 40.000 schede,[129] entrarono a far parte del *Carteggio ordinario* conservato al Viminale; si cambiò la classificazione applicando quella della Segreteria particolare[130]; l'ufficio prese il nome di *Servizio speciale dell'eccellenza la contessa Edda Ciano Mussolini*; l'assegno mensile di lire 3000 per i sussidi fu cancellato e le elargizioni gravarono direttamente sul bilancio della Segreteria particolare con la conseguenza di un aumento della somma a disposizione. Nonostante la richiesta di Edda affinché "la procedura e la formula fossero le stesse che si usano da anni",[131] il nuovo ufficio fu sottoposto a tutte le regole imposte dalla gestione De Cesare, compresa la pratica delle relazioni mensili e la nomina di un nuovo responsabile.

Le carte della figlia "prediletta" diventarono formalmente parte integrante dell'archivio del padre, consegnando alla storia un ulteriore segno di quel legame speciale che li unì in vita.[132]

"Il tutto in naturale relazione alle attuali contingenze"[133]

Con De Cesare si intensificarono le rilevazioni dei dati quantitativi e qualitativi relativi alla corrispondenza ricevuta e inviata, segno di maggiore attenzione sia alla qualità del lavoro svolto negli uffici del Viminale sia agli umori della popolazione che emergevano dalle lettere arrivate sul tavolo dei funzionari.

L'elaborazione di statistiche, in realtà, era una attività già presente sin dai primi anni di vita della Segreteria particolare, ma la lacunosità della documentazione del primo decennio non permette di avere un quadro preciso della quantità di lavoro effettuato, del trend, e delle varie fasi storiche che ne scandirono le funzioni. Più abbondante è la documentazione degli anni trenta, ma compilata con criteri diversi al punto da rendere difficili le operazioni di comparazione.[134] Per gli anni 1941-1943, vale a dire dall'inizio della gestione De Cesare fino al 25 luglio, abbiamo invece la possibilità di analizzare con maggiore precisione i flussi della corrispondenza, i contenuti della stessa, gli interventi effettuati. E questo non solo perché la storia, attraverso i tortuosi percorsi delle carte, ci ha consegnato un maggior numero di testimonianze documentarie, ma anche perché quello di dare rilievo agli aspetti statistici fu uno degli obiettivi del nuovo segretario. È del luglio del 1941 una sua disposizione che richiedeva "una relazione settimanale del lavoro di ogni singolo ufficio con la statistica dei provvedimenti adottati e notizie circa i casi di interesse generale o di particolare importanza presi in considerazione (ad esempio ripetizione di esposti circa la stessa materia che denotino inconvenienti derivanti da mancanza di norme o da difetto di esse, ai fini di sottoporre superiormente le occorrenti provvidenze)".[135] I rapporti, prima settimanali poi, da agosto dello stesso anno, mensili, furono stilati da ognuno dei quattro uffici seguendo un modello che, pur con qualche diversità, ne permette oggi una lettura comparativa.

Dall'Ufficio I, che si occupava dell'assistenza ai congiunti dei militari in guerra e dei reduci ed era pertanto quello con il maggior carico di lavoro, arrivavano, per esempio, segnalazioni circa la presenza di numerose lagnanze relative al diverso trattamento riservato ai congiunti di militari morti o dichiarati dispersi o prigionieri in merito al sussidio militare che, in alcuni casi, veniva sospeso immediatamente mentre in altri casi continuava a essere erogato fino alla pensione di guerra.[136] Oppure le lamentele da parte dei militari che denunciavano irregolarità nella distribuzione del rancio, non curato e non sufficiente,[137] una eccessiva differenza di trattamento fra la truppa e gli ufficiali,[138] il cattivo funzionamento della posta per le lettere[139] e per i pacchi.[140]

Dalle relazioni mensili preparate dall'Ufficio II, nella parte dedicata ai commenti, emergeva il disagio dei dipendenti pubblici, che risultavano in molti Comuni "malissimo retribuiti [...] con retribuzione assolutamente non corrispondente ai bisogni delle famiglie"; le denunce per i ritardi delle risposte delle amministrazioni e per i comportamenti delle autorità locali che "in genere non sembrano avere la cura di evitare che i ricorrenti vedano addirittura peggiorata localmente la propria situazione per il fatto di [essere ricorsi] al Duce". E poi, man mano che la guerra si avvicinava al territorio italiano, l'aumento delle richieste di alloggi e vestiario in seguito ai bombardamenti; la carenza di cibo; la corruzione e il mercato nero; la mancata distribuzione dei generi razionati. Evidentemente stanco di ripetere sempre le stesse osservazioni, un estensore dei rapporti così riassumeva la situazione che emergeva dalle lettere pervenute nel corso del gennaio del 1942: "In sostanza, le istanze riproducono esattamente quello che non può fare a meno di essere la situazione di certe classi meno abbienti nel presente periodo della vita nazionale in relazione agli avvenimenti bellici e al caro viveri".[141]

Le relazioni periodiche diventavano pertanto non solo un mezzo di controllo dei processi lavorativi per individuare malfunzionamenti dei meccanismi della Segreteria e di altre istituzioni,[142] ma anche uno strumento per conoscere lo stato d'animo della popolazione che presentava il vantaggio del contatto privo della mediazione rappresentata dagli organi preposti alla tutela dello "spirito pubblico", quali i prefetti e la pubblica sicurezza. La Segreteria funzionava come l'orecchio diretto del Duce.

Le categorie usate dagli archivisti per organizzare la

corrispondenza in arrivo – *Sussidi, Sentimenti, Omaggi* – rimandano all'universo dei bisogni, delle emozioni e delle aspirazioni degli italiani che si rivolgevano a Mussolini nella speranza di trovare ascolto e di suscitare un suo intervento benefico e risolutore. Universo, però, che negli ultimi anni risentiva fortemente del clima creato dall'irruzione della guerra. Aumentarono, ad esempio, le richieste motivate dalla partenza per il fronte dei maschi in età di leva; le donne, provate dal dolore della perdita dei loro cari e private delle principali fonti di reddito, diventarono sempre più protagoniste di un dialogo serrato con il Duce; e poi, ancora, si registrarono le strazianti richieste di aiuto per gli effetti dei bombardamenti; le denunce per la corruzione legata al "mercato nero"; l'incremento delle richieste dei beni di prima necessità a scapito di quelle di aiuto in denaro, mentre emergeva la desolazione delle difficoltà economiche delle famiglie di soldati morti o dispersi, o tornati gravemente feriti dal fronte.

Diventarono anche più numerose le lettere senza firma. Il dissenso degli "anonimi" non si discostava dalle solite "mormorazioni" che affioravano in un'opinione pubblica perplessa e disorientata dopo le prime, indiscutibili, sconfitte militari. Si registrava così un generico malcontento contro la guerra ("Il popolo, che in numero stragrande lavora nelle officine e nei campi, non vorrebbe la guerra"; "Duce, risparmiate il flagello alla nostra Patria, mandate a casa i nostri babbi e parenti"),[143] che prendeva di mira gli ufficiali "imboscati" ("che col danaro, con le protezioni e con altri mezzi inconfessabili sono riusciti a far partire gli altri e evitare tutte le guerre!") o "i riformati che si fecero scartare alla leva".[144] Più orientate verso un'opposizione politica erano quelle che criticavano esplicitamente l'arma dei carabinieri "dinastica, fedele soltanto alla casa Savoia" o gli ufficiali dell'esercito ("tutto il corpo è costituito di elementi avversi al fascismo") visti in particolare come appartenenti alla massoneria.[145] Ma non erano molte.[146]

La "guerra totale"

Anche le consuete lettere "della fame e del bisogno", al di là di qualche implorazione disperata ("Duce dammi da mangiare [...] dammi il pane!"), attualizzavano le loro richieste collocandole nel contesto della guerra per scagliarsi contro "i consorzi, i sindacati e gli ammassi che fanno marcire la merce nei magazzini"[147] o per sollecitare la grazia "per i piccoli reati che vanno dai due ai sei mesi, specie per i reati derivanti da infrazioni alle leggi annonarie".[148] Arrivavano anche le invettive contro i nemici ("Abbasso l'Inghilterra, ti vogliamo morta, morta," scriveva un avanguardista da Grottaminarda),[149] i "consigli" militari (occupare, ad esempio, Malta e Gibilterra, obbligando la Spagna "a intervenire nella guerra, a fatti e non a chiacchiere") e i suggerimenti "tecnici" su armi prodigiose, messe a punto da "un silenzioso creatore dell'antropoindividuotecnica, dell'economotecnica e d'altro parecchio ancora" o da chi aveva inventato "proiettili di una materia infiammabile ad alto potenziale che all'atto dell'esplosione ardono in modo fulmineo".[150]

Queste ultime, in prevalenza dei primi mesi del 1943, segnalavano già una significativa rottura in quello che allora si definiva il "fronte interno". A restare impigliate nelle missive di questi "inventori" erano infatti le speranze miracolistiche che confluivano in una reazione quasi scontata alle angosce del momento e al materializzarsi (dopo lo sbarco alleato in Sicilia, il 10 luglio 1943) dello spettro della guerra sull'"uscio di casa". Nasceva allora un bisogno di comunicare spontaneo, dal basso, che si avvaleva di strumenti totalmente irrazionali, alimentando "voci" nelle quali non c'erano solo la "stupida" credulità rilevata da Fussell,[151] ma anche le speranze e le paure alimentate dalla passività e dalla subalternità di chi si sentiva espropriato della possibilità di controllare le proprie fonti di informazione, di sapere, di conoscere razionalmente gli avvenimenti. In molti casi quelle "voci" erano le testimonianze di un immaginario al confine con gli incubi e le utopie degli slanci millenaristici. E decisamente al mondo del magico e del sovrannaturale apparteneva quella più diffusa e inquietante prodotta dall'Italia in guerra, relativa a "Pippo", l'aviatore solitario che, a differenza delle grandi formazioni di cacciabombardieri angloamericani, agiva esclusivamente per mitragliare e spezzonare convogli ferroviari, camion e carretti, semplici civili.

Al Nord e al Sud, di "Pippo" si raccontavano le cose più strampalate. I contorni della sua identità erano misteriosi, associati alle tenebre dell'ignoto. Nessuno sembrava fare caso al fatto che fosse impossibile trattarsi di un unico pilota, che a ogni "missione" dovesse probabilmente corrispondere un pilota diverso. Per tutti "Pippo" era sempre lo stesso, un aereo antropomorfo, metà uomo metà macchina, un essere sovrannaturale padrone della vita e della morte; al Sud, in virtù di un gigantesco esorcismo collettivo, c'era poi una sorta di capovolgimento magico con "Pippo" che si trasformava in una entità benefica, una sorta di folletto che, invece della morte, dispensava tenerezza e pietà, assumendo anche i tratti riconoscibili e rassicuranti del "figlio di italiani immigrati" negli Stati Uniti, uno "dei nostri", e quindi sostanzialmente inoffensivo.

In questi "capovolgimenti" nessuno però si spingeva fino a dove arrivava una lettera spedita a Mussolini da Brescia, il 23 gennaio 1942: "'Pippo' era italiano e per di più fascista!". La scrivente, dopo aver stigmatizzato i comportamenti di chi violava le regole dell'"oscuramento" facilitando così i bombardamenti nemici ("Poche luci mettono il perfido nemico sulle tracce della città a cui tendono il loro vigliacco agguato"), arrivava alla clamorosa rivelazione: "Pippo" era "di giovane età e di bello aspetto"; un giovane che, "dopo un momento di lasciarsi andare in seguito a fortuito incontro", aveva fatto capire quale fosse la sua identità ("Quindi è italiano il pilota dell'apparecchio che terrorizza le nostre notti, arrivando sui tetti senza rumore [...] il suo segreto sarebbe dunque questo, non essere un apparecchio inglese ma italianissimo, come ho potuto verificare sentendolo parlare di persona, persino in dialetto")[152] e come, ligio agli ordini ricevuti, obbedisse a Mussolini per punire severamente quelli che violavano le norme dell'oscuramento.

Sempre al contesto della "guerra totale" appartenevano anche le invettive contro la "borsa nera": "Oltre ai ladroni dei fornai e dei macellai e pizzicaroli, adesso si è formata un'associazione di borsaroli che nell'oscuramento questi delinquenti fanno piangere tanti padri di famiglia,"[153] scriveva L.M. che si firmava come "padre di 14 figli viventi tutti incensurabili, volontari decorati grandi invalidi". Ricordiamolo: nell'Italia in guerra la "borsa nera" era spesso l'unico mezzo per sfuggire all'incubo della fame, una sorta di maledizione che, dal buio del Medioevo, paradossalmente si ripresentava nel contesto di un'Italia che il fascismo avrebbe voluto prospera, industriale, moderna. E invece... "Caro Duce, da cinque settimane ti mandiamo regolarmente i nostri buoni per mezza razione di un giorno di pane" era scritto in una lettera di tre italiane "amanti della patria".[154] E G.F.S.V. da Bisceglie, dopo aver donato "per prima l'oro e l'argento poi la carta. Il ferro, il rame e la lana", annunciava l'invio "di pochi buoni di pane che con grandissimo e indomito sentimento di amor patrio ho messo da parte!".[155] Oggi ci sembrano niente, ma allora si trattava veramente di grossi sacrifici. Fin dal 1940 il pane – con la pasta, il riso, lo zucchero, il latte, il burro, i formaggi, i salumi, i grassi, le marmellate – rientrava infatti in quei generi il cui acquisto era possibile soltanto con la tessera. Dopo sedici mesi dall'inizio della guerra, la razione giornaliera era di due etti al giorno. Un'indagine del 1942 stabiliva che una media variabile tra il 39 e il 42% delle famiglie urbane soffriva la fame "nel pieno senso fisiologico della parola", dal 42 al 45% avevano "un vitto deficiente", dal 12 al 16% "un vitto relativamente scarso", dall'1 al 3% "un vitto pienamente sufficiente o esuberante". Le persone che si nutrivano in maniera nettamente inferiore al limite fisiologico oscillavano tra i 7 e i 14 milioni.[156]

Ci si sfamò proprio grazie alla "borsa nera" che, nella coscienza della gente, si sottraeva a ogni giudizio di valore, non era né morale, né immorale, né legale, né illegale: rappresentava unicamente e semplicemente la sopravvivenza. Era anche difficile distinguere tra chi speculava e chi subiva, tra chi comprava e chi vendeva. I contadini si arricchivano con la "borsa nera"; gli sfollati ricorrevano alla "borsa nera"; la gente di città andava in campagna a comprare a "borsa nera". Un po' si consumava e un po' si vendeva: "I carabinieri hanno sequestrato a mia figlia, che procedeva con bicicletta condotta a mano su strada vicinale, un quantitativo di 35 chili di patate e 10 chili di olio di girasole [...] le altre quattro che sono state fermate con mia figlia trasportavano gli stessi generi mangerecci [...] avevano dato in cambio sale e diverse pezze di cotone makò [...] loro dicono che i borsaneristi adoperano le donne per attraversare il Po, perché è il punto più pericoloso dato i controlli giorno e notte e che, essendo che le donne non rischiano il giudizio militare come gli uomini, ormai sono tutte dentro una ramificazione di borsanera che andrebbe da Genova a Milano. Ma allora perché, invece che la povera gente, non controllano le macchine che vanno e vengono, senza problemi di benzina": era una lettera di Franca G., da Rivarolo, scritta il 7 settembre 1942.[157] Riaffiorava quindi una forma di economia naturale, si tornava agli scambi in natura. Il baratto riacquistava il vigore del passato.

Ma la "borsa nera" era anche veicolo di prevaricazioni e di ricatti, alimentando una nutrita casistica di truffe che sfruttavano i bisogni e le esigenze della gente. Nel ritorno all'economia naturale risultava difficile comunque distinguere tra circuiti legali e circuiti illegali degli scambi. Le damigiane d'acqua ricoperte da uno strato superficiale di olio erano un classico di questi raggiri.

E anche altri reati, almeno i più comuni, risentivano della particolare congiuntura in cui venivano commessi. Si rivendevano le case lasciate incustodite dagli sfollati come se fossero proprie; nello smercio di gioielli e orologi falsi (la "truffa all'americana") i ruoli inventati dai protagonisti si adeguavano alle condizioni belliche: un tenente medico profugo dal Sud, la signora che si liberava dei gioielli di famiglia per sopravvivere, il "soccorritore" che aveva trovato un tesoro nelle macerie di una casa bombardata. La credulità delle vittime veniva rafforzata attingendo direttamente ai pretesti che la guerra offriva in abbondanza. La stragrande maggioranza degli episodi delinquenziali riportati dai giornali riguardava, però, piccoli, poveri furti di vestiario, patate, filo di rame, tubature di ferro, coperte, scarpe. Un campionario merceologico che indicava nell'indigenza una condizione comune al ladro e al derubato. E spesso gli oggetti di provenienza furtiva venivano barattati con gli alimenti da acquistare alla "borsa nera". Già nel 1942 la popolazione "tesserata" spendeva al mercato nero 21 miliardi di lire, il 15% del reddito consumato![158] Ne derivò una fame inimmaginabile fuori da quel contesto straordinario. E, con la fame, anche alla Segreteria particolare del Duce arrivarono le lettere del dissenso e della protesta.

Il dissenso e la protesta

Le prime, per la verità, risalgono al 1938, quando il regime si macchiò dell'infamia delle leggi razziali: "Vergogna!" era l'invettiva lanciata da Dina M., da Trieste: "Per gli scienziati che avrebbero scoperto la vera razza italiana e per chi ha pensato i provvedimenti per la difesa della razza da voi emanati [a essere perseguitati] sono gli stessi ebreazzi che hanno portato, vent'anni orsono, questa Trieste sotto la bandiera della giusta patria".[159] E, prima ancora, addirittura nel giugno 1931, qualche accorata protesta affiora anche nelle lettere inviate per richiedere un aiuto come questa di Erminia F., una mondina che scriveva da Candia Lomellina ("Le ore in risaia non passano presto se si hanno le gambe immerse nel fango e le mani che sanguinano, tagliate dalle cattive erbe che minacciano il riso"), scagliando le sue accuse contro i padroni fascisti ("L'unico interesse che questi hanno per le mondine è quello della domenica sera, soprattutto se le loro mogli sono fuori tiro").[160] Ma si trattava di episodi sporadici che certamente non incrinavano l'enormità del "consenso" che circondava allora Mussolini e il fascismo. Fu proprio la Seconda guerra mondiale a trasformare questi sassolini in una valanga.

Si cominciò all'inizio, subito dopo l'entrata in guerra il 10 giugno 1940, con la "pugnalata alla schiena" alla Francia, già militarmente sconfitta dalle armate di Hitler: "Duce, la dichiarazione di guerra alla Francia è un'azione ignobile, un uomo d'onore non uccide un ferito. Voi passerete alla storia coperto di infamia," scrisse, il 15 giugno 1940, Lina Romani.[161] Poi arrivarono le prime testimonianze di un malcontento diffuso: "Le cose, Duce, non si mettono bene [...] troppe ingiustizie saltano fuori evidenti tra chi tira la settimana con i denti e quelli, pochi ma sempre troppi, che se la passano come niente fosse": era la lettera di Gisella che, a Milano, come "bigliettaia sui mezzi tramviari", ascoltava le dicerie che si rincorrevano sulle linee del trasporto urbano.[162] E infine, con lo spaventoso ciclo di bombardamenti che si scatenò contro le città italiane a partire dall'autunno 1942, le proteste si infittirono in misura esponenziale.

I bombardamenti furono infatti l'aspetto più drammatico del coinvolgimento delle popolazioni civili nella "guerra totale". In Italia tutto era cominciato con le bombe inglesi, su Torino, già nella notte tra l'11 e il 12 giugno 1940, con 14 morti e 39 feriti. Alla fine, dopo cinquantotto mesi, le vittime furono circa 70.000. Per la precisione 64.354, di cui 59.796 civili e 4558 militari.[163] Programmati e gestiti dall'uomo (in questo caso lo staff del *Bomber Command* guidato dal generale Arthur T. Harris),[164] i bombardamenti si sottraevano a ogni facile analogia con le catastrofi naturali anche in chi subiva i loro terrificanti effetti distruttivi. Almeno nelle reazioni iniziali era difficile, infatti, scorgere i segni di quel terrore incoercibile che ci attanaglia di fronte a un terremoto, un ciclone, un'eruzione vulcanica. Si trattava di un evento pienamente all'interno della capacità di previsione degli uomini, non in grado di scuotere le strutture dell'inconscio con la stessa potenza evocatrice di timori ancestrali, tipica, ad esempio, dei terremoti. Ma anche la "vita con le bombe" fu scandita dalle diverse "fasi" attraversate dal conflitto: ognuna di esse fu caratterizzata da un diverso atteggiarsi dei comportamenti collettivi. Alle prime vittime dei bombardamenti, ad esempio, si tributarono onori militari, i funerali erano a spese del Comune, venivano sepolte in aree riservate dei cimiteri.[165] Poi quelle morti diventarono tanto frequenti da passare quasi inosservate.

Fino alla primavera del 1941 le incursioni erano sporadiche, poi – a partire dall'estate – diventarono drammaticamente frequenti, gli ordigni usati divennero molto più sofisticati, la loro potenza distruttiva terrificante. Vivere con le bombe diventò una realtà quotidiana. Tra l'autunno 1942 e l'estate 1943, prima il Sud (a cavallo degli sbarchi alleati) poi il Nord furono investiti dal più impressionante ciclo operativo dell'aviazione alleata. Il 13 agosto 1943 su Milano si scatenò l'unico *area-bombing* totale della campagna d'Italia (furono lanciate 2000 tonnellate di bombe e spezzoni incendiari).

E il fronte interno si disintegrò, così come testimoniato dalle lettere al Duce dalle quali emergevano critiche dure, spietate, che coinvolsero, per la prima volta, la stessa persona di Mussolini: "Ho perso mia figlia, di sette anni, nel bombardamento di giovedì scorso [...] dovete chiudere questa guerra al più presto [...] questa non è una guerra tra soldati: in prima linea siamo noi. Che stiamo a casa [...] Decidetevi a chiudere la guerra, perché così la vita per chi non muore è peggio della morte," scriveva Enrica D. il 28 ottobre 1942[166]; e prima ancora, il 28 giugno 1942, Enza N. aveva scagliato la sua invettiva come una maledizione: "Non vi sentite tremare nei nervi, gelare il sangue davanti ai bimbi innocenti che, come nel rifugio di piazza Sant'Angeli, le bombe seppelliscono vivi. Non fremete di orrore contro voi stesso per quello che avete provocato?".[167]

Epilogo

Tra le ultime lettere arrivate alla Segreteria particolare, una è addirittura del 24 luglio 1943, il giorno dell'immediata vigilia della defenestrazione di Mussolini, della seduta del Gran Consiglio che ne votò le dimissioni e del suo arresto disposto da Vittorio Emanuele III e dal nuovo capo del Governo, Pietro Badoglio: "In questo momento più angoscioso, sento necessaria alla mia fede scrivere a Voi [...] perché desidero riconfermarVi che credo, credo, nelle Vostre parole [...] anche se sembra che Iddio abbia dimenticato l'Italia e i suoi dolorosi sacrifici che da 4 anni ormai essa offre al suo altare". A scrivere era una donna, A.M.G., e sulla lettera il timbro della Segreteria che ne "accusava ricevuta" portava la data del 28 luglio 1943, quando la "defenestrazione" c'era già stata.[1] Fu quella una tra le poche testimonianze di fede arrivate dalla "base" del fascismo. Nell'ultimo mese, in quel fatidico luglio del 1943, le lettere alla Segreteria particolare erano infatti prevalentemente le solite, quelle con richieste rese solo più accorate dalle emergenze legate alla guerra: richieste di sussidi, di un posto di lavoro ("per poter lavorare e prendermi con me il mio caro bambino"), di un reintegro dopo un ingiusto licenziamento ecc. e perfino per il recupero di una bicicletta "rubata a un nostro fattorino".[2]

Di fatto, quando Mussolini fu "dimissionato" non ci fu quasi nessuno che si alzò per protestare. Le piazze italiane si riempirono di manifestanti che gridavano la loro gioia pensando soprattutto alla fine della guerra, alla possibilità di sottrarsi alla scomoda alleanza con i tedeschi e alle privazioni di uno scontro bellico ormai perduto. A parte queste manifestazioni spontanee, per il resto si registrò un silenzio assoluto: i milioni di iscritti al PNF si volatilizzarono di colpo; il generale Galbiati, che comandava la Milizia, si adeguò immediatamente al nuovo corso. Solo Manlio Morgagni, il presidente dell'Agenzia Stefani (l'Ansa di allora), si suicidò per il dolore. Lasciò al Duce una lettera-testamento che recitava: "Mio Duce! L'esasperante dolore di italiano e di fascista mi ha vinto! Non è atto di viltà quello che compio: non ho più energia, non ho più vita. Da più di trenta anni tu, Duce, hai avuto tutta la mia fedeltà. La mia vita era tua. Ti ho servito, un tempo, come amico, ho proseguito a farlo, con passione di gregario sempre con devozione assoluta. Ti domando perdono se sparisco. Muoio col tuo nome sulle labbra e un'invocazione per la salvezza dell'Italia".[3]

Visto in questa ottica, il 25 luglio 1943 appare come la sanzione definitiva di una crisi di complessiva inadeguatezza del regime, rivelatosi incapace di produrre una classe dirigente all'altezza e apparso smarrito, confuso, senza un progetto in grado di confrontarsi con le esigenze di una guerra totale. Dopo tanta propaganda, il fascismo si schiantò andando a sbattere contro la dura realtà dei fatti. Le bugie sulla nostra preparazione militare furono clamorosamente smentite e le speranze di vittoria legate alla tecnologia dei tedeschi diventarono sempre più fievoli.

Almeno a partire dalla sconfitta di El Alamein, nel tardo autunno del 1942, fu chiaro – soprattutto dopo le successive battaglie di Stalingrado e delle Midway – che le forze dell'Asse erano costrette a ripiegare su tutti i fronti e l'andamento dei combattimenti sul terreno si orientava definitivamente verso l'esito obbligato della caduta di Berlino e lo schianto atomico che avrebbe piegato del tutto la resistenza del Giappone.

L'ultimo discorso di Mussolini dal balcone di Palazzo Venezia, il 5 maggio 1943, dopo la definitiva ritirata delle nostre truppe dall'Africa del Nord ("Torneremo. Per il momento gli imperativi categorici sono questi: onore a chi combatte, disprezzo per chi si imbosca, e piombo per i traditori di qualunque rango e razza") suona oggi insopportabilmente retorico. Molto più concrete appaiono le accuse con le quali Dino Grandi accompagnò la presentazione della sua mozione che sfiduciava il Duce, nella riunione del Gran Consiglio, la notte tra il 24 e il 25 luglio: "Il capo del Governo ci ha parlato di imperdonabili errori dei vertici militari che egli stesso comanda: ma ha avuto diciassette anni per creare, formare, preparare, selezionare le forze armate", inchiodando Mussolini alle sue responsabilità ("Questa è la guerra di Mussolini, la guerra del fascismo, non dell'Italia"). E Giuseppe Bottai aggiunse, rivolgendosi al suo capo: "Non siamo qui per diminuire il tuo potere, né per dividere la tua responsabilità, ma per condividerla, dando al paese la consapevolezza di un comando non puramente personale ma collettivo, riattivando il Gran Consiglio e le Camere e ritornando alla costituzione".

Dopo l'esito negativo dei colloqui con Hitler a Feltre e il bombardamento alleato del 19 luglio scatenatosi su una Roma indifesa, c'era solo una cosa da fare: liberarsi di Mussolini e far finire la guerra. Fu intorno a questi obiettivi che i due filoni di quelli che tramarono contro il Duce trovarono un approdo comune, proprio nella seduta del Gran Consiglio: da un lato, la congiura monarchico-badogliana, ordita dal re e dal suo *entourage*, con la complicità dello stato maggiore e dei vertici militari; dall'altro "gli scontenti" del fascismo, esponenti di una fronda che non era mai andata oltre i mugugni salottieri e che finalmente trovava l'occasione di manifestarsi in un atto pienamente politico. I due schieramenti erano prigionieri di una duplice, sciagurata illusione: i primi di poter uscire dal conflitto tenendo a bada Hitler o addirittura ottenendone il consenso; i secondi di poter essere i protagonisti di un fascismo senza Mussolini. Non si realizzò nessuna delle due e l'Italia si incamminò verso una democrazia sgradita sia agli uni che agli altri.[4]

Note

1. Arrivano i fascisti

[1] Cfr. Emilio Gentile, *Storia del fascismo*, Laterza, Roma-Bari 2022, p. 304.

[2] Cfr. Percival Phillips, *The "Red" Dragon and the Black Shirts. How Italy Found Her Soul: The True Story of the Fascist Movement*, Carmelite House, London 1923, pp. 58-59, in Emilio Gentile, *In Italia ai tempi di Mussolini*, Mondadori, Milano 2014, p. 155.

[3] Cfr. Guido Melis, *La macchina imperfetta. Immagine e realtà dello Stato fascista*, il Mulino, Bologna 2018, p. 12.

[4] Legge 3 dicembre 1922, n. 1601.

[5] Legge 24 dicembre 1925, n. 2263; cfr. Alberto Aquarone, *L'organizzazione dello Stato totalitario*, Einaudi, Torino 1995, p. 75.

[6] Cfr. Sabino Cassese, *Lo Stato fascista*, il Mulino, Bologna 2010, p. 21.

[7] Cfr. Ettore Rotelli, *La Presidenza del Consiglio dei ministri. Il problema del coordinamento dell'amministrazione centrale in Italia (1848-1948)*, Giuffrè, Milano 1972, p. 284.

[8] A sancirla era stato il regio decreto 4 settembre 1887, n. 4936.

[9] Cfr. Ettore Rotelli, *La Presidenza del Consiglio dei ministri*, cit., p. 252. Tale ufficio nei documenti ufficiali sarà sempre denominato Segreteria della presidenza e non Segreteria del presidente proprio per sottolinearne il carattere di struttura istituzionale stabile e non meramente legata al succedersi delle figure politiche dei presidenti.

[10] Cfr. Albertina Vittoria, *Alessandro Chiavolini*, in *Dizionario biografico degli Italiani*, vol. 24, Treccani, 1980, consultabile on line https://www.treccani.it/enciclopedia/alessandro-chiavolini_(Dizionario-Biografico)/ (verificato il 10 febbraio 2024); Arturo Rossato, *Mussolini*, Modernissima, Milano 1919.

[11] "Ebbene, quando nel 1921 Mussolini venne eletto deputato col placet giolittiano e ritenne giunto il momento di nominarsi un segretario particolare [...] sapete sopra a chi cadde la nomina? Sopra a quell'unico che gli aveva negato la solidarietà all'atto del suo arresto del 1919: Alessandro Chiavolini, al quale, oltre il caporalato di onore della milizia e la vasta concessione agricola in Cirenaica – pagata 300.000 lire e rivenduta per 11 milioni non svalutati – volle riconoscere persino il diritto al brevetto di sansepolcrista!": cfr. Eno Mecheri, *Chi ha tradito? Rivelazioni e documentazioni inedite di un vecchio fascista*, Libreria Lombarda,

Milano 1947, p. 124. Mecheri, fascista della prima ora, ardito decorato, volontario di guerra, nel marzo 1919 partecipò all'adunata di piazza San Sepolcro in rappresentanza di Genova. Fece parte del primo Comitato centrale dei Fasci di combattimento e, dall'agosto 1919 al febbraio 1920, ricoprì la carica di Segretario aggiunto del movimento. Nei mesi dell'impegno politico milanese fu anche membro, di un certo rilievo, dell'AAI locale arditi italiani. Nel febbraio 1920, in seguito alla presa di posizione contraria della maggioranza del Comitato centrale allo sciopero dei ferrovieri e dei postelegrafonici, abbandonò la carica direttiva e si trasferì nella Fiume dannunziana rompendo ogni legame politico col fascismo. Nel biennio successivo, divenuto segretario della Federazione nazionale legionari fiumani, si impegnò indefessamente per far assumere alla nuova associazione un carattere il più possibile ostile al trionfante fascismo mussoliniano. Rimase nella dirigenza della Federazione fino al suo definitivo scioglimento, per ordine del Regime, nel 1926. Cfr. anche Renzo De Felice, *Mussolini il rivoluzionario, 1883-1920*, Einaudi, Torino 1965, p. 583.

[12] Archivio centrale dello Stato (d'ora in poi ACS), *Ministero dell'Interno, Gabinetto del sottosegretario Aldo Finzi*, 1922-1924, b. 1, fasc. 1.

[13] Documento tratto dalla Mostra sulla rivoluzione fascista, citato in Emilio Gentile, *Storia del fascismo*, cit., p. 336.

[14] Cfr. Albertina Vittoria, *Alessandro Chiavolini*, cit.; Yvon De Begnac, *Palazzo Venezia. Storia di un regime*, Editrice La Rocca, Roma 1950, p. 175.

[15] Cfr. la già citata legge 8 aprile 1906, n. 109, art. 2. Questa possibilità venne ribadita dal regio decreto 11 novembre 1923, n. 2395, *Ordinamento gerarchico delle amministrazioni dello Stato*, che all'art. 183 poneva, comunque, dei limiti alla retribuzione.

[16] ACS, *Presidenza del Consiglio dei ministri* (d'ora in poi *PCM*), *Gabinetto*, 1922, fasc. 1.1.4.2748.

[17] Mese di novembre 1922: Alfredo Goffredo, lire 450; Alessandro Chiavolini, lire 750; Vincenzo Ottaviano, lire 375. *Ibidem*.

[18] Cfr. regio decreto legge 10 luglio 1924, n. 1100, in particolare l'art. 3.

[19] Cfr. Guido Melis, *La macchina imperfetta*, cit., p. 9.

[20] ACS, *Archivio Francesco Saverio Nitti, Carteggio*, Sc. 90, fasc. 922. Citata in Guido Melis, *Storia dell'amministrazione italiana, 1861-1993*, il Mulino, Bologna 1996, p. 295.

[21] Nel gennaio del 1920 cominciò il trasferimento degli uffici del ministero dell'Interno e della Presidenza da Palazzo Braschi, che occupavano sin dal 1871, alla nuova sede del Viminale la cui costruzione iniziò nel 1911, su progetto dell'architetto Manfredo Manfredi che prevedeva due palazzine, una per la Presidenza e una per il ministero dell'Interno, confermando dal punto di vista architettonico la tradizione politica che vedeva la stretta vicinanza tra le due istituzioni, spesso occupate dalla stessa persona per affermare il tradizionale contatto tra la Presidenza e il controllo dell'ordine pubblico e delle amministrazioni periferiche. Il completamento dell'edificio avvenne nel 1923 e l'inaugurazione si tenne il 9 luglio 1925. Giolitti anticipò l'occupazione prendendone possesso il 26 agosto 1920, come si legge da una lapide ivi apposta. Cfr. Ernesto Pauselli, *Le sedi romane del ministero dell'Interno nei documenti di archivio e nel racconto della stampa periodica tra il 1871 e il 1931*, Ministero dell'Interno, Roma 2022.

[22] Il ministero degli Esteri aveva sede al Palazzo della Consulta. Mussolini in qualità di ministro ritenne questo luogo troppo decentrato e, probabilmente,

troppo vicino al Quirinale. Pertanto, appena arrivato al governo, spostò la sede a Palazzo Chigi, trasferendo al Palazzo della Consulta il ministero delle Colonie.

[23] Mussolini fu ministro dell'Interno dal 1922 fino al rimpasto del giugno 1924, quando, dopo l'assassinio di Giacomo Matteotti, l'incarico fu affidato a Luigi Federzoni. Il Duce riprese definitivamente il dicastero nel novembre 1926.

[24] *Ad interim* fino al rimpasto del giugno 1924, poi titolare fino al 12 settembre 1929 quando la carica fu assunta da Dino Grandi. Mussolini tornò a essere ministro degli Esteri negli anni 1932-1936 e, dopo l'intermezzo di Galeazzo Ciano che durò dal 1936 al febbraio 1943, per altri pochi mesi fino al luglio 1943. Per i movimenti di cariche durante il governo Mussolini, cfr. Mario Missori, *Governi, alte cariche dello Stato, alti magistrati e prefetti del Regno d'Italia*, ministero per i Beni culturali e ambientali, Roma 1989.

[25] Cfr. Renato Lefevre, *Palazzo Chigi*, Editalia, Roma 1987, p. 221.

[26] Cfr. Yvon De Begnac, *Palazzo Venezia*, cit., pp. 188-189.

[27] Cfr. Alberto Aquarone, *L'organizzazione dello Stato totalitario*, cit., p. 14. In particolare il regio decreto 11 novembre 1923, n. 2395 sull'ordinamento gerarchico delle amministrazioni dello Stato e il regio decreto 30 dicembre 1923, n. 2960 sullo stato giuridico degli impiegati.

[28] Mussolini, XIX, pp. 241-263. Le citazioni di Mussolini sono tratte dall'*Opera omnia*, a cura di Edoardo e Duilio Susmel, 36 voll., La Fenice, Firenze 1951-1963 (tra il 1978 e il 1980 sono stati poi aggiunti 8 volumi di Appendice). Per brevità, al nome dell'autore ci si limita a far seguire il numero del volume e l'indicazione delle pagine corrispondenti al discorso, documento, lettera, verbale, da cui è stato tratto il brano citato nel testo. Cfr. anche Guido Melis, *Burocrazia*, in *Dizionario del fascismo*, a cura di Victoria de Grazia e Sergio Luzzatto, vol. I, Einaudi, Torino 2002, pp. 207 e sgg.

[29] Cfr. Guido Melis, *Due modelli di amministrazione tra liberalismo e fascismo. Burocrazie tradizionali e nuovi apparati*, ministero per i Beni culturali e ambientali, Roma 1988, p. 148.

[30] Cfr. Mariuccia Salvati, *Il regime e gli impiegati. La nazionalizzazione piccolo-borghese nel ventennio fascista*, Laterza, Roma-Bari 1992, p. 63 e p. 65; Guido Melis, *Storia dell'amministrazione italiana*, cit., pp. 294 e sgg.

[31] Legge 24 dicembre 1925, n. 2300, trasformata nel 1927 da temporanea a permanente.

[32] Fu il fenomeno del "ventottismo" come lo definì Yvon De Begnac. "Il fascismo si ministerializzava. La massa dei capi insoddisfatti premeva alle soglie dell'amministrazione dello Stato. Decine di uomini desideravano divenire questori, prefetti, ministri plenipotenziari o semplici consoli": Yvon De Begnac, *Palazzo Venezia*, cit., p. 415.

[33] Cfr. Alberto Aquarone, *L'organizzazione dello Stato totalitario*, cit., p. 74.

[34] Cfr. Guido Melis, *Burocrazia*, in *Dizionario del fascismo*, cit., p. 208.

[35] Cfr. Guido Melis, *Due modelli...*, cit., pp. 145-146.

[36] Cfr. Renzo De Felice, *Mussolini il Duce. Lo Stato totalitario 1936-1940*, vol. II, Einaudi, Torino 1981, pp. 51-52.

[37] Cfr. Mauro Canali, *Il delitto Matteotti*, il Mulino, Bologna 1997.

[38] Citata in Renzo De Felice, *Mussolini il fascista. I. La conquista del potere (1921-1925)*, Einaudi, Torino 1966, p. 678.

[39] Mussolini, XX, pp. 327-329.

[40] Cfr. Paolo Monelli, *Mussolini piccolo borghese*, Garzanti, Milano 1959, p. 159.

[41] Mussolini, XXI, pp. 56-59.

[42] Mussolini, XXI, pp. 235-241.

[43] Cfr. Guido Melis, *Due modelli...*, cit.; Benito Mussolini, *Tempo secondo*, in "Gerarchia", gennaio 1923, ora in Mussolini, XIX, pp. 116-117.

[44] Cfr. Renzo De Felice, *Mussolini il fascista*, cit., p. 659.

[45] Riportato in Piero Calandra, *Storia dell'amministrazione pubblica in Italia*, il Mulino, Bologna 1978, p. 269.

[46] Cfr. Mauro Canali, *Cesare Rossi. Da rivoluzionario a eminenza grigia del fascismo*, il Mulino, Bologna 1991.

[47] Sul ruolo esercitato da Arturo Fasciolo a Palazzo Chigi esistono diverse versioni. Secondo il "Giornale d'Italia" del 28 dicembre 1924, che dava la notizia del suo allontanamento a giugno insieme ad Aldo Finzi e Cesare Rossi, era stenografo e segretario del Gabinetto della presidenza (cfr. Mauro Canali, *Il delitto Matteotti*, cit., pp. 345 e 499). Come stenografo viene indicato anche da Yvon De Begnac (cfr. *Palazzo Venezia,* cit., p. 188). In altri documenti è indicato come segretario particolare (cfr. Quinto Navarra, *Memorie del cameriere di Mussolini*, Longanesi, Milano 1946, p. 194; Renzo De Felice, *Mussolini il fascista*, cit., p. 649). È probabile che fosse segretario particolare di Mussolini nella sua qualità di ministro degli Esteri. Si desume ciò da alcuni documenti in cui il ministero dell'Interno richiedeva la restituzione di due quadri che Fasciolo aveva ottenuto in prestito e che si trovavano nella stanza da lui occupata nell'ala di Palazzo Chigi destinata al ministero degli Esteri. ACS, *Segreteria particolare del Duce* (d'ora in poi *SPD*), *Carteggio riservato* (d'ora in poi *CR*), b. 45, fasc. 242/R.

[48] Cfr. *La prima giornata del nuovo presidente del Consiglio*, in "Il Popolo d'Italia", 31 ottobre 1922, citato in Mimmo Franzinelli, *Matteotti e Mussolini. Vite parallele. Dal socialismo al delitto politico*, Mondadori, Milano 2024, p. 203.

[49] Cfr. ivi, p. 392. Nonostante le responsabilità di Dumini nell'assassinio di Matteotti, anche i suoi rapporti con Mussolini si protrassero molto a lungo, fino alla fine del fascismo. Cfr. in questo senso il documento in ACS, *SPD*, *Carteggio ordinario* (d'ora in poi *CO*), b. 3446, fasc. *Spese del Duce*, che riporta la nota di una elargizione di 10.000 lire a favore di Jessie Wilson in Dumini, dell'aprile 1943. Sui rapporti intrattenuti da Dumini e Mussolini, anche tramite la Segreteria particolare, cfr. Mauro Canali, *Il delitto Matteotti*, il Mulino, Bologna 2024, pp. 250 e sgg.

[50] Mauro Canali, *Albino Volpi*, in *Dizionario biografico degli italiani*, vol. 100, Treccani, 2020, https://www.treccani.it/enciclopedia/albino-volpi_(Dizionario-Biografico)/ (verificato il 14 maggio 2024).

[51] ACS, *PCM*, *Gabinetto*, 1925, fasc. 1.1.4.2118.

[52] Nella stessa situazione si trovava il segretario particolare del ministro delle Finanze Volpi, comm. Ugo Carnera.

[53] Lettera del capo Gabinetto del ministero delle Finanze Igino Brocchi a Felice Ferrari Pallavicino, segretario capo alla presidenza del Consiglio dei ministri, 30 ottobre 1925. ACS, *PCM*, *Gabinetto*, 1934-1936, fasc. 1.1.5. 136-1.

[54] Regio decreto legge 3 gennaio 1926, n. 60.

[55] ACS, *PCM*, *Gabinetto*, 1934-1936, fasc. 1.1.5. 136-2.

[56] Cfr. Giovanni Tassani, *Diplomatico tra due guerre. Vita di Giacomo Paulucci di Calboli Barone*, Le Lettere, Firenze 2015, p. 55.

[57] La prima traccia documentaria di un organigramma risale al 1925. La Segreteria risulta composta da Ufficio copia e spedizione, Archivio/Ufficio riservato, Archivio ordinario. ACS, *SPD*, *CO*, b. 859, fasc. 500027.

[58] La Segreteria particolare come struttura comparirà nella *Guida Monaci*

solo nel 1932, mentre per gli anni precedenti l'annuario romano farà riferimento esclusivamente alla carica di segretario particolare. La *Guida Monaci* rappresenta un importante strumento di lavoro per i ricercatori. Nasce nel 1870 da Tito Monaci, romano di sette generazioni, garibaldino, ferito e decorato nella battaglia di Bezzecca il 21 luglio 1866 e protagonista con le truppe di La Marmora alla Breccia di Porta Pia del 20 settembre 1870. All'inizio era un annuario di imprese concentrato sulla realtà romana perché l'obiettivo editoriale della *Guida* era quello di favorire la ripresa economica della capitale. Oltre al panorama delle attività e di altri dati interessanti per la vita della città, come gli orari e le tariffe dei tram, l'indicazione dei circoli culturali ecc., gli studiosi di storia delle istituzioni e del pubblico impiego trovano gli organigrammi degli uffici centrali e periferici statali e pubblici, informazioni preziosissime che spesso coprono le lacune della documentazione archivistica che su questi aspetti della vita degli uffici era ritenuta poco interessante ai fini storici e quindi sottoposta a scarto. La dimensione locale fu superata nei primi anni cinquanta. Nel 1910 la proprietà passò alla famiglia Zapponini.

[59] La figura del capo di Gabinetto per la presidenza del Consiglio dei ministri venne istituita nel 1906 (legge 8 aprile, n. 109). Per alcuni anni coesistette insieme a quella del capo dell'Ufficio di segreteria creando "un dualismo pressoché privo di rilievo pratico [...] ma non indifferente sul piano giuridico" (Ettore Rotelli, *La Presidenza del Consiglio dei ministri*, cit., p. 285) che cessò nel novembre del 1929, quando un decreto stabilì che le due cariche fossero disimpegnate dalla stessa persona. Fu Guido Beer a svolgere questa funzione dal 1928 all'agosto del 1933. Seguì Giovanni Battista Bianchetti, fino al 1936, e Gian Giacomo Bellazzi per gli anni successivi. Per le biografie dei capi Gabinetto e degli Uffici legislativi cfr. *L'ombra del potere. Biografie di capi di gabinetto e degli uffici legislativi*, a cura di Giovanna Tosatti, Istituto centrale per gli archivi, Società per gli studi di storia delle istituzioni, Dipartimento della funzione pubblica della presidenza del Consiglio dei ministri, Roma 2016; anche in https://icar.cultura.gov.it/fileadmin/risorse/Biografie_Capi_Gabinetto.pdf.

[60] ACS, *SPD, CO*, b. 861, fasc. 500027/IV, sottofasc. *Ordini e disposizioni*.

[61] Cfr. *Carteggio Arnaldo-Benito Mussolini*, a cura di Duilio Susmel, La Fenice, Firenze 1954, p. 37.

[62] L'archivio di Giacomo Paulucci di Calboli Barone è conservato presso l'Archivio di Stato di Forlì. Cfr. Giovanni Tassani, *Diplomatico tra due guerre*, cit.

[63] Cfr. Matteo Anastasi, *Salvatore Contarini e la politica estera italiana (1891-1926)*, Aracne, Roma 2017.

[64] Cfr. Giovanni Tassani, *Diplomatico tra due guerre*, cit., p. 97.

[65] Cfr. ivi, p. 93.

[66] I presenti erano: Giuseppe Biondelli, Alberto Rossi Longhi, Pellegrino Chigi, Francesco Giorgio Mameli. La conversazione venne riportata da quest'ultimo, che subentrò a Paulucci come capo Gabinetto dal marzo del 1927 al novembre 1929. Cfr. Stefano Baldi, *Ambasciatori d'Italia a Sofia*, Ambasciata d'Italia, Sofia 2020, pp. 58-59.

[67] Cfr. lettera di Francesco Giorgio Mameli a Paulucci datata 23 agosto 1926, in Giovanni Tassani, *Diplomatico tra due guerre*, cit., pp. 119-120.

[68] Discorso pronunciato al Gran Rapporto del fascismo, 14 settembre 1929.

[69] Cfr. *Carteggio Arnaldo-Benito Mussolini*, cit., pp. 37-38.

[70] Cfr. *Mussolini a Firenze. Il conferimento della cittadinanza onoraria*, in "La Stampa", 20 giugno 1923; *Mussolini a Bologna insignito della cittadinanza onoraria*, ivi, 30 ottobre 1923; *Ieri a Perugia*, ivi, 31 ottobre 1923. Il tutto in Michelan-

gelo Borri, *Il cittadino d'Italia. La cittadinanza onoraria a Mussolini*, in "Passato e presente", fasc. 118, 2023, pp. 93 e sgg.

[71] Cfr. Michelangelo Borri, *Il cittadino d'Italia. Storia delle cittadinanze onorarie a Benito Mussolini*, Franco Angeli, Milano 2023, p. 20.

[72] *Ibidem*.

[73] Archivio di Stato di Genova, *Prefettura di Genova. Gabinetto* 1879-1945, b. 7, fasc. 4, citato in Michelangelo Borri, *Il cittadino d'Italia*, cit., p. 53.

[74] Cfr. appunto senza firma, 3 luglio 1924, in ACS, *SPD, CO*, b. 215, citato in Michelangelo Borri, *Il cittadino d'Italia*, cit., p. 102.

[75] Avvicinandosi l'inaugurazione della XXVII legislatura, fissata per il 24 maggio 1924, "Il Popolo d'Italia" varava una rubrica dal titolo *L'Italia e il suo Duce*, con le onorificenze pervenute da ogni parte del paese. Nel numero del 22 maggio erano elencati circa 170 comuni, tra i quali spiccava Como, (l'iniziativa per l'intitolazione era dell'Associazione nazionale combattenti). Altri 270 nomi comparivano nell'edizione del 23 maggio. Parma, Pisa, Sassari, Trento, Verona, Viterbo e Zara, assieme ad altri 400 comuni, erano inclusi nel lungo elenco pubblicato il giorno dopo l'inaugurazione della legislatura. Il 22 maggio il prefetto di Novara riferiva che 393 comuni della provincia – al tempo comprendente anche i circondari di Biella, Domodossola, Pallanza, Valsesia e Vercelli – avevano conferito la cittadinanza al Duce e lo stesso avevano annunciato di fare i "comuni fascisti" dell'Umbria e della provincia di Spezia in occasione delle celebrazioni del 24 maggio. L'edizione del 27 maggio dava notizia delle deliberazioni adottate a Imperia, Taranto, Torino e in altre due centinaia di città. Delle iniziative intraprese ad Asti, Imola, Rimini, Treviso e altri comuni si parlava il 28 maggio, mentre il giorno successivo si nominavano Savona e altre 750 località. Un'altra lista era presentata il 3 giugno, una settimana prima dell'omicidio di Matteotti, e riportava circa 250 comuni. Cfr. *Cittadinanze onorarie al Duce*, in "Il Popolo d'Italia", 18 maggio 1924; ivi, 22, 23 e 25 maggio 1924. Cfr. anche lettera del 22 maggio 1924, in ACS, *SPD, CO*, b. 215. Per l'Umbria e La Spezia, cfr. "Corriere della sera", 20 maggio 1924 e "Il Popolo d'Italia", 27, 28 e 29 maggio e 3 giugno 1924. Tutto questo in Michelangelo Borri, *Il cittadino d'Italia*, cit., p. 98.

[76] Ivi, p. 94. Informazioni dettagliate sulle cerimonie che accompagnarono il conferimento dell'onorificenza a Bologna (ottobre 1923), a Roma (21 aprile 1924 in occasione della festa dedicata al "Natale di Roma") e in Sicilia ("è tornato Garibaldi"), ivi, pp. 102-104.

[77] Cfr. lettera di Chiavolini del 28 luglio 1924, citato in Michelangelo Borri, *Il cittadino d'Italia*, cit., p. 57.

[78] Cfr. *Trieste acclama Benito Mussolini suo cittadino d'onore*, in "Il Piccolo", 21 maggio 1924, citato in Michelangelo Borri, *Il cittadino d'Italia*, cit., p. 107.

[79] Cfr., in questo senso, Roberta Suzzi Valli, *Il culto dei martiri fascisti*, in Oliver Janz, Lutz Klinkhammer (a cura di), *La morte per la patria. La celebrazione dei caduti dal Risorgimento alla Repubblica*, Donzelli, Roma 2008, pp. 101-107. Mussolini diveniva in tal modo non solo "genio tutelare della Vittoria di Vittorio Veneto", ma anche il "sacro e incorruttibile depositario della volontà di cinquecentomila morti Italiani" nella progressiva appropriazione fascista dei caduti e alla contemporanea equiparazione tra i martiri dello squadrismo e quelli della nazione, cfr. Michelangelo Borri, *Il cittadino d'Italia*, cit., p. 106.

[80] Cfr. Patrizia Dogliani, *Il fascismo degli italiani. Una storia sociale*, Utet, Torino 2008, p. 80.

[81] Cfr. *Resoconto della cerimonia del conferimento della cittadinanza romana a S.E. Benito Mussolini*, in Michelangelo Borri, *Il cittadino d'Italia*, cit., p. 106.

[82] Seduta consiliare del Comune di Fermo del 24 maggio 1924, in ACS, *SPD, CO*, b. 215, citato in Michelangelo Borri, *Il cittadino d'Italia*, cit., p. 106.

[83] I documenti citati nel testo, a parte quelli ripresi dal saggio di Borri, sono tutti in ACS, *SPD, CO*, b. 215, fasc. *Cittadinanze onorarie*.

[84] Lettera di Chiavolini ai prefetti, 27 febbraio 1923, in Michelangelo Borri, *Il cittadino d'Italia*, cit., p. 110.

[85] Cfr., in questo senso, ACS, *SPD, CO*, b. 219, fasc. *Francesco Morelli*; fasc. *Udienze e sussidi*.

[86] Cfr. lettera del 31 gennaio 1926, che fa riferimento anche al divieto sancito dall'"art. 58 del vigente ordinamento sullo stato civile", in ACS, *SPD, CO*, b. 219, fasc. *Lombardo rag. Francesco*.

[87] Il riferimento in questo caso è alle circolari del 27 febbraio e 14 novembre 1923, 15 novembre 1925, 20 maggio 1926. ACS, *SPD, CO*, b. 219, fasc. *Intitolazione al nome di S.E. di strade, piazze, istituti*.

[88] Il documento è *ibidem*.

[89] Lettera di Mussolini al prefetto di Udine, 27 marzo 1925, in ACS, *SPD, CO*, b. 215.

[90] Mussolini, XXII, pp. 61-62.

[91] Cfr. Michelangelo Borri, *Il cittadino d'Italia*, cit., p. 61.

[92] Cfr. ivi, p. 62.

[93] Cfr. ivi, p. 64.

[94] Cfr. Denis Mack Smith, *Mussolini*, Rizzoli, Milano 1981, pp. 139-141.

[95] Mussolini, XXI, pp. 357-364.

[96] Mussolini, XXV, pp. 145-148.

[97] Mussolini, XXII, pp. 360-390.

[98] Cfr. Mozione del Consiglio comunale di Fiume, 18 novembre 1925 e lettera del prefetto della provincia del Carnaro, 4 dicembre 1925, in ACS, *SPD, CO*, b. 215.

[99] Cfr. Alberto Aquarone, *L'organizzazione dello Stato totalitario*, cit., p. 25.

[100] ACS, *SPD, CO*, b. 10, fasc. 174.

[101] A questo episodio si riferisce il telegramma del 4 gennaio 1926, scritto a "nome dei carcerati" dal fascista Alfredo Betti, recluso proprio in relazione a quei fatti ("la notte di Natale, piangendo baciammo la bandiera nella nostra cella") e in attesa del processo a Chieti. Il documento è in ACS, *SPD, CO*, b. 12, fasc. G2 439.

[102] ACS, *SPD*, CO, b. 11, fasc. 270.

[103] Cfr. lettera da Valmontone, 4 novembre 1924, in ACS, *SPD, CO*, b. 10, fasc. G2 174. Per l'uccisione di Pilozzi era stato arrestato il fascista Callisto Cristini.

[104] Cfr. lettera a Chiavolini da parte della Segreteria politica della Federazione provinciale del PNF, Pavia, 7 febbraio 1925, in ACS, *SPD, CO*, b. 11, fasc. G2 306.

[105] Da segnalare, in questo senso, il tentativo, a Parma, di rifondare il fascio locale "per tornare a valorizzare il patrimonio di purezza e di gloria delle origini". L'iniziativa fu bloccata da Mussolini stesso. Cfr. lettera del 26 ottobre 1925, in ACS, *SPD, CO*, b. 11, fasc. G2 480.

[106] ACS, *SPD, CO*, b. 13. fasc. *Bruno Frattini*. Di Frattini, un pugile di chiara fama, si diceva che era stato "il primo, dal 1919, a sostenere incontri con distintivo fascista all'estero malgrado la campagna antifascista dei rinnegati".

[107] Cfr. Antonio Gibelli, *Lettere ai potenti: un problema di storia sociale*, in *Deferenza, rivendicazione, supplica. Le lettere ai potenti*, a cura di Camillo Zadra e Gianluigi Fait, Pagus Edizioni, Treviso 1991, p. 10.

[108] Ci fu anche una curiosa iniziativa che, a Ferrara, aveva portato alla nascita di un non meglio specificato movimento della "rinascita nazionale", volto a "integrare il fascismo oppure a succedere al movimento fascista": cfr. il documento dell'8 giugno 1923, in ACS, *SPD*, *CO*, b. 233, fasc. *Gattelli*.

[109] Per queste notizie, cfr. relazione 30 settembre 1926, in ACS, *SPD*, *CO*, b. 10, fasc. G2 183; denuncia di Nicolardi Francesco, Roma, giugno 1925 ("con l'inasprimento attuale dei cambi si sono sguinzagliati sulla piazza diverse iene in forme umane per l'incetta di oro puro"), in ACS, *SPD*, *CO*, b 10, fasc. G2 189; appunto 7 agosto 1929, da Scafati, in ACS, *SPD*, *CO*, b. 10, fasc. G2 81. In ACS, *SPD*, *CO*, b. 13, fasc. 483, c'è anche una nota di Chiavolini su un complotto ordito dal sindaco e da alcuni dirigenti di San Valentino Torio per assassinare il locale segretario politico.

[110] Cfr. lettera di Vera Luce Du Marteau, 23 luglio 1925, in ACS, *SPD*, *CO*, b. 9, fasc. G1 11.

[111] Cfr. lettera di Persindo Giacomelli, commissario straordinario della Federazione sindacale fascista, 27 gennaio 1925, in ACS, *SPD*, *CO*, b. 9, fasc. G2 30.

[112] Cfr. lettera di Marco Conti, 28 marzo 1924, in ACS, *SPD*, *CO*, b. 219, fasc. *Associazione nazionale tubercolotici di guerra*; lettera di Adolfo Angeli, 18 maggio 1924, in ACS, *SPD*, *CO*, b. 215.

[113] Cfr. lettera di Mussolini, 20 gennaio 1926, in ACS, *SPD*, *CO*, b. 13, fasc. 519.

[114] Cfr. *Caro Duce. Lettere di donne italiane a Mussolini, 1922-1943*, prefazione di Camilla Cederna, Rizzoli, Milano 1989, p. 20. Nella stessa direzione, cfr. ivi, le lettere a p. 41, p. 121, p. 140, p. 148.

[115] Cfr. telegramma a Mussolini, 22 agosto 1924, in ACS, *SPD*, *CO*, b. 10, fasc. 55.

[116] Cfr. lettera del 7 novembre 1925, in ACS, *SPD*, *CO*, b. 10, fasc. 452. Cfr. anche lettera del 26 ottobre 1925, in ACS, *SPD*, *CO*, b. 10, fasc. 373. Da segnalare in questa direzione un buffo ma significativo tentativo di "fascistizzare il sentimento cattolico del nostro popolo", cfr. lettera di Angelo Benedetti, 17 maggio 1926, in ACS, *SPD*, *CO*, b. 13, fasc. 505. Si trattava di creare "un nucleo di apostoli fascisti, pieni della fede cattolica e della fede italiana". Cfr. lettera da Pieve Ligure, 3 gennaio 1926, *ibidem*.

[117] Per le tensioni che dilaniarono il PNF a ridosso dell'omicidio di Giacomo Matteotti, cfr. memoriale di Ernesto Nocentini, Cervignano, 9 febbraio 1925, in ACS, *SPD*, *CO*, b. 11, fasc. G2 240, che allude ai timori per un possibile scioglimento del partito.

[118] Cfr. lettera del prefetto di Torino, 2 agosto 1924, in ACS, *SPD*, *CO*, b. 7, fasc. E1, con un articolo de "La voce repubblicana" (*I combattenti torinesi contro l'asservimento al fascismo*) del 25 luglio 1924. Romano Guatteri, già espulso dal fascio per "indegnità politica", fu sostituito da Aldo Bertelè che con il suo giornale ("Il giornale del combattente") era apertamente schierato con Mussolini. Cfr. anche la protesta contro il segretario politico del fascio di Milocca che aveva ostinatamente rifiutato l'iscrizione al partito dei combattenti locali, 26 febbraio 1926, in ACS, *SPD*, *CO*, b. 8, fasc. E101. Lo stesso prefetto, riferendosi ai "dissensi che purtroppo in molti comuni esistono tra Fasci e Combattenti", li attribuiva però non "a motivi di ordine elevato, ma a piccoli motivi, contrasti di persone, a vecchi e nuovi rancori".

[119] Il documento è in ACS, *SPD*, *CO*, b. 7, fasc. E3.

[120] Cfr. il documento del 2 dicembre 1924, in ACS, *SPD*, *CO*, b. 11, fasc. G2.

[121] Cfr. Salvatore Lupo, *Il Fascismo. La politica in un regime totalitario*, Donzelli, Roma 2000, p. 358.
[122] Lettera di Chiavolini a Turati, 4 febbraio 1932, ivi, p. 367.

2. Lo Stato totalitario

[1] Mussolini, XXII, pp. 8-12.
[2] Mussolini, XXII, pp. 97-100.
[3] Mussolini, XXI, pp. 235-265.
[4] Mussolini, XXI, pp. 422-427.
[5] Legge 24 dicembre 1925, n. 2263. Cfr. Francesco Bilancia, *Legalità, legittimità e parità di chances nell'accesso al potere politico*, 2006, fasc. n. 1, in "Costituzionalismo.it", https://www.costituzionalismo.it/wp-content/uploads/Costituzionalismo_Legalit%C3%A0_Legittimit%C3%A0.pdf (verificato il 13 febbraio 2024).
[6] Mussolini, XXI, pp. 357-364.
[7] Cfr. Ettore Rotelli, *La Presidenza del Consiglio dei ministri*, cit., p. 311.
[8] Mussolini, XXII, p. 265.
[9] Victor Isaac Taranto, *The Inheritance of Violence in Fascism's Second Generation: the Case of the School of Fascist Mysticism*, in "Memoirs of the American Academy in Rome", vol. 68, 2023, p. 41.
[10] Mussolini, XIX, pp. 308-320.
[11] Mussolini, XIX, pp. 195-196.
[12] Per questo giudizio, cfr. Palmiro Togliatti, *Lezioni sul fascismo*, Editori Riuniti, Roma 1970, p. 164.
[13] Cfr. Pasquale Chessa, *Dux. Benito Mussolini, una biografia per immagini*, Mondadori, Milano 2008, p. 85.
[14] Cfr. in particolare la circolare di Mussolini ai prefetti del 5 gennaio 1927, in Nicola Tranfaglia, *Storia d'Italia*, vol. 22: *La prima guerra mondiale e il fascismo*, Utet, Torino 1996, p. 409.
[15] Mussolini, XXIV, pp. 132-146.
[16] "Vita nova", pubblicazione mensile illustrata dell'Università di Bologna, n. 6, giugno 1927, p. 428.
[17] Cfr. Gioacchino Volpe, *Storia del movimento fascista*, Ispi, Milano 1939, p. 196.
[18] Cfr. Renzo Martinelli, *Il partito nazionale fascista come organismo burocratico-amministrativo*, in "Passato e presente", n. 6, 1984.
[19] Paolo Pombeni, *La forma partito del fascismo e del nazismo*, in *Fascismo e nazionalsocialismo*, a cura di Karl Dietrich Bracher e Leo Valiani, il Mulino, Bologna 1986, p. 251.
[20] Mussolini, XXI, pp. 357-364.
[21] Cfr. Alberto Aquarone, *L'organizzazione dello Stato totalitario*, cit., p. 196.
[22] Cfr. Giulia Albanese, *La Marcia su Roma: inizio della dittatura fascista*, in *"Marcia su Roma e dintorni". Dalla crisi dello Stato liberale al fascismo*, a cura di Claudio Natoli, Viella, Roma 2024, p. 103.
[23] Citata in Renzo De Felice, *Mussolini il fascista*, cit., pp. 439-440.
[24] In tutto il Ventennio furono poco più i prefetti di nomina politica di fronte a un numero complessivo di 443 prefetti in carica nelle diverse province. Cfr. Giulia Albanese, *La Marcia su Roma: inizio della dittatura fascista*, cit., p. 108 e p. 110.
[25] Sui fascismi locali, cfr. il pionieristico Nicola Gallerano, *Le ricerche locali*

sul fascismo, in "Italia contemporanea", n. 184, 1991, pp. 388-397; a quella congiuntura storiografica appartiene anche Sidney Tarrow, *Tra centro e periferia. Il ruolo degli amministratori locali in Italia e in Francia*, il Mulino, Bologna 1979.

[26] Mussolini, XXI, pp. 315-321.

[27] Cfr. Lucio Lombardo Radice, *Fascismo e anticomunismo. Appunti e ricordi 1935-1945*, Einaudi, Torino 1946, p. 15.

[28] Cfr. Pier Giorgio Zunino, *L'ideologia del fascismo. Miti, credenze e valori nella stabilizzazione del regime*, il Mulino, Bologna 1985, p. 37.

[29] Cfr. Carleton Beals, *Rome or Death. The Story of Fascism*, The Century Co., New York 1923, p. 25, citato in Emilio Gentile, *In Italia ai tempi di Mussolini*, cit., p. 42.

[30] Cfr. Alberto Aquarone, *L'organizzazione dello Stato totalitario*, cit., p. 3.

[31] Cfr. William Bolitho, *Italy under Mussolini*, Grosset & Dunlap, New York 1926, citato in Emilio Gentile, *In Italia ai tempi di Mussolini*, cit., p. 191.

[32] Cfr. Alberto Aquarone, *L'organizzazione dello Stato totalitario*, cit., p. 167.

[33] La riflessione successiva, del 15 marzo 1946, che Bottai affidò al suo *Diario 1944-1948* (Rizzoli, Milano 1988) ci sembra particolarmente significativa: "Il regime che non volle essere rappresentativo, si fermò alla rappresentazione. Cessò d'essere un regime per divenire una religione. La mimica spontanea dell'uomo si fissò nei gesti che la folla amava. Si sono viste folle chiedergli quei gesti; ed estasiarsene. Il mussolinismo era diventato un rito, una liturgia". Citato in Mimmo Franzinelli, Emanuele Valerio Marino, *Il Duce proibito. Le fotografie di Mussolini che gli italiani non hanno mai visto*, Mondadori, Milano 2003, p. XIII.

[34] Cfr. Alessandro Campi, *Mussolinismo*, in *Dizionario del fascismo*, cit., pp. 201 e sgg.

[35] Cfr. la lettera del 22 gennaio 1933, citata in Alberto Aquarone, *L'organizzazione dello Stato totalitario*, cit., p. 174.

[36] Appunto intitolato *La Segreteria particolare di S.E. Mussolini* [fine 1926 - inizio 1927], non firmato ma attribuibile a Chiavolini, in ACS, *SPD*, *CO*, b. 861, fasc. 500027/IV, sottofasc. *Costituzione e funzionamento della Segreteria particolare del Capo del Governo*. Pubblicato anche in Gaetano Contini, *La valigia di Mussolini. I documenti segreti dell'ultima fuga del Duce*, Rizzoli, Milano 1996, pp. 240-242.

[37] "La Provvida" era un servizio di rifornimento dei viveri a pagamento al personale, in servizio e a riposo, di tutte le amministrazioni dello Stato, e rispettive famiglie. Fu istituito nel 1925 presso il ministero delle Comunicazioni.

[38] Appunto di Alessandro Chiavolini alla Direzione generale dell'amministrazione civile del ministero dell'Interno in cui si chiede di mettere a disposizione della Segreteria una somma mensile per l'elargizione "di piccoli sussidi caritativi" da parte del presidente, 4 gennaio 1924, in ACS, *SPD*, *CO*, b. 52, fasc. L Varia 10. Le somme provenienti da questa direzione erano destinate alla beneficenza spicciola. Mentre esisteva anche un fondo nel bilancio della Direzione della pubblica sicurezza messo a disposizione della Segreteria che era destinato ai lavori pubblici e a elargizioni.

[39] Un tentativo di ricostruzione dei movimenti finanziari fu fatto in Teresa Maria Mazzatosta, Claudio Volpi, *L'Italietta fascista. Lettere al potere 1936-1943*, Cappelli Editore, Bologna 1980, pp. 25-36.

[40] Cfr. Wolfgang Schieder, *A udienza da Mussolini. Sulla politica simbolica della dittatura fascista, 1923-1943*, in *I conflitti e la storia. Studi in onore di Giovanna Procacci*, a cura di Fabio Degli Esposti, Lorenzo Bertucelli, Alfonso Botti, Viella, Roma 2012, pp. 335-363. Nel periodo della Repubblica di Salò si contarono 6880

udienze, con una media di 7 incontri al giorno. Per queste cifre, cfr. *Le udienze di Mussolini durante la Repubblica Sociale italiana, 1943-1945*, a cura di Amedeo Osti Guerrazzi, Heidelberg University Publishing, 2020.

[41] Nota s.f. e s.d. [1928], in ACS, *SPD, CO*, b. 861, fasc. 500027/IV, sottofasc. *Ordini e disposizioni*.

[42] Appunto *La Segreteria particolare di S.E. Mussolini* [fine 1926 - inizio 1927], cit.

[43] *Ibidem*.

[44] *Riordinamento della Segreteria particolare di S.E. il capo del Governo*, s.d. [1927], in ACS, *SPD, CO*, b. 861, fasc. 500027/IV, sottofasc. *Costituzione e funzionamento della Segreteria particolare del capo del Governo*.

[45] Appunto con data manoscritta "nov. 1928.VII", in ACS, *SPD, CO*, b. 861, fasc. 500027/IV sottofasc. *Costituzione e funzionamento della Segreteria particolare del capo del Governo*.

[46] Cfr. Italo Insolera, Francesco Perego, *Storia moderna dei Fori di Roma*, Laterza, Roma-Bari 1999, p. 70 e in particolare il capitolo *Mussolini a palazzo Venezia*, pp. 66-72, da cui sono tratte numerose informazioni.

[47] "Fu con il trasferimento della sede da Palazzo Chigi a Palazzo Venezia che Mussolini volle [...] ratificare di fatto la sua trasformazione da primo ministro a dittatore": cfr. Quinto Navarra, *Memorie del cameriere di Mussolini*, cit., p. 97. Quinto Navarra era primo commesso del ministero degli Esteri quando incontrò per la prima volta Mussolini alla Conferenza di Cannes nel 1920. Passò al suo servizio il 31 ottobre 1922 e rimase accanto al Duce fino al 25 luglio 1943. In seguito, senza svolgere le sue passate funzioni, seguì Mussolini al Nord fino al 25 aprile 1945. Il libro, tra le prime pubblicazioni della nuova casa editrice Longanesi, nacque da una idea di Leo Longanesi e fu dettato da Navarra ma scritto da Indro Montanelli e da Longanesi stesso.

[48] Cfr. Bruno Tobia, *L'Altare della Patria*, il Mulino, Bologna 1998.

[49] Ivi, p. 97.

[50] Ivi, p. 87.

[51] È la cifra indicata in *Le udienze di Mussolini durante la Repubblica Sociale Italiana*, cit., p. 36.

[52] Cfr., in questo senso, Emilio Gentile, *Il culto del Littorio. La sacralizzazione della politica nell'Italia fascista*, Laterza, Roma-Bari 2006.

[53] ACS, *SPD, CO*, b. 857.

[54] *Ibidem*.

[55] Alla vigilia del passaggio a Palazzo Venezia, la struttura della Segreteria continuava a essere sostanzialmente incentrata sul binomio Riservato/Ordinario che divideva le competenze degli uffici e gli archivi. Presso il Viminale operavano la *Sezione riservata* e quella degli *Affari personali*, con a capo Osvaldo Sebastiani, (che "provvedeva alla apertura di tutto il corriere, telegrammi e pacchi compresi, e al ricevimento delle persone") a cui era aggregato l'*archivio riservato*, il cui diretto responsabile era, e lo sarà fino al 1945, Elettro Marino, proveniente dall'amministrazione militare. Sempre al Viminale c'era anche la *Sezione affari generali* che curava il disbrigo delle pratiche ordinarie (telegrammi compresi) e che gestiva l'*archivio ordinario*. In un altro documento, del 1° agosto 1929, compaiono alcuni uffici che sembrerebbero articolazioni interne della *Sezione affari generali*: l'*Ufficio ordinario*, con a capo l'allora maggiore Renato Nani; l'*Ufficio automezzi e telefoni*; l'*Ufficio sussidi*, che si occupava anche della gestione dei finanziamenti, con a capo Gino Ricci, il ragioniere che seguirà per tutto il Ventennio le pratiche contabili della Segreteria; l'*Ufficio corrispondenza*, a cui veniva attribuita una

grande mole di compiti (apertura, smistamento, ricevimenti, recensioni, consultazioni giuridiche, minute speciali, copia, spedizioni) e che fu uno dei punti centrali (ma anche tra i più deboli) dell'organizzazione della Segreteria. A segnare la gerarchia del personale, era l'indicazione delle stanze i cui titolari avevano diritto a una anticamera con un usciere: Chiavolini, il suo vice Sebastiani, Nani e il responsabile dell'archivio riservato Marino. A Palazzo Chigi rimanevano gli uffici che seguivano le pratiche della Segreteria che avevano attinenza con i ministeri diretti da Mussolini. Informazioni tratte da diversi documenti in ACS, *SPD, CO*, b. 861, fasc. 500027/IV.

[56] Troviamo numerosi riferimenti alla scarsa attenzione circa la conservazione dei documenti come l'appunto del 3 ottobre 1929 in cui Chiavolini denunciava che una "lettera era confusa con i giornali quotidiani che mi vengono mandati a casa", in ACS, *SPD, CO*, b. 857.

[57] Ordine del giorno (d'ora in poi Ods) 27 gennaio 1927, in ACS, *SPD, CO*, b. 857.

[58] Ods 6 maggio 1930, *ibidem*.

[59] Ods 6 gennaio 1934, *ibidem*.

[60] *Ibidem*.

[61] Ods 2 ottobre 1937, *ibidem*.

[62] Ods 19 ottobre 1937, *ibidem*.

3. La fabbrica del Duce

[1] Mussolini, XXIV, pp. 310-325.

[2] Mussolini, XXIV, pp. 278-285.

[3] Mussolini, XXII, pp. 60-390.

[4] "Tra il 1929 e il 1934 il consenso non raggiunse le vette di entusiasmo e di esaltazione che avrebbe toccato nel 1936, in effetti però fu più esteso e soprattutto più totalitario o, se si preferisce, meno venato di riserve, di motivi critici, di preoccupazioni per il futuro": in Renzo De Felice, *Mussolini il Duce. Gli anni del consenso 1929-1936*, Einaudi, Torino 1974, p. 18.

[5] Mussolini, XXIII, pp. 230-235.

[6] Mussolini, XXII, pp. 22-25.

[7] ACS, *SPD, CO*, b. 442, fasc. 169.621.

[8] Cfr. Teresa Maria Mazzatosta, Claudio Volpi, *L'Italietta fascista*, cit.

[9] ACS, *SPD, CO*, b. 878.

[10] Su "Mura", cfr. Guido Bonsaver, *Mussolini censore. Storie di letteratura, dissenso e ipocrisia*, Laterza, Roma-Bari 2013, p. 32 e soprattutto pp. 68 e sgg. In particolare sul legame sentimentale con Chiavolini, il rapporto di un informatore datato 2 ottobre 1934 in cui si insinuava che grazie a questo legame la scrittrice fosse entrata in possesso di lettere compromettenti riguardanti "alcuni alti gerarchi", cfr. ivi, p. 71.

[11] Per un esaustivo profilo biografico di "Mura", cfr. Marcello Sorgi, *"Mura" la scrittrice che sfidò Mussolini*, Marsilio, Venezia 2022.

[12] Cfr. Guido Bonsaver, *Mussolini censore*, cit., p. 50. Più precisamente Mondadori utilizzò l'etichetta della casa editrice amica Birkhäuser, di Basilea, con un'avvertenza, posta sul retro del frontespizio del libro: "La presente edizione non può essere venduta che nel territorio della Confederazione Elvetica", ivi, p. 71. Per

le altre notizie, cfr. Gianfranco Petrillo, *Tra patria reale e patria ideale nel decennio delle traduzioni*, Nuova Trauben, Torino 2023.

[13] Cfr. Albertina Vittoria, *Alessandro Chiavolini*, cit.

[14] Cfr. Nino D'Aroma, *Mussolini segreto*, Cappelli, Rocca San Casciano 1958, p. 68.

[15] Lettera a De Cesare dell'8 novembre 1941, in ACS, *SPD*, *CO*, b. 878.

[16] *Ibidem*. La lettera scritta il 17 marzo fu consegnata in udienza il 5 giugno 1939, vale a dire diversi mesi dopo la sua scrittura. Una attesa lunga che starebbe a dimostrare come Chiavolini non avesse un trattamento di favore da parte della Segreteria.

[17] Secondo la segnalazione della Questura di Roma all'Alto commissariato aggiunto per la punizione dei crimini fascisti, del 16 settembre 1944, Chiavolini figurava anche nei consigli di amministrazione dell'ItalCable, della Compagnia italiana alberghi, della Società coloniale italiana, della Società cotoniera meridionale, della casa editrice Mondadori. Il questore Morazzini aggiungeva: "Nell'esercizio delle sue funzioni ha trovato sempre modo di devolvere a proprio profitto quanto più danaro ha potuto tanto da riuscire a crearsi un patrimonio invidiabile". Nello stesso patrimonio figurava anche la villa in via Druso n. 45, fatta costruire su progetto di Clemente Busiri Vici tra il 1928 e il 1929 vicino al Circo Massimo, occupata nel 1944 dagli Alleati e, nel secondo dopoguerra, resa famosa perché acquistata da Alberto Sordi. Chiavolini non seguì il Duce al Nord e fu arrestato nel dicembre del 1944. Nel giugno del 1945 fu condannato a 14 anni di reclusione dall'Alta corte di giustizia. Trascorse 18 mesi di detenzione a Procida e usufruì dell'amnistia del 1946. In data 7 aprile 1948 la Suprema corte di cassazione a sezioni riunite, in seguito ai ricorsi presentati, pronunciò una sentenza di assoluzione perché "i fatti attribuiti agli imputati non costituiscono reato": cfr. ACS, *Ministero dell'interno, Direzione generale pubblica sicurezza* (*MI, DGPS*), *Divisione Affari riservati* 1948, Serie *Permanenti*, ctg. B, sottctg. C, b, 109, fasc. *Chiavolini*. Documenti su Chiavolini anche in ACS, *Ministero delle finanze, Direzione generale entrate speciali e affari generali*, Serie *Avocazione dei profitti di regime*, b. 10, fasc. *Chiavolini*.

[18] ACS, *SPD*, *CO*, b. 879, fasc. *Sebastiani Osvaldo e figlio Paolo*, sottofasc. *MVSN*. Il primo documento in cui compare la sua presenza nella Segreteria porta la data del 28 ottobre 1922.

[19] Il 1° agosto 1928 fu nominato viceprefetto. Il 16 aprile 1929 lasciò il ministero dell'Interno per ricoprire la carica di consigliere della Corte dei conti. Quando ormai era il potente segretario particolare, con decreto ministeriale del 26 febbraio 1935 gli venne attributo il titolo onorifico di prefetto sulla base dell'articolo 103 del regio decreto 30 dicembre 1923, n. 2960. I documenti sono presenti in ACS, *Ministero dell'interno, Direzione generale affari generali e del personale, Divisione Affari del personale, Fascicoli del personale 1861-1952, Fascicoli ordinari*, versamento 1947, b. 78 bis, fasc. 998. Rapida fu anche la sua carriera all'interno della MVSN, dove era centurione sin dalla sua costituzione nel febbraio 1923, diventando console generale "per meriti eccezionali" nell'ottobre 1936. ACS, *SPD*, *CO*, b. 879, fasc. *Sebastiani Osvaldo e figlio Paolo*, sottofasc. *MVSN*.

[20] Cfr. Yvon De Begnac, *Palazzo Venezia. Storia di un regime*, cit., p. 120.

[21] Cfr. Sabino Cassese, *Lo Stato fascista*, cit., pp. 20-21.

[22] Cfr. Guido Melis, *La macchina imperfetta*, cit., p. 63 e p. 65.

[23] Per la biografia di Guido Beer, cfr. Leonardo Pompeo D'Alessandro, *Guido Beer*, in *L'ombra del potere*, cit., pp. 22-29.

[24] ACS, *SPD*, *CO*, b. 857.

[25] Appunto di Guido Beer a Chiavolini del 19 luglio 1928, *ibidem*.

[26] Comunicazione del Gabinetto della presidenza del Consiglio dei ministri, 8 ottobre 1938. Precedenti richiami, 4 maggio 1933, 5 maggio 1935, 8 settembre 1936. Successiva 22 novembre 1939: tutto in ACS, *SPD*, *CO*, b. 850, fasc. 500022/1 *Presidenza del Consiglio*.

[27] Cfr. Leonardo Pompeo D'Alessandro, *Guido Beer*, in *L'ombra del potere*, cit., p. 24.

[28] ACS, *SPD*, *CO*, b. 857, fasc. 500026/III, sottofasc. *Circolari*.

[29] Decreto legge 27 ottobre 1937, n. 1839.

[30] Cfr. Guido Melis, *La macchina imperfetta*, cit., p. 180. Secondo Melis, la prima traccia del termine si trova nel verbale del Consiglio dei ministri del 30 gennaio 1936; ma anche dopo la norma del 1937, c'è molta resistenza a usarlo nei documenti amministrativi. Di qui il richiamo della circolare del 9 aprile 1939 a tutte le amministrazioni affinché usassero nella intestazione dei documenti la dizione "Duce del fascismo capo del Governo".

[31] Ods 4 settembre 1938, in ACS, *SPD*, *CO*, b. 855, fasc. 500026/I, sottofasc. *Ordini di servizio*.

[32] ACS, *SPD*, *CO*, b. 857.

[33] ACS, *SPD*, *CO*, b. 857, 500026/III, sottofasc. *Circolari*.

[34] Ods 25 ottobre 1936, in ACS, *SPD*, *CO*, b. 857.

[35] Ods 27 settembre 1942, in ACS, *SPD*, *CO*, b. 855, fasc. 500026.

[36] Cfr. Renzo De Felice, *Mussolini il Duce. Lo Stato totalitario 1936-1940*, cit., p. 230.

[37] Circolare 30 novembre 1929, in ACS, *SPD*, *CO*, b. 857.

[38] Numerosi erano questi interventi. Qui si riportano solo alcuni esempi che denotano la puntigliosa attenzione alle forme con sfumature di toni, di stili e di formule che non doveva rendere facile la vita degli impiegati addetti alle risposte (i cosiddetti "minutanti"). Ods 24 ottobre 1935: "Sebastiani desidera che non si adoperi la frase 'trasmettere per competenza' ma 'segnalata per ragioni di competenza'"; Ods 3 dicembre 1937: "Per Ciano usare il vocativo 'Caro commendatore' e dare del tu. Per il dott. Chiavolini usare soltanto il vocativo 'Carissimo'": in ACS, *SPD*, *CO*, b. 857.

[39] Ods febbraio 1941, in Teresa Maria Mazzatosta, Claudio Volpi, *L'Italietta fascista*, cit., p. 17.

[40] Ods 15 novembre 1937, in ACS, *SPD*, *CO*, b. 857.

[41] Cfr. Renzo De Felice, *Mussolini il Duce. Gli anni del consenso 1929-1936*, cit., p. 221.

[42] Cfr. *Vademecum dello stile fascista dai Fogli di disposizione del segretario del Partito*, a cura e con prefazione di Asvero Gravelli, Nuova Europa, Roma [1940].

[43] Cfr. Emilio Gentile, *Il culto del littorio. La sacralizzazione della politica nell'Italia fascista*, Laterza, Roma-Bari 1993, p. 125 e pp. 182-184.

[44] Per l'articolo di Piero Calamandrei, cfr. "Il Ponte", n. 10, 1952.

[45] Lettera di Arturo Carlo Jemolo, 28 luglio 1952, *ibidem*.

[46] Mussolini, XXI, pp. 360-390.

[47] *Ibidem*.

[48] Discorso agli operai dello stabilimento Marelli di Milano, 21 maggio 1930, in Mussolini, XXIV.

[49] Mussolini, XXII, pp. 47-48.

[50] Mussolini, XXII, pp. 68-74.

[51] Riportato anche nella circolare del Gabinetto del ministero della Guerra datata 21 aprile 1938, in ACS, *SPD*, *CO*, b. 858, fasc. 500027/1 *Varie*.

[52] Cfr. Carlo Galeotti, *Achille Starace e il vademecum dello stile fascista*, Rubbettino, Soveria Mannelli 2000, pp. 113 e sgg.

[53] Cfr. Karl Polanyi, *La grande trasformazione*, Einaudi, Torino 2010 (1944).

[54] Cfr. Benito Mussolini, *Me ne frego*, a cura di David Bidussa, Chiarelettere, Milano 2023, p. XXIII.

[55] Cfr. Gabriella Gribaudi, *Familismo e famiglia a Napoli e nel Mezzogiorno*, in "Meridiana", n. 17, 1993.

[56] Mariuccia Salvati, *L'inutile salotto. L'abitazione piccolo-borghese nell'Italia fascista*, Bollati Boringhieri, Torino 1993, p. 161.

[57] Philip Cannistraro, *La fabbrica del consenso. Fascismo e mass media*, Laterza, Roma-Bari 1975.

[58] Telegramma di Mussolini da Forlì, 26 luglio 1931, in ACS, *SPD*, *CO*, b. 1270, fasc. 509.837 *Azienda autonoma statale della strada AASS*, sottofasc. 2 *Rapporti e udienze*.

[59] Appunti in ACS, *SPD*, *CO*, b. 859.

[60] La nota del 9 marzo 1928, in ACS, *SPD*, *CO*, b. 49, fasc. 48.

[61] La circolare del 22 novembre 1927 è *ibidem*. Sull'antagonismo dei simboli della monarchia e del fascismo, cfr. Paolo Valera, *Mussolini*, Il melangolo, Genova 1995, p. 109.

[62] Cfr. Emilio Gentile, *Il culto del Littorio*, cit. (ediz. 1993), p. 200.

[63] In Benito Mussolini, *Me ne frego*, cit., p. 123.

[64] Lettera di Mussolini, 12 agosto 1925, in ACS, *SPD*, *CO*, b. 219, fasc. *Maestri d'arme*.

[65] Sul pieno consenso alla "nobile proposta di accomunare i nostri morti agli eroi di guerra", cfr. la lettera di Mussolini datata Roma aprile 1925, in ACS, *SPD*, *CO*, b. 12, fasc. G2 450.

[66] Lettere al sindaco di Monfalcone, 30 settembre 1926 e 29 ottobre 1926, in ACS, *SPD*, *CO*, b. 13, fasc. G2 498. *Ibidem* anche il suo intervento per il monumento ai caduti in guerra di Lecco.

[67] ACS, *SPD*, *CO*, b. 12, rispettivamente fasc. G2 359, fasc. G2 424 (11 settembre 1925), fasc. G2 342 (18 marzo 1925).

[68] Lettera del 27 maggio 1926, in ACS, *SPD*, *CO*, b. 20, fasc. L 184.

[69] Cfr. Enrico Manera, *Mito e religione politica*, in *Fascismo e storia d'Italia, a un secolo dalla Marcia su Roma, temi, narrazioni, fonti*, a cura di Giovanni De Luna, Feltrinelli, Milano 2022, pp. 45 e sgg.

[70] Cfr. Stefano Taiss, *Presente! I memoriali del fascismo italiano*, in *Memorie di pietra. I monumenti delle dittature*, a cura di Gian Piero Piretto, Cortina, Milano 2014, pp. 69-89.

[71] Cfr. Furio Jesi, *Cultura di destra*, Nottetempo, Roma 2011, pp. 158-160.

[72] Il telegramma di Mussolini del 29 dicembre 1934 è in ACS, *SPD*, *CO*, b. 12, fasc. *Intitolazione al nome di S.E di strade, piazze ecc*.

[73] Lettera di Chiavolini a Serafino Mazzolini, segretario politico aggiunto del Direttorio nazionale del PNF, *ibidem*.

[74] Provvedimento del 6 febbraio 1926, *ibidem*.

[75] Mussolini, XXI, pp. 357-364.

[76] Cfr. petizione di cittadini fiumani al ministro dell'Istruzione, Fiume 18 gennaio 1926; risposta di Mussolini al prefetto di Fiume 19 gennaio 1926, in ACS, *SPD*, *CO*, b. 215.

[77] Cfr. Antonio Barbato, *L'Accademia d'Italia fra simboli, propaganda e ricerca*, in "Salotto culturale Stabia", 15 giugno 2014, https://salottoculturalestabia.blogspot.com/2014/06/laccademia-ditalia-fra-simboli.html (verificato il 22 maggio 2024); cfr. anche Gabriele Turi, *Sorvegliare e premiare. L'Accademia d'Italia (1926-1944)*, Viella, Roma 2016.

[78] Mussolini, XXII, pp. 169-173.

[79] Cfr. *Mostra della rivoluzione fascista*, inventario a cura di Gigliola Fioravanti, Ministero per i beni culturali e ambientali, Roma 1990, p. 24.

[80] Cfr. Alberto Asor Rosa, *La cultura*, in *Storia d'Italia*, vol. IV, Einaudi, Torino 1975, p. 432.

[81] Cfr. ad esempio la lettera del 16 marzo 1935, in ACS, *SPD*, *CO*, b. 219, fasc. *Milano, famiglia romagnola*.

[82] Cfr., in questo senso, Luca Perrone, *Squadristi in posa. L'autorappresentazione del fascismo delle origini (1920-25)*, *L'Italia del Novecento. Le fotografie e la storia*, vol. I, *Il potere da Giolitti a Mussolini (1900-1945)*, a cura di Giovanni De Luna, Gabriele D'Autilia, Luca Criscenti, Einaudi, Torino 2005.

[83] Il documento è in ACS, *SPD*, *CO*, b. 11, fasc. G2.

[84] Cfr. Benito Mussolini, *Me ne frego*, cit., p. XIV.

[85] Cfr. la lettera in Teresa Maria Mazzatosta, Claudio Volpi, *L'Italietta fascista*, cit., p. 53. Tutte le lettere citate in questa opera segnalano l'autore attraverso le sole iniziali.

[86] Cfr. Mauro Forno, *La stampa del Ventennio. Strutture e trasformazioni nello Stato totalitario*, Rubbettino, Saverio Mannelli 2005, p. 16.

[87] Legge 31 dicembre 1925, n. 2307, *Disposizioni sulla stampa periodica*, in "Gazzetta Ufficiale", n. 3, 5 gennaio 1926.

[88] Regio decreto 5 novembre 1925, n. 1985, *Creazione dell'Istituto Nazionale per la propaganda a mezzo della cinematografia, denominato "L'Unione Cinematografica Educativa L.U.C.E."*.

[89] Ivi, art. 1.

[90] Citato in Nicola Gallerano, *Gli italiani in guerra. Appunti per una ricerca*, in "Italia contemporanea", n. 160, 1985, p. 90.

[91] La lettera è in ACS, *SPD*, *CO*, b. 39.

[92] Cfr. *Mostra della rivoluzione fascista*, inventario a cura di Gigliola Fioravanti, cit., p. 15.

[93] Il documento è in Archivio Antonio Valente, cartella *Mostra della rivoluzione fascista*, p. 27. L'architetto Valente realizzò la "Sala dei martiri", senz'altro "il momento più emotivo della mostra".

[94] Cfr. Giorgio Di Genova, Massimo Duranti, Maria Fede Caproni Armani, *L'uomo della provvidenza. Iconografia del Duce, 1923-1945*, Bora, Trieste 1997, p. 23.

[95] Il testo di Schnapp è citato in Mimmo Franzinelli, Emanuele Valerio Marino, *Il Duce proibito. Le fotografie di Mussolini che gli italiani non hanno mai visto*, cit., p. IX.

[96] *Mostra della rivoluzione fascista*, inventario a cura di Gigliola Fioravanti, cit., p. 45.

[97] Cfr. Sergio Luzzatto, *Il corpo del Duce*, Einaudi, Torino 1998.

[98] Cfr. rispettivamente lettera del 16 marzo 1936 di R.; lettera di G.F., 8 ottobre 1938, in Teresa Maria Mazzatosta, Claudio Volpi, *L'Italietta fascista*, cit., p. 57, p. 66; lettera di Agostina B., 2 giugno 1934, in *Caro Duce*, cit., p. 43.

[99] L'opera è stata esposta in una mostra (*Propaganda. The Art of Political In-*

doctrination) organizzata a New York da Casa Italiana Zerilli-Marimò (New York University), curata da Nicola Lucchi e visitabile on line sul sito www.casaitaliananyu.org.

[100] Sull'opera di Bertelli, cfr. *La "ducemania" aeropittorica e non dei futuristi*, in *L'uomo della provvidenza. Iconografia del Duce, 1923-1945*, cit., pp. 136-137.

[101] Cfr. Wolfgang Schieder, *A udienza da Mussolini. Sulla politica simbolica della dittatura fascista, 1923-1943*, cit., p. 355.

[102] Sul dibattito sorto nelle arti figurative su come rappresentare la figura di Mussolini, cfr. Sergio Luzzatto, *Il corpo del Duce*, cit., p. 21.

[103] La lettera è in *Caro Duce*, cit., p. 26.

[104] Lettera del 3 giugno 1938, in Teresa Maria Mazzatosta, Claudio Volpi, *L'Italietta fascista*, cit., p. 65.

[105] Lettera del 9 aprile 1938, ivi, p. 59.

[106] Lettera del 5 agosto 1936, ivi, p. 49.

[107] "Se qualche aiuto gli veniva [...] esso scaturiva da un'accolta di gaudenti, che dalle sontuose sedi della mondana lussuria gittavano qualche lira o un cesto natalizio sul tetro giaciglio della sua sofferenza e della sua apatia brutale", Memoriale 9 aprile 1924, in ACS, *SPD, CO*, b. 210, fasc. *Associazione nazionale tubercolotici di guerra*. Cfr. anche lettera del 6 agosto 1925, *ibidem*. Mussolini aveva risposto con un telegramma ("I vostri diritti possono essere rivendicati all'organo competente che è il sottosegretario alle pensioni e all'assistenza militare"), *ibidem*.

[108] Lettera da Pola del 17 dicembre 1927, in ACS, *SPD, CO*, b. 7, fasc. E65-3. Cfr. anche il rifiuto di un dono per un veglione di beneficenza inviato all'Associazione nazionale combattenti di Ravenna, il 14 febbraio 1927, in ACS, *SPD, CO*, b. 8, fasc. E 115.

[109] "Dato il grandissimo numero delle richieste [...] non è possibile soddisfare il desiderio della fotografia di S.E. per quanto egli non possa che aderire alla commemorazione della battaglia di Bezzecca e dell'eroico sacrificio del col. Giovanni Chiassi": risposta a Sebastiano Battaglia, Società Giovanni Chiassi Reduci patrie battaglie dell'esercito, Castiglione delle Stiviere, 19 maggio 1926, in ACS, *SPD, CO*, b. 8, fasc. E 106.

[110] Lettera della Segreteria al prefetto di Aosta, 5 settembre 1928, in ACS, *SPD, CO*, b. 54, fasc. L Varie 2.

[111] Cfr. Tatiana Agliani, in Uliano Lucas, Tatiana Agliani, *La realtà e lo sguardo. Storia del fotogiornalismo in Italia*, Einaudi, Torino 2015, p. 37.

[112] Cfr. Mimmo Franzinelli, Emanuele Valerio Marino, *Il Duce proibito*, cit., p. XI.

[113] Con i "Fogli di disposizione" veniva ordinato di "non pubblicare fotografie in cui il Duce è in primo piano", 23 aprile 1934; "non devono riprodurre fotografie del Duce isolato, bensì fotografie di masse", 6 settembre 1933, ivi, p. XVII. Polverelli, come è noto, fu avvicendato da Galeazzo Ciano, mentre l'Ufficio stampa fu trasformato prima, il 6 settembre 1934, nel Sottosegretariato per la stampa e la propaganda poi, il 27 maggio 1937, nel ministero della Cultura popolare.

[114] Cfr. Liliana Lanzardo, *Immagine del fascismo. Fotografie, storia, memoria*, Franco Angeli, Milano 1991, p. 56.

[115] Cfr. John Gibbons, *Afoot in Italy*, George Newnes, London 1933, pp. 13-14, citato in Emilio Gentile, *In Italia ai tempi di Mussolini*, cit., p. 244.

[116] Cfr. Henri Béraud, *Ce que j'ai vu à Rome*, Editions de France, 1927, p. 89, citato *ibidem*.

[117] Cfr. Mimmo Franzinelli, Emanuele Valerio Marino, *Il Duce proibito*, cit., pp. XX e XXI.

[118] Ivi, p. XXXII.

[119] Cfr. Pasquale Chessa, *Dux*, cit., p. 9.

[120] La fotografia è tratta da una monografia a cura del ministero della Cultura popolare dedicata "alle trionfali giornate del Duce in Piemonte", una cronaca per immagini ("specchio brillantissimo della realtà") del viaggio di Mussolini nel maggio del 1939. Cfr., in questo senso, "Il Messaggero", 18 luglio 1939, in ACS, *SPD*, *CO*, b. 39.

[121] Mussolini, XXVIII, pp. 136-139.

[122] Mussolini, XXIV, pp. 5-16.

[123] *Ibidem*.

[124] La citazione è in Frederick W. Deakin, *Storia della Repubblica di Salò*, Einaudi, Torino 1964, p. 45.

[125] Le lettere sono in Benito Mussolini, *A Clara: tutte le lettere a Clara Petacci, 1943-1945*, Mondadori, Milano 2011, p. 67 e p. 89.

[126] Intervista al "London Daily Express" citata in *Duce e Ducetti. Citazioni dall'Italia fascista*, a cura di Giuseppe Vettori, Newton Compton, Roma 1975, p. 38. Cfr. anche Mussolini, XXIV, pp. 310-325.

[127] Il documento è in ACS, *SPD*, *CO*, b. 12, fasc. G2 454; sul ruolo di Rachele Mussolini, cfr. anche ACS, *SPD*, *CO*, b. 854, fasc. *Istanze donna Rachele* (con la nota "segnalati da donna Rachele come casi pietosi").

[128] Cfr. Patrizia Dogliani, *Il fascismo degli italiani*, cit., p. 38.

[129] Era scomparsa a 46 anni nel 1905. Sulla madre del Duce, maestra elementare, indicata come simbolo dell'"integrazione nella donna tra funzione materna e compiti educativi della prima infanzia", ivi, pp. 88 e sgg.

[130] Ivi, p. 90.

[131] Mussolini, XXI, pp. 301-305.

[132] Cfr. Sergio Luzzatto, *Il corpo del Duce*, cit., p. 21.

[133] La prima lettera della Petacci a Mussolini datata 1926, quando aveva solo 14 anni, scritta in occasione dell'attentato della Gibson, in ACS, *SPD*, *CO*, b. 279, fasc. 14483.

[134] Cfr. Paolo Monelli, *Mussolini piccolo borghese*, cit., p. 184.

[135] Cfr. Karl Polanyi, *La grande trasformazione*, cit.

[136] Cfr. Franco De Felice, *La storiografia delle élites nel secondo dopoguerra*, in *Le élites in Francia e in Italia negli anni quaranta*, in "Italia contemporanea", n. 153, 1983.

[137] Cfr. Nicola Tranfaglia, *La prima guerra mondiale e il fascismo*, Utet, Torino 1996, p. 365.

4. L'assistenza dall'alto

[1] ACS, *SPD*, *CO*, b. 861, fasc. 500027/IV, sottofasc. *Costituzione e funzionamento della Segreteria particolare del capo del Governo*, cit.

[2] Oltre alle richieste relative al lavoro (occupazioni, trasferimenti, avanzamenti di carriera, aumenti di salari ecc.) e di aiuti economici per condizioni di povertà, vi era un ampio spettro di situazioni per le quali si scriveva al Duce. Di seguito un breve elenco esemplificativo tratto dai protocolli della corrispondenza: ricoveri presso istituti e ospedali, premi di nuzialità, natalità e parto, vertenze

giudiziarie e sindacali, licenze commerciali e agricole, liquidazione di pensioni e polizze, interessamento per la vendita di beni, legittimazione di figli naturali, iscrizioni al PNF, proscioglimento di parenti al confino, iscrizioni a scuole e collegi e acquisto libri, alloggi e sfratti, visite mediche, autorizzazione per matrimoni, notizie di persone disperse, assegnazione di terre e poderi. Un numero consistente di richieste arrivava anche ai Gabinetti dei ministeri che le inoltravano poi alla Segreteria. Un elenco relativo a istanze pervenute al ministero delle Finanze tra il 1937 e il 1938 è in Renzo De Felice, *Mussolini il Duce. Lo Stato totalitario 1936-1940*, cit., pp. 227-229.

[3] È quanto afferma Paquito Del Bosco, ideatore del programma trasmesso nel 1982 su Rai Radio 3 intitolato *La Segreteria particolare del Duce. Storia di clientele e di sussidi, di omaggi e di raccomandazioni raccolti negli archivi dell'Italia fascista*, nel quale voci maschili e femminili leggono una selezione di lettere conservate nel fondo archivistico. Precedute dal commento del curatore, le lettere scelte vennero organizzate in 5 puntate dal titolo: *Sussidi*, *Omaggi*, *Raccomandazioni*, *Udienze*, *Varie*. All'indirizzo https://www.raiplaysound.it/playlist/segreteriaparticolaredelduce (verificato il 6 maggio 2024) è possibile riascoltare una selezione del programma effettuata nell'ottobre del 2020 che presenta, in aggiunta alla versione precedente, un commento di Emilio Gentile e un inquadramento storico del fondo SPD da parte di Caterina Arfè dell'Archivio centrale dello Stato.

[4] Cfr. ACS, *SPD*, *CO*, b. 233, fasc. 2161. Il principe scrisse anche a padre Tacchi Venturi una lettera, il 24 luglio 1936 ("Con nostro grande dispiacere vediamo traslocato il prefetto di Viterbo S.E. Canovai, che da tanti anni era nostro buono amico [...]. Viene a sostituirlo il comm. Venditelli [...]. Desidererei una autorevole raccomandazione perché in questi paesi, come lei ben sa, non si vive tranquilli se non si ha la benigna protezione del governo. Ella ricorda quando fummo costretti a far intervenire direttamente il ministro Fedele [...]"), esemplare per decifrare gli intrecci tra il regime e la nobiltà "nera". In questo contesto, cfr. anche la richiesta a Mussolini di intervenire nella *querelle* matrimoniale della principessa Laura Boncompagni Ludovisi e la lettera di Mussolini, 8 marzo 1938, per il battesimo del piccolo "balilla" Brandolini Boncompagni. Entrambi i documenti sono in ACS, *SPD*, *CO*, b. 219, fasc. *Brandolini d'Adda conte Annibale*.

[5] La lettera è in ACS, *SPD*, *CO*, b. 2089, fasc. 537478.

[6] Il testo è riportato in *Caro Duce*, cit., pp. 14-15.

[7] Cfr. Ludovic Naudeau, *L'Italie fasciste ou l'autre danger*, Flammarion, Paris 1927, pp. 159-160, ora in Emilio Gentile, *In Italia ai tempi di Mussolini*, cit., p. 240.

[8] Cfr. Simone de Beauvoir, *L'età forte*, Einaudi, Torino 1971, p. 237, ora in Emilio Gentile, *In Italia ai tempi di Mussolini*, cit., p. 270.

[9] Lettera firmata AM, in Teresa Maria Mazzatosta, Claudio Volpi, *L'Italietta fascista*, cit., p. 111.

[10] Cfr. Patrizia Dogliani, *Il fascismo degli italiani*, cit., p. 89. Cfr., soprattutto, Irene Guerrini e Marco Pluviano, *"Mi rivolgo a lei essendo padre di tutti". Lettere di bambini a Mussolini*, in *Scritture bambine*, a cura di Quinto Antonelli e Egle Becchi, Laterza, Roma-Bari 1995, pp. 121 e sgg.

[11] Cfr. Sergio Luzzatto, *Il corpo del Duce*, cit., p. 18. Cfr. anche Anne Wingenter, *"Vi saluto romanamente!". Self-narration and performance in children's letters to Mussolini*, in "History of Education & Children's Literature", VII, 1 (2012), pp. 241-259.

[12] Irene Guerrini e Marco Pluviano, *"Mi rivolgo a lei essendo padre di tutti"*, cit., p. 124.

[13] Lettera di A.M.G., 19 luglio 1936, ivi, p. 126.

[14] Ivi, p. 128.

[15] Per la consapevolezza della presenza di una censura occhiuta e "vigilante" si legga la lettera da Taranto, 9 febbraio 1942: "Rivolgo preghiera ai signori addetti alla censura per l'inoltro della presente al più presto al nostro Duce", in *Caro Duce*, cit., p. 30.

[16] Cfr. ACS, *SPD*, *CO*, b. 2089, fasc. 537497.

[17] Le cose cominciarono a cambiare prima con l'istituzione, nel 1925, del Patronato nazionale per l'assistenza sociale, ente controllato dai sindacati fascisti, poi, in maniera più organica, con il varo della Carta del lavoro (1927): cfr., in questo senso, Ilaria Pavan, *Lo Stato sociale del fascismo: continuità, fratture, mediazioni*, in *Il fascismo italiano. Storia e interpretazioni*, a cura di Giulia Albanese, Carocci, Roma 2021, pp. 211 e sgg.

[18] Fu così ad esempio per i fondi raccolti da una sottoscrizione, a Firenze, da "La Nazione" (115.496,85 lire), che andarono metà agli orfani di guerra, metà alle famiglie bisognose dei fascisti toscani caduti nella "rivoluzione": cfr. nota del 14 ottobre 1923, in ACS, *SPD*, *CO*, b. 20, fasc. L 192. Per i rimborsi delle spese nuziali, cfr. *Rimborsi spese nuziali avanzate dal PNF e rimborsate*, 1936, in ACS, *SPD*, *CO*, b. 183, fasc. L. Varia/30 A. Cfr. anche Federazione fascista laziale sabina, 17 marzo 1925, *Viaggio a Roma, Albano, Santa Marinella* ("dietro assicurazione del presidente del Consiglio che le spese sarebbero state rimborsate"), in ACS, *SPD*, *CO*, b. 12, fasc. G2 398. Per altri esempi, riferiti a richieste respinte, che esulavano dalla campagna demografica, cfr. la richiesta avanzata dall'Istituto del Nastro Azzurro per avere carte per la libera circolazione ferroviaria, 15 gennaio 1925, in ACS, *SPD*, *CO*, b. 7, fasc. E 60. In questo caso il documento era corredato da un appunto autografo di Mussolini: "Respinto. Sono contrario a qualsiasi concessione". Il Nastro Azzurro raccoglieva tutti i militari pluridecorati dalle guerre di indipendenza in poi.

[19] ACS, *SPD*, *CO*, b. 12, fasc. G2 374.

[20] ACS, *SPD*, *CO*, b. 7, fasc. E 29. L'Istituto si chiamerà poi Opera di assistenza ai ciechi storpi e mutilati. Il documento risulta essere stato revocato nel 1926.

[21] La colonia fu anche visitata da Mussolini personalmente il 23 settembre 1924, ACS, *SPD*, *CO*, b. 7, fasc. E 37.

[22] Cfr. circolare del Gabinetto del ministero dell'Interno alle prefetture del 27 luglio 1929, in ACS, *SPD*, *CO*, b. 52, fasc. L. Varia/9. Le assegnazioni oscillavano da 1000 a 2000 lire, con alcune eccezioni per Bologna, Cosenza, Cuneo, Firenze, Forlì, Genova, Miliano, Napoli, Roma, Torino, Udine, per un totale di 150.000 lire.

[23] Cfr. Carl Ipsen, *Campagna demografica*, in *Dizionario del fascismo*, cit., pp. 225 e sgg.

[24] Cfr. Benito Mussolini, *Me ne frego*, cit., p. XXII.

[25] Il discorso venne pubblicato quello stesso anno: vedi Benito Mussolini, *Discorso dell'Ascensione. Il regime fascista per la grandezza d'Italia pronunciato il 26 maggio 1927 alla Camera dei Deputati.* Anno V era fascista, Roma: https://issuu.com/rivista.militare1/docs/discorso-dell-ascensione-testo. In questo testo la prima parte del discorso riporta il titolo *La difesa della razza*.

[26] Pasquale Chessa, *Dux*, cit., p. 87.

[27] Sull'argomento, cfr. Emmanuel Betta, *Nicola Pende*, in *Dizionario biografico degli italiani*, vol. 82, Treccani, 2015, p. 77; Claudia Mantovani, *Rigenerare la società. L'eugenetica in Italia dalle origini ottocentesche agli anni Trenta*, Rubettino, Soveria Mannelli 2004, pp. 279-282; Paul-André Rosental, *La biopolitica alla prova*

della crescita demografica mondiale del XX secolo, in "Contemporanea. Rivista di storia dell'800 e del '900", n. 3, 2009, pp. 531-536.

[28] A partire dal 1938, come requisito essenziale per la nomina a podestà, vicepodestà, consultore, preside, vicepreside e rettore, era prescritto lo stato di coniugato o di vedovo con prole. Cfr. Romano Bracalini, *Otto milioni di biciclette*, Mondadori, Milano 2007, p. 92.

[29] Cfr., in generale, Carl Ipsen, *Demografia totalitaria. Il problema della popolazione nell'Italia fascista*, il Mulino, Bologna 1992; Chiara Saraceno, *Costruzione della maternità e della paternità*, in AA.VV., *Il regime fascista*, Laterza, Roma-Bari 1995; Gianpiero Dalla Zuanna, *Numeri e potere. Statistica e demografia nella cultura italiana fra le due guerre*, L'ancora del Mediterraneo, Napoli 2004. Per le notizie riportate nel testo e in generale sulle organizzazioni fasciste che gestirono gli aspetti salienti della politica demografica del regime, cfr. Giorgio Baruzzi, *La politica demografica del Fascismo: "Il numero è la forza dei popoli"*, in "Storia e storie", 9 gennaio 2019. Gli sforzi dell'ONMI per l'incremento demografico risultarono sterili: la natalità in Italia diminuì dal 29,7 per mille nel 1921-1925 al 24,9 nel 1931 e al 23,5 nel 1933. Cfr. Emilio Gentile, *In Italia ai tempi di Mussolini*, cit., p. 288.

[30] Cfr. Romano Bracalini, *Otto milioni di biciclette*, cit., p. 84.

[31] Ivi, p. 86.

[32] Risposta al prefetto di Cremona, 21 gennaio 1929, in ACS, *SPD, CO*, b. 54, fasc. L. Varia/16.

[33] Circolare della SPD ai prefetti, gennaio 1929 [senza giorno], in ACS, *SPD, CO*, b. 54, fasc. L. Varia/16.

[34] Lettera del prefetto di Como, 1° ottobre 1928, in cui descriveva la distribuzione dei sussidi "alla presenza del clero e della popolazione". In ACS, *SPD, CO*, b. 52, fasc. L. Varia/1; anche lettera del prefetto di Bolzano, 30 gennaio 1929, in ACS, *SPD, CO*, b. 54, fasc. L. Varia/16. In altre occasioni, invece, si era raccomandata la "massima discrezione", "non comunicati, né notizie private", cfr. telegramma di Mussolini al prefetto di Reggio Emilia, 20 marzo 1928, in accompagnamento all'invio di 50.000 lire per "andare incontro ai bisogni più urgenti delle famiglie numerose", in ACS, *SPD, CO*, b. 52, fasc. L. Varia/5.

[35] Lettera della SPD al prefetto di Aosta, 5 settembre 1928, in ACS, *SPD, CO*, b. 54, fasc. L. Varia/16.

[36] Il testo della circolare fu pubblicato su "La gazzetta del popolo" (*Rispondiamo all'appello del Duce*), che sottolineava l'importanza di questi "atti di benevolenza" che avevano comportato le erogazioni di "migliaia di sussidi alle famiglie con 20, 18, 15 figli [...] fermandosi a 10 figli" e apriva una sottoscrizione, ricca di nomi di giornalisti anche famosi (Ermanno Amicucci e Giulio De Benedetti, ad esempio); cfr. ACS, *SPD, CO*, b. 54, fasc. L. Varia/16.

[37] Lettera della SPD al reverendo D. Severo Lazzari, prevosto di Malnate, marzo 1929: "Le comunico che i sussidi elargiti nel mese di dicembre si riferiscono a istanze pervenute e istruite già da molto tempo per famiglie con dieci e più figli viventi. La somma molto considerevole distribuita in tale occasione ha completamente esaurito i fondi disponibili che sono costituiti, come Ella saprà, da volontarie offerte di privati cittadini", in ACS, *SPD, CO*, b. 52, fasc. L. Varia/2.

[38] Circolare della SPD, 19 ottobre 1929, in ACS, *SPD, CO*, b. 54, fasc. L. Varia/16.

[39] Appunto per il capo del Governo, senza firma, Roma, ottobre 1935, in ACS, *SPD, CO*, b. 69, fuori fascicolo.

[40] Cfr. "Carità fascista", album fotografico, in ACS, *SPD, CO*, b. 12, fasc. G2 392, *Federazione provinciale fascista di Genova*.

[41] Cfr. Antonio Gibelli, *Befana fascista*, in *Dizionario del fascismo*, cit., pp. 152 e sgg.

[42] La citazione è in Mimmo Franzinelli, Emanuele Valerio Marino, *Il Duce proibito*, cit., p. 12. Una foto che documenta la stessa realtà è in Pasquale Chessa, *Dux*, cit., p. 159.

[43] Lettera di A.C. del 27 maggio 1940, in Teresa Maria Mazzatosta, Claudio Volpi, *L'Italietta fascista*, cit., p. 80; cfr. anche lettera di R.G.C. del 5 giugno 1938, ivi, p. 141.

[44] ACS, *SPD, CO*, b. 219, fasc. *Cabula Francesco*.

[45] Lettera di Alessandro Melchiorri a Chiavolini, 30 aprile 1929, in ACS, *SPD, CO*, b. 52, fasc. L. Varia/2.

[46] Lettera a Mussolini del direttorio della sezione fascista di Villasanta, 19 ottobre 1929, in ACS, *SPD, CO*, b. 52, fasc. L. Varia/2.

[47] Lettera del 23 settembre 1937, in Teresa Maria Mazzatosta, Claudio Volpi, *L'Italietta fascista*, cit., p. 52.

[48] Cfr. Michelangelo Borri, *Il cittadino d'Italia*, cit., p. 70.

[49] ACS, *SPD, CO*, b. 500, fasc. 193467. Del budget gestito dalla Segreteria, le somme più consistenti erano indirizzate ai lavori pubblici, in particolare per quelli per i quali il Duce si era impegnato personalmente durante i suoi viaggi.

[50] Cfr. Michelangelo Borri, *Il cittadino d'Italia*, cit., p. 67.

[51] Cfr. Sergio Luzzatto, *Il corpo del Duce*, cit., p. 15.

[52] Lettera del 31 marzo 1939, in Teresa Maria Mazzatosta, Claudio Volpi, *L'Italietta fascista*, cit., p. 76.

[53] Cfr. Michelangelo Borri, *Il cittadino d'Italia*, cit., p. 104.

[54] Cfr. Emilio Gentile, *In Italia ai tempi di Mussolini*, cit., p. 246.

[55] Pasquale Chessa, *Dux*, cit., p. 145.

[56] Cfr. Pierluigi Allotti, *Giornalisti di regime. La stampa italiana tra fascismo e antifascismo, 1922-1948*, Carocci, Roma 2020, pp. 79-80.

[57] Cfr. *Mostra della rivoluzione fascista*, inventario a cura di Gigliola Fioravanti, cit., p. 35.

[58] Cfr. la foto (*Festa agreste alla periferia di Milano*, 3 ottobre 1934) ora in Mimmo Franzinelli, Emanuele Valerio Marino, *Il Duce proibito*, cit., p. 20.

[59] La lettera del dicembre 1925 è in *Caro Duce*, cit., p. 81.

[60] La nota è in ACS, *SPD, CO*, b. 39.

[61] La mostra avrebbe dovuto avere cadenza biennale, con repliche previste nel 1941, 1943, 1945, per concludersi con un grande evento nel 1948. Naturalmente quella del 1939 rimase l'unica edizione. Cfr. "Il Messaggero", 29 maggio 1939, in ACS, *SPD, CO*, b. 39. Cfr. anche il volume *Torino e l'autarchia*, pubblicazione ufficiale dedicata alla rassegna organizzata dalla Federazione dei Fasci di combattimento di Torino, Torino ottobre XVI-novembre XVII, con il catalogo della mostra, compreso quello relativo alla sezione *La Fiat Mirafiori e l'autarchia*. Cfr. anche Giovanni Marro, *La Sala della Razza nella mostra "Torino e l'autarchia"*, Tipografia Silvestrelli e Cappelletto, Torino 1938.

[62] Cfr. Romano Bracalini, *Otto milioni di biciclette*, cit., pp. 259-260.

[63] Cfr. Emilio Gentile, *Il culto del littorio*, cit., pp. 282-287.

[64] Tutto il materiale relativo a questi viaggi è in ACS, *SPD, CO*, b. 716, fasc. *Genova*.

[65] La lista dei doni (alla quale vanno aggiunti un album di dischi con il di-

scorso di Mussolini del 14 maggio 1939, un busto di marmo bianco del "martire fascista Mario Gioda", mille tonnellate di minerale ferroso, regalo della Saima di Alessandria e altro ancora) è in ACS, *SPD, CO*, b. 39. I due stambecchi furono trasferiti in estate nel Parco nazionale degli Abruzzi perché non potevano sopportare il caldo romano.

[66] ACS, *SPD, CO*, b. 857.

[67] Tutto questo materiale è in ACS, *SPD, CO*, bb. 183-184, 235.

[68] ACS, *SPD, CO*, b. 858, fasc. 500027/6.

[69] Victoria de Grazia, *Andare al popolo*, in *Dizionario del fascismo*, cit., vol. I, p. 53.

[70] Cfr., ad esempio, la lettera al Duce per sollecitare la propria nomina a consigliere della Corte dei conti, in ACS, *SPD, CO*, b. 219, fasc. *Carolei Gaetano*, b. 219, o un'altra, avente per oggetto il concorso per la cattedra di Patologia chirurgica presso l'Università di Siena, in ACS, *SPD, CO*, b. 233, fasc. *Giuseppe Bolognesi*.

[71] Ods a firma Ugo Cellai in data 3 giugno 1942, in ACS, *SPD, CO*, b. 855, fasc. 500026, sottofasc. 2-1. Al di là delle precisazioni terminologiche, lettere di richieste di raccomandazioni sono abbondantemente presenti, cfr., ad esempio, quelle pubblicate in Teresa Maria Mazzatosta, Claudio Volpi, *L'Italietta fascista*, cit., tra cui a p. 194: "Per la cortesia usatami per raccomandarmi alla protezione del segretario federale di Lecce, 2 settembre 1940".

[72] Cfr. Antonio Gibelli, *Lettere ai potenti: un problema di storia sociale*, introduzione a *Deferenza, rivendicazione, supplica: le lettere ai potenti*, a cura di Camillo Zadra, Gianluigi Fait, Pagus, Treviso 1991, p. 5.

[73] Cfr. Graziano Mamone, *Legionari del Duce in Spagna, tra storia e memoria, 1936-1945*, Fusta editore, Saluzzo 2023. Nel 1936, in Spagna, anche Francisco Franco si era dotato di una Segreteria particolare guidata da un suo cugino, Francisco Franco Salgado-Araujo detto Pacón, nel cui archivio finirono circa 2000 lettere di italiane e italiani scritte al "Caudillo" durante gli anni della Guerra civile.

[74] Cfr. Antonio Gibelli, *Lettere ai potenti: un problema di storia sociale*, cit., p. 5.

[75] Cfr. Christopher Duggan, *Il popolo del Duce. Storia emotiva dell'Italia fascista*, Laterza, Roma-Bari 2013, p. 250.

[76] Cfr. Annarita Buttafuoco, *Questioni di cittadinanza. Donne e diritti sociali nell'Italia liberale*, Protagon editori toscani, Siena 1995, p. 10.

[77] Cfr. Romano Bracalini, *Otto milioni di biciclette*, cit., p. 137.

[78] Lettera del 4 luglio 1938, in Teresa Maria Mazzatosta, Claudio Volpi, *L'Italietta fascista*, cit., p. 40.

[79] Cfr. Claudio Pavone, *Stato e istituzioni nella formazione degli archivi*, in *Il mondo contemporaneo*, vol. X, *Gli strumenti della ricerca 2, Questioni di metodo*, tomo 2, La Nuova Italia, Firenze 1983, ora *Intorno agli archivi e alle istituzioni. Scritti di Claudio Pavone*, a cura di Isabella Zanni Rosiello, ministero per i Beni e le attività culturali, Roma 2004, p. 191. Cfr. anche Giovanni De Luna, *Donne in oggetto. L'antifascismo nella società italiana 1922-1939*, Bollati Boringhieri, Torino 1995.

[80] Cfr. Victoria de Grazia, *Le donne nel regime fascista*, Einaudi, Torino 1993, p. 79.

[81] Ivi, p. 29.

[82] Cfr., in questo senso, Angela Groppi, *Le radici del problema*, in *Il dilemma della cittadinanza. Diritti e doveri delle donne*, a cura di Gabriella Bonacchi e Angela Groppi, Laterza, Roma-Bari 1993.

[83] Cfr. Chiara Saraceno, *La costruzione della maternità e della paternità nell'Italia fascista*, in "Storia e memoria", n. 1, 1994, p. 345.

[84] Numerose furono le manifestazioni di donne costrette dalla fame a scendere in piazza e assediare i luoghi del potere soprattutto negli anni successivi alla grande depressione o durante il periodo bellico, quando le assenze degli uomini assegnarono alle donne un ruolo di primo piano non solo nella tradizionale cura della casa ma anche nei settori produttivi del paese. Tra le segnalazioni di questi eventi, cfr. la nota di Buffarini Guidi alla Segreteria particolare del 25 dicembre 1937, in cui si riportava la segnalazione del prefetto di Roma circa una manifestazione spontanea di un centinaio di donne davanti ai locali della Prefettura per una richiesta di sussidio, in ACS, *SPD*, *CO*, b. 908.

[85] Cfr. Giulia Albanese, *La Marcia su Roma: inizio della dittatura fascista*, cit., p. 221.

[86] Cfr. Christopher Duggan, *Il popolo del Duce. Storia emotiva dell'Italia fascista*, cit., p. 242.

[87] Il documento, datato 28 giugno 1926, è in Michelangelo Borri, *Il cittadino d'Italia*, cit., p. 62.

[88] Cfr. Piero Meldini, *Sposa e madre esemplare. Ideologia e politica della donna e della famiglia durante il fascismo*, Guaraldi editore, Rimini-Firenze 1975.

[89] Cfr. il discorso di Bologna, 31 ottobre 1926, ora in *Dizionario mussoliniano*, Adler, 2020, p. 80.

[90] Sulla influenza esercitata da molteplici fattori culturali e simbolici sulla trasfigurazione mitica, cfr. Luisa Passerini, *Mussolini immaginario. Storia di una biografia, 1915-1939*, Einaudi, Torino 1991.

[91] Cfr. Emil Ludwig, *Colloqui con Mussolini, 1932*, Mondadori, Milano 1970, p. 132.

[92] Ivi, p. 127.

[93] Ivi, p. 79. Cfr. anche Silvana Patriarca, *Corpi giusti e corpi estranei*, in *Fascismo e storia d'Italia, a un secolo dalla marcia su Roma*, cit., pp. 87 e sgg.

[94] Per questo, cfr. Guido Bonsaver, *Mussolini censore*, cit., p. 44 e p. 50.

[95] Cfr. Sergio Luzzatto, *"Niente tubi di stufa sulla testa"*, in *L'Italia del Novecento*, cit., pp. 117-201.

[96] ACS, *SPD*, *CO*, b. 2760.

[97] Cfr. Angelo M. Imbriani, *Gli italiani e il Duce. Il mito e l'immagine di Mussolini negli ultimi anni del fascismo (1938-1943)*, Liguori, Napoli 1992, p. 72.

5. *Le guerre, la guerra*

[1] Cfr. Angelo Del Boca, *La guerra di Abissinia 1935-1941*, Feltrinelli, Milano 1965.

[2] Appunto senza firma, ma probabilmente di Sebastiani, indirizzato a Renato Nani: "Lettere, biglietti, telegrammi coi quali parenti caduti in AO esprimono loro sentimenti al Duce nell'apprendere notizie morte loro congiunti tenere tutti riuniti per la pubblicazione album con prefazione Duce". ACS, *SPD*, *CO*, b. 857, fasc. 500026 III.

[3] Cfr. *Le voci del sacrificio*, Istituto poligrafico dello Stato, Roma 1937, pp. 1-182.

[4] Lettera di Giovanni Lusardi, Milano, 5 gennaio 1936, ivi, pp. 4-5.

[5] Lettera del 12 febbraio 1936, ivi, p. 11.

[6] Telegramma del 19 febbraio 1936, ivi, p. 25.

[7] Lettera di Francavilla Giovanni, Castellana, 2 marzo 1936, ivi, pp. 41-42.

[8] Telegramma da Milano, 14 febbraio 1936, ivi, p. 15.

[9] Lettera di Vincenzo Lilla, Sora, 27 febbraio 1936, ivi, pp. 34-35.

[10] Lettera di Stefano Ghiglio, Bubbio, 22 gennaio 1936, ivi, p. 8.

[11] Lettera di Gianola Pietro, Moncalvo, 3 marzo 1936, ivi, p. 44.

[12] Lettera di Elisabetta Armeni, Ardore marina, 16 marzo 1936, ivi, p. 70.

[13] Lettera di Noemi Di Beo, Marina di Carrara, 24 marzo 1936, ivi, p. 89.

[14] Mussolini, XXVIII, pp. 105-106.

[15] Mussolini, XXVIII, pp. 198-201.

[16] "La compiacente stampa ostile all'Italia e al fascismo ne trasse argomento per denigrare i contingenti italiani e per parlare di una nuova Caporetto": cfr. l'articolo di Ambrogio Bollati e Giulio Del Bono, in *Legionari di Roma in terra iberica, 1936-1939*, Roma 1940, p. 109; cfr. anche l'articolo de "Il Popolo d'Italia" ("La stampa antifascista internazionale scatenò la sua vituperevole campagna di invenzioni e calunnie"), ivi, pp. 118-120.

[17] Lettera dell'8 aprile 1938, in Teresa Maria Mazzatosta, Claudio Volpi, *L'Italietta fascista*, cit., p. 41.

[18] Ivi, p. 58, pp. 62-63, p. 70, pp. 72-73.

[19] Lettera del 2 febbraio 1936, ivi, p. 44.

[20] Lettera del 12 giugno 1937, ivi, p. 51.

[21] È questo il testo di un messaggio in bottiglia lanciato in mare dai marinai del transatlantico *Rex* all'avvicinarsi della costa spagnola, ora in Graziano Mamone, *Legionari del Duce in Spagna*, cit., p. 89.

[22] Ivi, pp. 79 e sgg.

[23] Cfr. Eugenio Coselschi, comandante nazionale dei volontari d'Italia, *Proemio*, in *Legionari di Roma in terra iberica, 1936-1939*, cit., p. XXI.

[24] Cfr. Galeazzo Ciano, *La lotta dell'Italia per la vittoria dell'ordine in Spagna*, ivi, p. XXX.

[25] In ACS, *SPD*, *CR*, b. 141, citato in Paola Frandini, *Ebreo, tu non esisti! Le vittime delle leggi razziali scrivono a Mussolini*, Manni, San Cesario di Lecce 2007.

[26] Cfr. Lucilla Garofalo, *La "Demorazza": storia di un archivio*, in "Italia contemporanea", n. 272, 2013, pp. 374-401.

[27] Ricordiamo che il 6 ottobre 1938 il Gran Consiglio approvò la "dichiarazione della razza" che definiva le linee essenziali della campagna antiebraica; poi seguì il decreto legge *Provvedimenti per la difesa della razza italiana*, del 17 novembre 1938, n. 1728. Queste disposizioni di impronta razzistico-biologica stabilivano che l'essere ebreo dipendeva dalla "razza" dei genitori, in subordine (nel caso che padre e madre appartenessero a "razze" diverse) dalla nazionalità e infine dalle caratteristiche individuali della persona considerata (la religione, l'aver manifestato la propria appartenenza al gruppo ebreo, l'aver contratto un matrimonio misto).

[28] Cfr. Paola Frandini, *Ebreo, tu non esisti!*, cit., pp. 10-11 con relativi riferimenti archivistici.

[29] Ivi, p. 19.

[30] Ivi, p. 26.

[31] Ivi, p. 52.

[32] Ivi, p. 33.

[33] Cfr. Galeazzo Ciano, *Diario, 1939-1943*, Rizzoli, Milano 1963, vol. I, p. 180.

[34] Cfr. Piero Calamandrei, *Diario 1939-1945*, a cura di Giorgio Agosti, tomo I, La nuova Italia, Firenze 1982, p. 71.

[35] Lettera del 28 aprile 1940, in ACS, *SPD*, *CO*, b. 2825, fasc. *Contrari alla guerra*.

[36] Lettera di una donna, 29 settembre 1939, "semplice fanciulla d'Italia", ivi.

[37] Lettera del 27 settembre 1939, ivi.

[38] Lettera da Parigi, 19 maggio 1940, ivi.

[39] Lettera senza firma e senza data, ivi.

[40] Cfr. Galeazzo Ciano, *Diario, 1939-1943*, cit., vol. I, p. 247.

[41] Intesa come "risultato e somma delle esistenze individuali, ma che presenta una sua propria realtà globale, che, a sua volta, agisce sulle esistenze individuali". La definizione è in Louis Chevalier, *La letteratura*, in *Il Mondo contemporaneo. Strumenti della ricerca*, La Nuova Italia, Firenze 1981, pp. 1170-1184. L'"esistenza collettiva" sorregge gli studi che Chevalier ha condotto su Parigi, servendosi soprattutto di fonti letterarie utilizzate non solo per "conoscere" ma anche per "definire" (citando in questo caso Jules Romains) la città come unità fisica e meccanica della vita umana, come "unità biologica, animale, fatta degli stessi bisogni, degli stessi umori, delle stesse febbri carnali, degli stessi appetiti destinati a scatenarsi alle stesse ore". Cfr., in particolare, Louis Chevalier, *Classi lavoratrici e classi pericolose. Parigi nella rivoluzione industriale*, Laterza, Bari 1976 e *Montmartre du plaisir et du crime*, Laffont, Paris 1980. L'opera di Jules Romains a cui Chevalier si riferisce è *Les hommes de bonne volonté*, Flammarion, Paris 1932.

[42] Cfr. Cesare Pavese, *La casa in collina*, Einaudi, Torino 1987, p. 136.

[43] Nell'agosto 1940, dopo il successo ottenuto a Milano, in galleria Vittorio Emanuele, dal diorama delle operazioni belliche in Africa, si decise di realizzare a Roma, in piazza Colonna, un diorama allargato anche a tutta l'Europa. Nell'ottobre l'iniziativa fu estesa a tutti i 94 capoluoghi di provincia del Regno. Questa la descrizione fattane dal ministero della Cultura popolare: "Quattro pannelli di 45 metri quadrati, sorretti da una torretta tubolare smontabile della Società Innocenti. L'insieme è completato da apposite sagome mobili rappresentanti rispettivamente apparecchi da bombardamento, corazzate, sottomarini, mas; altri segni distintivi sono costituiti da dischi tricolori per le località che il Bollettino del giorno segnala occupate, dischi neri con fondo bianco per le località in precedenza, e frecce rosse per le operazioni terrestri. L'aggiornamento del quadro con le sagome e i segni distintivi viene eseguito quotidianamente da parte di appositi incaricati del Comune, secondo le indicazioni fornite dall'Agenzia dell'Italia e dell'Impero in base ai dati del Bollettino del Quartier Generale. In tal modo giorno per giorno la popolazione può seguire l'itinerario della nostra vittoria". Cfr. Adolfo Mignemi, *La macchina della propaganda e la guerra fascista*, in *L'Italia in guerra, 1940-43. Immagini e temi della propaganda fascista*, Fondazione Luigi Micheletti, Brescia 1989, p. 16.

[44] Sulle canzoni del "tempo di guerra", cfr. Pietro Cavallo, Pasquale Iaccio, *Vincere! Vincere! Vincere! Fascismo e società italiana nelle canzoni e nelle riviste di varietà, 1935-1943*, Ianua, Roma 1981. Più in generale, sugli altri spazi ludici del tempo di guerra, cfr. Pasquale Iaccio, *Ribalte tempestose. Teatro e fascismo nella seconda guerra mondiale*, in *La guerra immaginata. Teatro, canzone e fotografia (1940-1943)*, a cura di Aurelio Lepre, Liguori, Napoli 1989. Per quanto riguarda invece la storia del calcio durante la guerra, cfr. Gianni Brera, *Storia critica del calcio italiano*, Milano, Bompiani 1975.

[45] Sul rapporto tra le campagne e la guerra, almeno per il Nord restano ancora fondamentali le testimonianze raccolte nei due volumi di Nuto Revelli, *Il mondo dei vinti*, Einaudi, Torino 1975. Di rilievo anche il complesso dei lavori di Roger Absalom, in particolare *Per una storia della sopravvivenza: contadini italiani e prigionieri britannici*, in "Italia contemporanea", n. 140, 1980. Cfr. anche Angela

Spinelli, *Le comunità contadine nel Pratese nella lotta di liberazione e nell'assistenza ai prigionieri britannici, 1943-1945*, in "Argomenti storici", VIII, 1981. Per il Sud, cfr. soprattutto Piero Bevilacqua, *Le campagne del Mezzogiorno tra fascismo e dopoguerra*, Einaudi, Torino 1980. Cfr. anche Amelia Paparazzo, *Lotte per la terra in Calabria, 1943-1949*, in "Rivista di storia contemporanea", n. 3, 1975.

[46] Per una tipologia dello sfollamento, che corrispondeva ad altrettante situazioni esistenziali (lo sfollamento a carattere permanente – che coinvolgeva prevalentemente le famiglie che tornavano al luogo di origine o che disponevano di una seconda casa; lo sfollamento saltuario – attuato in corrispondenza dei cicli di bombardamenti più massicci e indirizzato verso sistemazioni precarie e transitorie nei paesi vicini; lo sfollamento serale – una sorta di pendolarismo verso le zone più sicure della stessa città o della periferia), cfr. Giuseppe Melano, Carlo Emanuele Pesati, *La guerra aerea su Torino*, in "Annuario statistico della città di Torino", 1943, p. XIX.

[47] Su "Il Messaggero" del 1° giugno apparve il comunicato stampa che annunciava, con le stesse parole usate per Chiavolini sette anni prima, che "il dott. Osvaldo Sebastiani, per ragioni di indole personale, ha chiesto di lasciare il posto di capo della Segreteria".

[48] Cfr. Mauro Canali, Clemente Volpini, *Mussolini e i ladri di regime. Gli arricchimenti illeciti del fascismo*, Mondadori, Milano 2019, p. 199. Fu Galeazzo Ciano ad alimentare nel suo *Diario* le voci delle influenze della famiglia di Mussolini o di quella Petacci nelle fortune e sfortune di personaggi. A proposito di Sebastiani, così scriveva il 31 maggio 1941: "Sebastiani è stato liquidato da Mussolini, che ha motivato la cosa con l'ostilità familiare verso il segretario, cui ha anche rimproverato la costruzione di una villa a Rocca di Papa [...]. In realtà, anche Sebastiani è una vittima della campagna mossa contro di lui da donna Rachele, campagna esagerata ma non del tutto infondata. Io stesso so con precisione nomi di persone dai quali Sebastiani aveva preso denaro per favorire l'impianto di una industria ad Apuania". Cfr. Galeazzo Ciano, *Diario, 1939-1943*, cit., vol. II, p. 39. Ma, subito dopo, Ciano riporta una opinione diversa espressa dallo stesso Sebastiani: "Dopo tanto tempo [8 luglio 1942] vedo Sebastiani, l'ex segretario di Mussolini, molto amareggiato perché una sua richiesta di udienza non è stata accolta dal Duce. Attribuisce la sua disgrazia alle sinistre influenze di casa Petacci", ivi, p. 203. De Begnac, amico di Sebastiani e suo testimone alle nozze, riteneva invece che fosse stato vittima "di risentimenti ingiusti di Donna Rachele". Cfr. Yvon De Begnac, *Palazzo Venezia*, cit., p. 127.

[49] Cfr. Renzo De Felice, *Mussolini l'alleato. L'Italia in guerra 1940-1943. Crisi e agonia del regime*, Einaudi, Torino 1990, p. 1072.

[50] Cfr. Mauro Canali, Clemente Volpini, *Mussolini e i ladri di regime*, cit., p. 175.

[51] ACS, *Ministero dell'Interno, Divisione Polizia politica, Fascicoli personali*, sottoserie S, b. 1246, fasc. *Sebastiani*.

[52] ACS, *SPD, CO*, b. 879, fasc. *Sebastiani Osvaldo e figlio Paolo*. È pur vero che le accuse di affarismo rivolte verso gerarchi e nomi eccellenti erano molto frequenti in quegli anni. E se molte di queste erano supportate da prove evidenti – come dimostrerà la commissione istituita da Badoglio con il compito di indagare sulle fortune accumulate dai gerarchi durante il Ventennio – in alcuni casi venivano usate per far fuori personaggi diventati sgraditi utilizzando una motivazione ben accetta all'opinione popolare che vedeva confermata la convinzione che, a eccezione di Mussolini, i fascisti al potere, soprattutto locale, erano corrotti e affaristi.

[53] ACS, *SPD, CO*, b. 879, fasc. *Sebastiani Osvaldo e figlio Paolo*, sottofasc. *Rilievi*.

[54] La zona industriale del Comune di Apuania venne istituita con regio decreto legge 24 luglio 1938, n. 1226 per sopperire alla crisi che stava attraversando il settore di estrazione del marmo. Oltre alle pressioni esercitate dagli industriali, determinante fu l'azione di Renato Ricci, all'epoca sottosegretario e poi ministro delle Corporazioni, originario di Carrara, ma soprattutto di Osvaldo Sebastiani naturalizzato massese che seguì in maniera continua e interessata i lavori, le concessioni e le agevolazioni necessarie per fare nascere il nuovo polo industriale, come dimostra la copiosa documentazione conservata presso il fondo archivistico della Segreteria particolare. Le vicende della zona industriale erano considerate di stretta competenza di Sebastiani, quasi una faccenda personale, al punto che tra le prime questioni poste dal nuovo segretario a Mussolini fu proprio la destinazione della documentazione relativa alla zona industriale di Apuania: "Si ha l'onore di chiedere le determinazioni del Duce sulla destinazione del carteggio riguardante la costituzione e l'avviamento della zona industriale di Apuania, presentemente conservato in Segreteria". La risposta del Duce fu: "Tenerli per definire la cosa quando Sebastiani li chiederà". Nota del 30 giugno 1941, in ACS, *SPD, CR, Repubblica sociale italiana*, b. 51, fasc. 619, sottofasc. 4A.

[55] È del 20 dicembre un promemoria senza firma in cui si riassumevano le cariche ricoperte da Sebastiani ancora dopo la cessazione del suo ruolo di segretario: presidente della Corte dei conti "ma non vi ha mai prestato servizio", consigliere dell'Istituto di credito per le imprese di pubblica utilità, consigliere dell'Istituto per il credito navale, consigliere dell'Istituto nazionale delle assicurazioni, consigliere della Società Assicurazioni d'Italia. ACS, *SPD, CO*, b. 879, fasc. *Sebastiani Osvaldo e figlio Paolo*, sottofasc. *Rilievi*.

[56] *Ibidem*.

[57] ACS, *SPD, CR, Repubblica sociale italiana*, b. 39, fasc. 2329.

[58] Cfr. Yvon De Begnac, *Palazzo Venezia*, cit., p. 127 e p. 166.

[59] Su Sebastiani hanno scritto Franco Frediani, *Osvaldo Sebastiani. Un naturalizzato massese segretario particolare del Duce*, Pei Torchi Franco Frediani stampatore ducale, Massa 2009; Lodovico Terzi, *Due anni senza gloria, 1943-1945*, Einaudi, Torino 2011.

[60] *Funzionamento della Segreteria particolare del Duce* [De Cesare, giugno 1941], in ACS, *SPD, CR, Repubblica sociale italiana*, b. 51, fasc. 619, sottofasc. 4A.

[61] Nicola (o Nicolò) De Cesare nacque a Potenza il 12 (in alcuni documenti il 13) luglio 1891. Subito dopo la laurea in Legge (1914) partecipò alla Prima guerra mondiale come ufficiale di fanteria destinato a una zona di guerra. Entrò nell'amministrazione della pubblica sicurezza nell'aprile del 1918 con destinazione Napoli, sede che non frequentò perché subito dopo, nel 1919, risulta essere addetto al Gabinetto del ministero dell'Interno e, in tale funzione, ottenne il trasferimento a Roma. Dall'ottobre dello stesso anno, con la qualifica di vicecommissario di PS, passò alla presidenza del Consiglio e sarà in questa istituzione che De Cesare proseguirà la sua carriera nei ruoli dell'Amministrazione civile dove era passato vincendo, nel marzo del 1920, il concorso di consigliere aggiunto. Sempre a contatto con il potere politico, si fece notare dal sottosegretario Suardo che, in una nota scritta il 13 giugno 1925, in occasione della promozione al grado di consigliere, scrisse di lui: "Ha dato prova di molta capacità e zelo, e col rendersi subito padrone dei vari servizi si è affermato per un valoroso funzionario di notevolissimo rendimento di lavoro che svolge con passione, serietà e riservatezza veramente

encomiabile. D'ingegno versatile di pronto intuito di vasta cultura giuridico-amministrativa, di speciale tatto e senso politico, ha offerto prove altamente significative delle sue eccezionali doti nella trattazione dei numerosi e complessi affari affidatigli e particolarmente nella preparazione di relazioni a molti e importanti disegni di legge, nella risoluzione di questioni di diritto, nella estensione di varie e pregevoli relazioni a Consiglio di Stato in occasione di erezione in ente morale di istituti, di peculiare complessità e rilievo, nella preparazione di schemi di messaggi di importanza nazionale da lui compilati con proprietà di stile e precisione di concetti" (ACS, *PCM*, *Gabinetto*, 1925, fasc. 1.1.4. 2006). Quando fu chiamato da Mussolini a ricoprire la carica di segretario particolare, De Cesare era viceprefetto. Da quel momento la sua carriera fu rapidissima: diventerà prefetto di 2° il 1° settembre 1942 e prefetto di 1° il 16 giugno 1943. Con la caduta del fascismo, nella prima seduta del nuovo Consiglio dei ministri il 27 luglio 1943, De Cesare fu l'unico prefetto di carriera a essere "dispensato per ragioni di servizio". Fu deferito alla Commissione per l'epurazione e denunciato alla procura di Roma nel gennaio del 1945 per aver contribuito al mantenimento in vigore del regime fascista. Fu De Cesare ad accompagnare Mussolini a Villa Savoia per il colloquio che terminò con l'arresto del Duce. Anche il segretario particolare fu arrestato e portato a Regina Coeli. Con sé aveva una cartella (contenente alcuni documenti, tra cui l'ordine del giorno Grandi) che gli fu restituita integra all'uscita dal carcere il 9 settembre, con l'arrivo dei tedeschi. Gli importanti documenti furono consegnati dallo stesso De Cesare prima di morire nel 1965 a don Cosimo Bonaldi, cappellano del carcere, che provvide a passarli al giornale "Epoca" ove furono pubblicati per la prima volta il 10 aprile 1966 con un articolo di Livio Pesce dal titolo *Ecco il dossier del 25 luglio*. Cfr. Alberto Cifelli, *I prefetti del Regno nel ventennio fascista*, Scuola superiore dell'amministrazione dell'interno, Roma 1999, p. 91; ACS, *MI*, *DGPS*, *Divisione personale PS*, fasc. *Personali 1860-1966*, versamento 1949, b. 235 bis, fasc. 670-3; ACS, *SPD*, *CO*, b. 880. Cfr. Silvio Bertoldi, *Mussolini tale e quale*, Longanesi, Milano 1965, pp. 222-228.

62 Quando De Cesare diventò segretario lavoravano 9 impiegati a Palazzo Venezia e 74 al Viminale. ACS, *SPD*, *CO*, b. 855, fasc. 500026/I, sottofasc. 1.

63 Nel suo *Diario* Ciano riporta la opinione di Adelchi Serena su De Cesare: "Insomma Serena dice che intorno al Duce si è formata una banda a tinta petacciana mossa nell'ombra da Buffarini e servita dal De Cesare che ogni giorno acquista influenza e opera in modo sinistro". Cfr. Galeazzo Ciano, *Diario, 1939-1943*, cit., vol. II, p. 112.

64 In una intervista rilasciata nel 1965, in un contesto politico in cui i protagonisti dell'epoca prendevano le distanze da qualsiasi coinvolgimento nella storia del regime, De Cesare espresse incredulità verso il suo arresto in quanto "solamente un funzionario in servizio e non un uomo di partito". Silvio Bertoldi, *Mussolini tale e quale*, cit., p. 226.

65 Cfr. Renzo De Felice, *Mussolini il Duce. Lo Stato totalitario 1936-1940*, cit., p. 63.

66 ACS, *SPD*, *CR*, *Repubblica Sociale Italiana*, b. 51. I documenti relativi alla proposta di De Cesare e alla successiva sua applicazione si trovano in molti fascicoli del *Carteggio ordinario* dove però si presentano disordinati, senza data e firma e quindi di difficile attribuzione. È solo con i documenti portati al Nord e conservati nel *Carteggio riservato* della Repubblica sociale italiana che è possibile ricostruire quella che possiamo definire la riforma di De Cesare.

[67] Documento senza data ma attribuibile a giugno 1941, in ACS, *SPD, CO*, b. 861, fasc. 500027/IV.

[68] "Ufficio 1° Assistenza ai congiunti dei militari od ai reduci: Reclami per pensioni di guerra e sussidi militari; arruolamento volontari e trasferimenti di militari nei reparti combattenti; notizie dei militari; licenze agricole; interessamenti vari riguardanti congiunti dei militari o dei reduci. Ufficio 2° Assistenza ad altre categorie di persone (esclusa la beneficenza): richieste di occupazione in genere; pensioni; contributi per lavori di bonifica; invenzioni; vertenze sindacali e giudiziarie; confinati; ebrei. Ufficio 3° Lavori e beneficenza: Contributi ed elargizione a enti; sussidi caritativi; lavori disposti dal Duce; aiuti economici in occasione di sfratti; liquidazione polizze ex combattenti; arti ortopedici od altro materiale sanitario ecc.; eventuali elargizioni ai congiunti dei militari caduti o dispersi. Ufficio 4° Affari generali: personale degli uffici; richieste di udienze; fotografie con autografo; pubblicazioni e partecipazioni varie, anonimi; omaggi; sentimenti; ringraziamenti; locali; stampati, cancelleria; affari che non rientrano nella competenza specifica degli altri uffici." Nell'Ufficio IV rientravano anche gli uffici Archivio, Copie, Spedizione, Sala Udienze. Ods n. 2 del 7 luglio 1941, in ACS, *SPD, CO*, b. 861, fasc. 500027/IV, sottofasc. 3.

[69] Il servizio riservato si dedicava: "Alla composizione del rapporto giornaliero per il Duce. Movimento di circa 200-300 carte al giorno dalle quali vengono selezionate quelle da sottoporre al Duce. Alla raccolta e alla restituzione dei rapporti che i ministeri e altri enti inviano giornalmente per essere sottoposti al Duce. Ai rapporti di collegamento con gli uffici del Comando supremo, dei ministeri delle Forze armate, del Direttorio del PNF; coi Gabinetti dei ministeri e con tutti gli altri enti per la trattazione degli affari più importanti e che richiedono una rapida esecuzione. Al servizio delle udienze del Duce (convocazioni telegrafiche e telefoniche delle persone che debbono essere ricevute dal Duce). Alla regolare esecuzione dei servizi inerenti ai viaggi del Duce (ferroviario, telefonico, telescrivente). Durante la permanenza fuori Roma del Duce si interessa dei collegamenti e della compilazione del corriere per il Duce e della conseguente esecuzione degli ordini che, da fuori, vengono disposti. Allo smistamento dei corrieri di ritorno e tratta questioni inerenti al carteggio del corriere. Alla trattazione degli affari che più particolarmente interessano il Duce e a quant'altro possa occorrere per la immediata esecuzione degli ordini del Duce". La descrizione è estrapolata da un documento senza data ma probabilmente scritto immediatamente dopo la riforma varata il 7 luglio 1941 (ACS, *SPD, CO*, b. 861, fasc. 500027/IV, sottofasc. *Costituzione e funzionamento 2*). È probabile che tale documento sia stato presentato a Mussolini in data 19 luglio con il seguente appunto di De Cesare: "In ottemperanza agli ordini ricevuti mi onoro di sottoporre il quadro completo e analitico del funzionamento della Segreteria particolare [...]. Attuata la ripartizione delle sfere di competenza, come precedentemente segnalato al Duce, il lavoro già procede più organicamente inquadrato e in maggiore aderenza alle esigenze della Segreteria ma la possibile perfezione di funzionamento potrà essere raggiunta solo a revisione ultimata del personale. Questo è in corso con criterio di ponderata gradualità per diminuire il numero e aumentare la qualità". ACS, *SPD, CR, Repubblica Sociale Italiana*, b. 51.

[70] Dell'archivio riservato facevano parte le seguenti serie: Carteggio segreto di guerra; Carteggio riservato ordinario: Casa reale, carteggio politico-finanziario, Gran Consiglio del Fascismo, Direttorio PNF, Ministeri, Banche, carteggio dannunziano, Commissione suprema di difesa, Carabinieri reali ecc., carteggio rela-

tivo agli atti personali del Duce (autografi del Duce, viaggi, familiari e parenti). Il personale dell'archivio provvedeva anche alla copia degli autografi di Mussolini e alla copia e spedizione della corrispondenza riservata. Documento senza data ma probabilmente databile 19 luglio 1941, in ACS, *SPD, CO*, b. 861, fasc. 500027/IV, sottofasc. *Costituzione e funzionamento 2*, vedi nota 69.

[71] *Relazione* di Emilio Re del 12 agosto 1943, in ACS, *PCM, Gabinetto, 1944-1947*, fasc. 1.1.2. 10100, sottofasc. 4.

[72] Documento senza data ma probabilmente databile 19 luglio 1941, in ACS, *SPD, CO*, b. 861, fasc. 500027/IV, sottofasc. *Costituzione e funzionamento 2*, vedi nota 69.

[73] "Il segretario particolare desidera che non si usi il gerundio in principio di lettera", Ods 16 giugno 1941, in ACS, *SPD, CO*, b. 855, fasc. 500026, sottofasc. 2.

[74] "Quando non si inizia la lettera con le parole 'caro...' non si deve chiudere la lettera stessa con le parole di saluto cordialmente od altro", marzo XX; "Le lettere dirette al comandante Vittorio Mussolini devono cominciare con 'caro Vittorio' e non 'caro comandante'", in ACS, *SPD, CO*, b. 855, fasc. 500026, sottofasc. 2.

[75] "Il segretario particolare ha stralciato le lettere recanti correzioni a penna. Ciò costituisce mancanza di riguardo verso il segretario particolare e anche verso la persona cui la lettera è diretta", Ods 6 maggio 1942, in ACS, *SPD, CO*, b. 855, fasc. 500026, sottofasc. 2.

[76] *Funzionamento della Segreteria particolare del Duce* [De Cesare, giugno 1941], in ACS, *SPD, CR, Repubblica Sociale Italiana*, b. 51, fasc. 619, sottofasc. 4°.

[77] ACS, *SPD, CO*, b. 855, fasc. 500026, sottofasc. 1.

[78] ACS, *SPD, CO*, b. 855, fasc. 500026, sottofasc. 2. La PCM ribadirà tale indicazione con una successiva circolare del Gabinetto del 16 marzo 1942 a cui seguirà immediatamente un ulteriore ods di De Cesare del 27 marzo.

[79] Ods del 29 gennaio 1942 a firma Ugo Cellai, responsabile degli uffici della Segretaria al Viminale. ACS, *SPD, CO*, b. 855, fasc. 500026, sottofasc. 2.

[80] Una borsa porta documenti venne persa l'8 maggio 1943. In un appunto del 23 maggio 1943 si descrive la normale situazione relativa al passaggio delle carte: "Le borse che si usano per l'invio di carteggio da Palazzo Venezia al Viminale, e viceversa, vengono depositate generalmente nella Segreteria particolare su di una sedia dell'ufficio del colonello Nani ove possono essere prese da chiunque, nessuno avendo in carico od essendo incaricato del loro controllo all'entrata od all'uscita da Palazzo Venezia. Al Viminale esse vengono lasciate indifferentemente nell'ufficio del dottor Cellai, in quello del cav. Flauto, dell'archivista Rei e ovunque capiti all'incaricato del recapito di trovarsi. Gli stessi autisti, ai quali spetta il compito del trasporto delle borse da ufficio a ufficio, eseguito l'incarico, le lasciano anche spesso nelle mani di uscieri o di altro personale, senza alcuna garanzia, non solo per le borse, ma anche e particolarmente per il loro contenuto". In seguito a questo incidente, gli impiegati individuati come responsabili furono puniti con una trattenuta dallo stipendio sulla cui cifra De Cesare commentava "è una punizione morale, se si dovesse ricomprare la borsa occorrerebbe ben altro": ACS, *SPD, CO*, b. 3450.

[81] *Criteri da seguire per la lettura degli esposti indirizzati al Duce*, 13 giugno 1941, in ACS, *SPD, CO*, b. 855, fasc. 500026, sottofasc. 1.

[82] Cfr. Amedeo Osti Guerrazzi, *Il calendario di lavoro di un dittatore. L'agenda di Benito Mussolini 1923-1943*, in "Quellen und Forschungen aus Italienischen Archiven und Bibliotheken", 95, 2015, p. 413.

[83] Ivi, p. 418.

[84] Dal 1° gennaio 1939 al 25 luglio 1943 la documentazione è conservata all'Archivio centrale dello Stato nel fondo *SPD, CO*.

[85] Ancora nel 1938 si lamentava che il servizio delle udienze si trovava in locali posti in un "corridoio privo di luce naturale e vicini a quelli della centrale telefonica, sempre aperti per il continuo passaggio di operai, ciò che provoca spesso il disguido in essi delle persone che la portineria fa passare per essere ricevute": ACS, *SPD, CO*, b. 858, fasc. 500027, sottofasc. 6.

[86] ACS, *SPD, CO*, b. 855, fasc. 500026, sottofasc. 5.

[87] "Le istanze di ufficiali, sottoufficiali e militari di truppa alle armi, indirizzate al Duce, saranno avviate al ministero della Guerra a mezzo registri; la Segreteria particolare del Duce si disinteresserà del loro esito": *Appunto per il Segretario particolare*, 6 maggio 1942, in ACS, *SPD, CO*, b. 3446, fasc. 4.

[88] *Ibidem*.

[89] *Promemoria* s.d. ma allegato all'appunto del 6 maggio, *ibidem*. Vedi nota 87.

[90] Regio decreto 27 ottobre 1937, n. 1839 che istituiva la GIL; legge 2 aprile 1938, n. 240 che istituiva il grado di Primo maresciallo dell'Impero; regio decreto 28 aprile 1938, n. 513 che approvava il nuovo statuto del PNF; legge 19 gennaio 1939, n. 129 che istituiva la Camera dei Fasci e delle Corporazioni. Sul dibattito della istituzionalizzazione della figura del Duce, sui sostenitori e sui fascisti critici, soprattutto in considerazione dell'attribuzione del titolo al successore di Mussolini, si veda Emilio Gentile, *La via italiana al totalitarismo*, Carocci, Roma 2020 (I edizione 2008), pp. 216-220.

[91] Era all'Ufficio I che si occupava di assistenza ai congiunti dei militari che arrivavano il maggior numero di richieste con una media di 400 istanze al giorno contro le 250 all'Ufficio II che si occupava di assistenza ad altre categorie e le 225 istanze giornaliere all'Ufficio III. *Funzionamento dell'ufficio al Viminale* [1941], in ACS, *SPD, CO*, b. 861, fasc. 500027/IV, sottofasc. *Costituzione e funzionamento 2*.

[92] *Ibidem*.

[93] Documento del gennaio 1942, in ACS, *SPD, CO*, b. 442, fasc. 169621.

[94] Molte delle richieste venivano indirizzate agli enti e ministeri preposti alla materia che, in alcuni casi, avrebbero dovuto rispondere direttamente al richiedente. ACS, *SPD, CO*, b. 855, fasc. 500026, sottofasc. 2-1.

[95] Ods del 23 febbraio 1942: "Il Segretario particolare desidera che tutte le comunicazioni 'negative' si facciano agli interessati con la formula impersonale (senza cioè nominare il Duce) [...]. Nelle risposte favorevoli, citare invece sempre il Duce". ACS, *SPD, CO*, b. 855, fasc. 500026, sottofasc. 2-1.

[96] Modulo predisposto recante la data 6 novembre 1942, in ACS, *SPD, CO*, b. 855, fasc. 500026, sottofasc. 6.

[97] Non sappiamo se il censimento richiesto da De Cesare fosse per compilare una statistica da pubblicare in occasione del ventennale della marcia su Roma oppure ai fini della riforma degli uffici.

[98] Ricordiamo che De Cesare assunse la carica il 1° giugno 1941.

[99] Documento 1° gennaio 1942, in ACS, *SPD, CO*, b. 442, fasc. 169621. In questo fascicolo anche tutte le altre informazioni precedentemente citate.

[100] Analizzando gli elementi formali archivistici presenti sulle copertine dei fascicoli e sui documenti, si notano i seguenti interventi che cambiarono l'assetto del *Carteggio ordinario*: nuova fascicolazione, cartellini interni con l'elenco dei documenti ivi conservati, classificazione numerica che partiva da 500.000 e seguiva con una impostazione gerarchica: ai primi posti le strutture dello Stato centrale e del partito, seguiti dai fascicoli del personale impiegato e, a scendere, le varie ma-

terie di competenza della SPD. Con la numerazione dal 500.501 venivano segnati i fascicoli nominativi intestati ai richiedenti, enti o persone. Pertanto, sui documenti e sui fascicoli ritroviamo diverse segnature archivistiche che si riferiscono alle differenti modalità di archiviazione succedute nel tempo: codici alfanumerici e numerici che vediamo applicati sin dal 1922 e la nuova classificazione numerica inaugurata nel 1941 e in alcuni casi retroapplicata e quindi sovrascritta su documenti precedenti la cui trattazione era ancora in corso. Una verifica di questa ipotesi in un documento *Fascicoli esistenti all'archivio ordinario*, s.d. ma allegato a un documento datato 27 settembre 1941, in ACS, *SPD, CO*, b. 442, fasc. 169621. Lo studio dell'ordine formale di un archivio presenta sempre un certo interesse perché suscita suggestioni sulla storia stessa dell'ente. In questo caso, la riorganizzazione delle carte effettuata da De Cesare sul modello della PCM potrebbe risultare ulteriore conferma circa l'ipotesi storiografica relativa al processo di istituzionalizzazione della Segreteria particolare registrato negli ultimi due anni.

[101] Il nuovo sistema avrebbe permesso "la disponibilità di almeno 1.500 caselle (l'archivio della Presidenza ne conta più di 2.000), [...] e di 6 camere". Documento senza data ma probabilmente scritto tra il febbraio e l'aprile del 1942, in ACS, *SPD, CO*, b. 2518, fasc. 1/3. Alla fine dei lavori, "le caselle del nuovo archivio sono 1.742. Con una media di 70 fascicoli ogni casella, il nuovo archivio può contenere circa 120.000 fascicoli ogni cinque anni di lavoro": appunto senza data ma probabilmente di fine aprile 1942. *Ibidem*.

[102] Oltre alle numerose note dell'archivista Mancini, *Appunto* per Nicolò De Cesare da parte di E. Battistelli, del 12 novembre 1942, in ACS, *SPD, CO*, b. 3450.

[103] "Solo ora, con la costruzione della scaffalatura in due stanze dell'archivio, si potrà iniziare il movimento e la revisione dei 500.000 fascicoli esistenti nell'archivio di deposito": *Appunto per il segretario particolare* a firma di Mancini, 10 aprile 1942, in ACS, *SPD, CO*, b. 2518, fasc. 1/3. Anche in Gaetano Contini, *La valigia di Mussolini. I documenti segreti dell'ultima fuga del Duce*, cit., doc. 10, p. 252.

[104] *Ibidem*. Cfr. anche Teresa Maria Mazzatosta, Claudio Volpi, *L'Italietta fascista*, cit., pp. 19-20.

[105] Appunto per il segretario particolare, 10 aprile 1942, in ACS, *SPD, CO*, b. 2518, fasc. 1/3.

[106] "Le pratiche dei 'sentimenti' sono state mandate al macero fino agli atti relativi al 1935": appunto senza firma del novembre 1942, in ACS, *SPD, CO*, b. 855, fasc. 500026/I, sottofasc. 8.

[107] La fisionomia archivistica che emerge da questi interventi non è lontana da quella attualmente posseduta dal fondo conservato presso l'Archivio centrale dello Stato.

[108] "Come negli anni della tua adolescenza, quando i tempi erano duri, così oggi tu sei la prediletta nel mio spirito": telegramma di Mussolini a Edda, 1° settembre 1933, in ACS, *SPD, CR*, b. 115, fasc. E.

[109] Articolo del 5 maggio 1938, in "Berner Tageblatt", dattiloscritto e tradotto, in ACS, *SPD, CR*, b. 115, fasc. B, sottofasc. 10. Citato da Antonio Spinosa, *Edda. Una tragedia italiana*, Mondadori, Milano 1993, pp. 203-204.

[110] Lettera di Edda a Celso Luciano del 12 gennaio 1938, in ACS, *SPD, CO*, b. 741, fasc. 400000/4.4.

[111] Cfr. Lucia Motti, *Edda Mussolini*, in *Dizionario del fascismo*, cit., pp. 195-197.

[112] "Vita femminile", giugno 1930. Ritaglio stampa, in ACS, *SPD, CO*, b. 2893.

[113] "Berner Tageblatt", cit.

[114] Cfr. Claretta Petacci, *Mussolini segreto. Diari 1932-1938*, a cura di Mauro Suttora, Rizzoli, Milano 2009 (Ebook edizione Kindle).

[115] Lettera di Edda a Ferruccio Parri, presidente del Consiglio, Lipari, 11 settembre 1945, in ACS, *MI, DGPS, Divisione Affari riservati*, categoria *Permanente*, cat. B, fasc. *Personali*, b. 260.

[116] Cfr. Michela De Giorgio, *Crocerossine*, in *Dizionario del fascismo*, cit., pp. 379 e sgg.

[117] Cfr. Luisa Passerini, *Edda Mussolini*, vol. 77, Treccani, 2012, in Dizionario biografico degli italiani, vol. 77, Treccani, 2012, https://www.treccani.it/enciclopedia/edda-mussolini_(Dizionario-Biografico) (verificato l'8 maggio 2024).

[118] ACS, *SPD, CR*, b. 115, fasc. D.

[119] Tra gli ultimi libri Caroline Moorehead, *Edda Mussolini. The most dangerous woman in Europe*, Chatto & Windus, London 2022; Enrico Mannucci, *Morire è poco. L'esilio di Edda Ciano*, Neri Pozza, Vicenza 2023; Maurizio Sessa, *Sangue di famiglia. Edda Ciano Mussolini. Amore, odio e perdono*, Edizione medicea, Firenze 2023.

[120] Celso Luciano è stato dal 1932 all'Ufficio stampa della presidenza del Consiglio dei ministri, poi dal 1935 capo Gabinetto del ministero Stampa e propaganda e dal 1937 capo Gabinetto del ministero della Cultura popolare. Cfr. Patrizia Ferrara, Marina Giannetto (a cura di), *Il Ministero della cultura popolare e il Ministero delle poste*, in *L'amministrazione centrale dell'Unità alla Repubblica. Le strutture e i dirigenti*, a cura di Guido Melis, il Mulino, Bologna 1992; *Celso Luciano*, in *L'ombra del potere*, cit., pp. 140-142.

[121] Lettera di Edda a Luciano del 12 gennaio 1938, in ACS, *SPD, CO*, b. 741, fasc. 400000/4-4.

[122] Appunto del 24 ottobre 1939 in cui l'archivista lamentava un aggravio del lavoro in seguito all'aumento della corrispondenza, in ACS, *SPD, CO*, b. 2878. Nel 1940 una relazione riassuntiva del lavoro svolto dalla Segreteria di Edda Ciano scritta da Luciano per la contessa nel 7 gennaio 1941 riportava le seguenti cifre: lettere ricevute 31.360, pari a una media di oltre 85 lettere al giorno; lettere spedite 46.800; media di accoglienza delle richieste del 45%; le istanze con annotazioni autografe oltre 200 fatte oggetto di particolare segnalazione; i sussidi raggiunsero la somma di lire 38.950. ACS, *SPD, CO*, b. 471, fasc. 400000 4-2-4.

[123] Lettera di Pietro D'Augusta, marinaio, 20 marzo 1941, in ACS, *SPD, CO*, b. 746.

[124] ACS, *SPD, CO*, b. 751, fasc. 401061.

[125] ACS, *SPD, CO*, b. 741, fasc. 400000/4-4.

[126] Cfr. Galeazzo Ciano, *Diario, 1939-1943*, cit., vol. II, p. 31.

[127] Lettera di Edda a Ferruccio Parri, cit.

[128] Cfr. Claretta Petacci, *Mussolini segreto. Diari 1932-1938*, cit.

[129] Inoltre: 397 fascicoli con corrispondenza con annotazioni autografe, 348 relativi a trattazioni particolari, 1022 con auguri, 1 con corrispondenza privata, 1 raccolta anonimi, 2431 con pratiche di sussidi erogati, 9 registri di protocollo; e poi libri, fotografie, biglietti da visita ecc. Verbale di consegna del materiale archivistico, in ACS, *SPD, CO*, b. 740, fasc. 5.

[130] Ai documenti e ai fascicoli dell'archivio di Edda venne assegnato il numero 400.000.

[131] Lettera di Edda a De Cesare, s.d. [febbraio 1943], in ACS, *SPD, CR*, b. 114.

[132] L'abbandono dell'archivio della Segreteria di Edda nei depositi del Viminale dopo il 25 luglio ne ha favorito la sua conservazione al punto che oggi le 376

buste contenenti la corrispondenza della figlia del Duce rappresentano più del 10% del fondo del *Carteggio ordinario*: una fonte ancora inesplorata per la biografia di una delle donne più contraddittorie del fascismo.

[133] Espressione "riassuntiva" usata dal compilatore della statistica dell'Ufficio II, maggio 1942, in ACS, *SPD, CO*, b. 3446, fasc. 5.

[134] Le cifre che compaiono nei pochi lavori storiografici che si sono occupati in parte del funzionamento della Segreteria particolare si riferiscono agli anni trenta e quasi mai sono presenti tentativi di individuazione di trend. Lo stesso discorso vale per i dati relativi alle somme investite per fare fronte alle richieste di sussidi e ai lavori direttamente seguiti dalla Segreteria.

[135] ACS, *SPD, CO*, b. 858, fasc. 500027/9. Da agosto del 1941 le relazioni diventeranno mensili.

[136] *Ufficio I, relazione mensile 31 luglio-30 agosto 1941*, in ACS, *SPD, CO*, b. 3446, fasc. 4.

[137] *Ufficio I, relazione dicembre 1942, ibidem.*

[138] "Il Ministero della guerra ha comunicato che la questione è allo studio": *Ufficio I, relazione mensile gennaio 1942, ibidem.*

[139] "Sono pervenute diverse lettere da parte di congiunti di combattenti in Russia i quali notano il fatto rilevando che la mancanza di notizie da parte delle famiglie – sebbene queste pongano ogni attenzione per tenersi in collegamento epistolare con i loro cari al fronte – produce un dannoso turbamento negli animi": *Ufficio I, relazione mensile gennaio 1942, ibidem.*

[140] "Il Ministero della marina [ha escluso] che le manomissioni possano aver luogo tanto negli uffici censura pacchi [...] quanto durante il viaggio fino a destinazione. I lamentati inconvenienti dovrebbero quindi necessariamente verificarsi nei luoghi di arrivo, prima che giungano ai singoli reparti": *Ufficio I, relazione mensile gennaio 1942, ibidem.*

[141] *Ibidem.*

[142] "Il segretario particolare prega di prendere nota in apposito foglio di tutte le segnalazioni che ci pervengono per mancate risposte a esposti diretti al Duce. Quando per un qualsiasi ente (Ministero od altro) si sarà raggiunto il numero di sette o otto, si dovrà fare una lettera personale al capo dell'ente per opportuni provvedimenti": appunto del 4 novembre 1941 a firma di Ugo Cellai, responsabile degli uffici della Segreteria al Viminale, in ACS, *SPD, CO*, b. 855, fasc. 500026, sottofasc. 2.

[143] Lettera di un "balilla di 10 anni", in ACS, *SPD, CO*, b. 2825, fasc. *Anonimi*.

[144] Lettera di una mamma italiana, *ibidem*.

[145] Lettera di "chi vi scrive è un combattente di tutte le guerre", *ibidem*.

[146] Non si prendono qui ovviamente in considerazione le lettere censurate dei militari italiani che scrivevano dai vari fronti di guerra in cui erano impegnati. Ricordiamo infatti che presso le singole prefetture esistevano delle commissioni di censura formate prevalentemente da ufficiali dell'esercito, cfr. *L'Italia imbavagliata. Lettere censurate 1940-1943*, a cura di Ivo Dalla Costa, Pagus edizioni, Treviso 1990.

[147] Lettera a Rachele Mussolini, in ACS, *SPD, CO*, b. 2825, fasc. *Anonimi*.

[148] Lettera 11 ottobre 1941, "un gruppo di napoletani", *ibidem*.

[149] Lettera del 29 ottobre 1941, in Teresa Maria Mazzatosta, Claudio Volpi, *L'Italietta fascista*, cit., p. 83.

[150] Lettera del 20 luglio 1943, ivi, p. 112 e lettera di M. 14 luglio 1943, ivi, p. 105.

[151] Cfr. Paul Fussell, *La Grande Guerra e la memoria moderna*, il Mulino, Bologna 2014.

[152] Cfr. *Caro Duce*, cit., p. 103.

[153] Lettera del 7 luglio 1942, in Teresa Maria Mazzatosta, Claudio Volpi, *L'Italietta fascista*, cit., p. 101.

[154] *Ibidem*.

[155] Lettera del 29 maggio 1942, ivi, p. 92.

[156] Cfr. Pierpaolo Luzzatto Fegiz, *Alimentazione e prezzi in tempo di guerra (1942-1943)*, Editrice Università di Trieste, Trieste 1948. Più in generale su questi aspetti, cfr. Massimo Legnani, *Guerra e governo delle risorse. Strategie economiche e soggetti sociali nell'Italia 1940-1943*, in *L'Italia in guerra, 1940-1943*, Annali della Fondazione Luigi Micheletti, 5, Brescia 1992, pp. 333 e sgg.

[157] *Caro Duce*, cit., p. 27.

[158] Cfr. Pierpaolo Luzzatto Fegiz, *Alimentazione e prezzi in tempo di guerra (1942-1943)*, cit.

[159] Lettera del dicembre 1938, in *Caro Duce*, cit., p. 49.

[160] In Teresa Maria Mazzatosta, Claudio Volpi, *L'Italietta fascista*, cit., p. 67.

[161] Cfr. *Caro Duce*, cit., p. 145.

[162] Lettera da Milano, 6 gennaio 1941, in *Caro Duce*, cit., p. 142.

[163] Per questi dati, cfr. Giorgio Bonacina, *Obiettivo Italia. I bombardamenti aerei delle città italiane dal 1940 al 1945*, Mursia, Milano 1970.

[164] Sui criteri strategici dei bombardamenti su Torino, cfr. ivi, pp. 204-205.

[165] Cfr. *Le onoranze ai caduti per la barbara incursione nemica*, in "La Stampa", 20 giugno 1940.

[166] Cfr. *Caro Duce*, cit., p. 34.

[167] Lettera da Palermo, in *Caro Duce*, cit., p. 96.

Epilogo

[1] Teresa Maria Mazzatosta, Claudio Volpi, *L'Italietta fascista*, cit., p. 115.

[2] Lettera da Siniscola, 15 luglio 1943, ivi, p. 179; lettera da Genova, 20 luglio 1943, ivi, p. 180; lettera da Piozzo, 21 luglio 1943, ivi, p. 182; lettera da Roma, 24 luglio 1943, ivi, p. 189; lettera da Bologna, 14 luglio 1943, ivi, p. 274; lettera del 17 luglio 1943, ivi, p. 275.

[3] Cfr. Mauro Forno, *Manlio Morgagni*, in *Dizionario biografico degli italiani*, vol. 76, Treccani, 2012, https://www.treccani.it/enciclopedia/manlio-morgagni_(Dizionario-Biografico).

[4] Per gli interventi dei gerarchi (Grandi e Bottai) alla seduta del Gran Consiglio e per questa interpretazione, cfr. Ezio Mauro, *La caduta. Cronache della fine del fascismo*, Feltrinelli, Milano 2023.

Indice dei nomi

Acerbo, Giacomo 49, 53
Adalberto di Savoia Genova 168
Agnelli, Giovanni 170
Alberti, Carlo 145
Angeli, Adolfo 57
Ansaldo, Giovanni 168
Appelius, Mario 168
Aquarone, Alberto 67
Augusto, imperatore 100
Azzi, Azzo 165
Azzi, Francesco 165

Badoglio, Pietro 18, 46, 209
Balbo, Italo 70
Bartali, Gino 176
Barzini, Luigi 168
Bastico, Ettore 13
Battisti, Cesare 122
Beals, Carleton 70
Beauvoir, Simone de 137
Beer, Guido 92-93
Behn, Fritz 119
Béraud, Henri 125
Bertelè, Aldo 59,
Bertelli, Renato 119
Bidussa, David 113
Biondelli, Giuseppe 44
Blasetti, Alessandro 148
Bocchini, Arturo 63
Bolitho, William 70
Bonaccorsi, Arconovaldo 33
Bonomi, Ivanoe 23
Borri, Michelangelo 49, 53
Bosio, Guido 150
Bottai, Giuseppe 71, 128, 183
Brooke, Humphrey 16
Buffarini Guidi, Guido 180

Cabula, Francesco 145, 234
Calamandrei, Piero 99, 174
Canevari, Emilio 168
Cavallero, Ugo 46
Cerruti, Emma 150
Chessa, Pasquale 148
Chiavolini, Alessandro 13, 23-26, 33, 36-47, 49-53, 59, 72, 75-77, 81-84, 87-92, 94-96, 109, 138, 159, 182, 185
Ciano, Costanzo 129
Ciano, Galeazzo 129, 174, 183, 192, 194-196
Ciarlantini, Franco 50
Compagna, A. 150
Consonni, Virginia 88
Contarini, Salvatore 32, 42, 43, 47
Coppi, Fausto 176
Cosentino, Gaetano 13

D'Annunzio, Gabriele 94
De Begnac, Yvon 182
De Bellis, Vito 32
De Benedetti, Giuseppe 170
De Bono, Emilio 33
De Cesare, Nicola 9, 13-14, 16, 18,

83, 89-90, 180, 182-183, 185-191, 197-198
De Céspedes, Alba 89
De Felice, Renzo 86, 180
De Grazia, Victoria 155
De Stefani, Alberto 30
Diaz, Armando 28
Diulgheroff, Nicolay 119
Dogliani, Patrizia 51
Dollfuss, Engelbert 163
Doria, Andrea 89
Dudovich, Marcello 119
Dumini, Amerigo 32, 39

Eden, Anthony 165

Facta, Luigi 23
Farinacci, Roberto 33, 46, 59, 65-66, 71
Fasciolo, Arturo 36, 39
Federzoni, Luigi 34, 46, 65
Fenaroli, Giovanni 168
Ferrari, Paolo 56
Ferrari, Silvio 165
Finzi, Aldo 33,
Franco, Francisco 166-167
Frassati, Alfredo 43
Frattini, Bruno 56
Fussell, Paul 201

Galbiati, Enzo 34
Garbasso, Antonio 48
Gentile, Emilio 149
Gerbore, Giuseppe 96, 181
Giavarini, Arnaldo 56
Gibbons, John 124
Gibelli, Antonio 154
Gini, Corrado 93, 141
Giolitti, Giovanni 29, 31
Giordana, Carlo 144
Giuriati, Giovanni 65, 113
Goffredo, Alfredo 25
Gozzi, Sante 140
Grandi, Dino 28, 47, 183, 194, 211
Gravelli, Asvero 168
Guatteri, Romano 59
Guderian, Heinz 176
Guidi Mussolini, Rachele 43, 129, 130-131, 180, 194

Harris, Arthur T. 206
Hermanin, Federico 78
Hitler, Adolf 163, 166, 171, 173, 175-176, 206, 211

Keitel, Wilhelm 173

La Pera, Antonio 169
Liala (Amalia Liana Negretti Odescalchi) 88
Longanesi, Leo 79, 117
Luciano, Celso 195, 197
Ludwig, Emil 89, 159
Lupi, Carlotta 150
Luzzatti, Ivo 89
Luzzatto, Sergio 118, 137

Mack Smith, Danis 53
Maltoni Mussolini, Rosa 130
Mameli, Francesco Giorgio 44-45
Manera, Enrico 108
Marinelli, Giovanni 66
Marino, Elettro 39, 184
Marro, Giovanni 149
Matteotti, Giacomo 27, 32, 34-37, 39, 48-49, 59, 61, 65
Mazzatosta, Teresa Maria 87
Mondadori, Arnoldo 89, 159
Mondadori, Bruno 89
Monelli, Paolo 33, 132
Moravia, Alberto 104
Mussolini, Annamaria 131, 138, 145, 160
Mussolini, Arnaldo 24, 42-43, 47, 59, 129-130
Mussolini, Bruno 130, 160, 192, 194
Mussolini Ciano, Edda 17, 129, 131, 180, 191-197
Mussolini, famiglia 73, 194
Mussolini, Romano 130
Mussolini, Vittorio 192-194
Nani, Renato 16, 17
Naudeau, Ludovic 137

Navarra, M. Quinto 125
Nietzsche, Friedrich 21
Nitti, Francesco Saverio 23, 28-29

Ojetti, Ugo 70
Oriani, Alfredo 21
Orlando, Vittorio Emanuele 23
Orvieto, Angiolo 170
Ottaviano, Vincenzo 25

Pareto, Vilfredo 21
Parri, Ferruccio 17, 193, 246
Pascoli, Maria 170
Paulucci di Calboli, Giacomo (già Russo Barone) 39, 42-48, 72
Paulucci di Calboli, Raniero 42
Pavese, Cesare 177
Pavolini, Alessandro 168
Pernigotti, Lorenzo 150
Petacci, Claretta 14, 128, 132, 180, 193
Petacci, famiglia 180
Petacci, Marcello 180
Phillips, Percival 22
Pilozzi, Umberto 56
Pio XI, papa (Ambrogio Damiani Achille Ratti) 141, 157
Pironti, Alberto 32
Polanyi, Karl 133
Polverelli, Gaetano 124
Putato, Aldo 37

Radice, Lucio Lombardo 69
Rambelli, Domenico 117
Re, Emilio 15, 16, 17
Remarque, Erich Maria 89
Ricci, Gino 73
Ricci, Renato 183
Rocco, Alfredo 141
Romani, Lina 206
Rossi, Cesare 33-34, 36, 39
Rossi Longhi, Alberto 44
Ruspoli, Alessandro 135
Sacconi, Giuseppe 79
Salandra, Antonio 23
Sarfatti, Margherita 131
Savini Nicci, Oliviero 28-29
Scala, Agostino 150
Schawinsky, Xanti 118-119
Schieder, Wolfgang 74
Schnapp, Jeffrey T. 117, 228
Sebastiani, Osvaldo 13-14, 16, 39, 47, 83-84, 87-92, 94-97, 165, 170, 180-182, 185
Sebastiani, Paolo 182
Sforza, Carlo 43
Sironi, Mario 117
Skorzeny, Otto 128
Soffici, Ardengo 39
Sorel, Georges 21
Starace, Achille 65, 67, 97-98, 101, 145, 180
Suardo, Giacomo 38

Tacchi Venturi 58
Tantardini, Edoardo 108
Tarabella, Aldo 34
Terruzzi, Regina 14
Teruzzi, Attilio 14, 24
Tessitore, Vincenzo 37
Thaon di Revel, Paolo 9
Tomaselli, Cesco 168
Turati, Augusto 59, 65, 158

Valente, Antonio 116
Varanini, Varo 168
Vergani, Orio 136
Vitiello, Pasquale 57
Vittoria, Albertina 90
Vittorio Emanuele II 79
Vittorio Emanuele III 34, 54, 63, 107, 127, 140, 209
Volpe, Gioacchino 66
Volpi, Albino 37, 39
Volpi, Claudio 87
Volpi, Giuseppe 9
Volpi Nannipieri, Maria Assunta (Mura) 88, 90

Zanardelli, Giuseppe 141

Indice

9 Introduzione

21 1. Arrivano i fascisti

Nascita di una istituzione, 9; *Un ufficio particolare*, 23; *Il rapporto con la burocrazia ministeriale*, 27; *La "crisi Matteotti"*, 32; *Un regime che si assesta*, 35; *Chiavolini al lavoro*, 39; *Contrasti al vertice*, 42; *Cittadinanze onorarie*, 48; *La toponomastica*, 51; *Gli interventi politici*, 55

61 2. Lo Stato totalitario

Il mussolinismo politico, 61; *Il PNF*, 65; *Una fascistizzazione zoppa*, 68; *"Dall'umile omaggio al piano di mobilitazione"*, 72; *Palazzo Venezia*, 77; *Una struttura da perfezionare*, 82

85 3. La fabbrica del Duce

La crisi economica del 1929 e il "cambio della guardia", 85; *Osvaldo Sebastiani alla guida della Segreteria*, 91; *Lo "staracismo"*, 98; *Fascistizzare gli italiani*, 101; *Il Duce*, 105; *Gli intellettuali*, 109; *I mezzi di comunicazione di massa*, 112; *Gli artisti per il "corpo del Duce"*, 116; *Le foto del Duce e per il Duce*, 120; *Un automa del potere*, 123; *La vita privata*, 128; *Modernizzazione*, 132

135 4. L'assistenza dall'alto

L'Italia della "fame e del bisogno", 135; *La beneficenza e la battaglia demografica*, 139; *I viaggi*, 146; *Gli italiani e le italiane scrivono al Duce*, 153; *La "politica dell'intimità"*, 158

163 5. Le guerre, la guerra

Esercizi bellici: Etiopia e Spagna, 163; *1938: le leggi razziali*, 169; *La "non belligeranza"*, 172; *L'esistenza collettiva in guerra*, 177; *L'uscita di scena di Sebastiani*, 180; *Nicola De Cesare: un prefetto di carriera*, 182; *La Segreteria "istituzionalizzata"*, 185; *Il nuovo assetto degli archivi*, 189; *Edda, la figlia prediletta*, 191; *"Il tutto in naturale relazione alle attuali contingenze"*, 197; *La "guerra totale"*, 201; *Il dissenso e la protesta*, 205

209 Epilogo

213 Note

249 Indice dei nomi